W0221049

# Jean d'Ormesson

## ou l'élégance du bonheur

ISBN : 978-2-810-00370-9
Nouvelle édition
© 2017 – Éditions du Toucan/L'Artilleur – éditeur indépendant

Le code de la propriété intellectuelle interdit les copies ou reproductions destinées à une utilisation collective. Toute représentation ou reproduction intégrale ou partielle faite par quelques procédés que ce soit, sans le consentement de l'auteur ou de ses ayants cause, est illicite et constitue une contrefaçon sanctionnée par les articles L. 335-2 et suivants du code de la propriété intellectuelle.

Arnaud Ramsay

Postface de René de Obaldia,
de l'Académie Française

# Jean d'Ormesson

## ou l'élégance du bonheur

éditions du
Toucan

## DU MÊME AUTEUR

Arnaud Ramsay

*Un président devrait dire ça plus souvent*, avec Mourad Boudjellal, Robert Laffont, 2017.

*Mes secrets d'agent : le grand roman du foot français*, Marabout, 2017.

*Dmitry Rybolovlev*, Cherche Midi, 2017.

*Derrière le sourire*, avec Antoine Griezmann, Robert Laffont, 2017.

*Tête haute*, avec Mathieu Bastareaud, Robert Laffont, 2015.

*Dans les griffes du Qatar*, avec Zahir Belounis, Robert Laffont, 2015.

*Président Platini*, avec Antoine Grynbaum, Grasset, 2014.

*Champions du monde 98 : secrets et pouvoir*, avec Gilles Verdez, éditions du Moment, 2014.

*Ma mauvaise réputation*, avec Mourad Boudjellal, La Martinière, 2013, Points, 2015.

*Ligue 1 – 80 ans de football professionnel*, avec Paul Dietschy, Solar, 2013.

*Paris vaut bien un cheikh*, avec Philippe Bercovici, 12 Bis Éditions, 2013.

*Perles de foot*, Fetjaine, 2013.

*Laurent Blanc, la face cachée du Président*, Fetjaine, 2012.

*Ce si gentil David Douillet*, éditions du Moment, 2011.

*Anelka par Anelka*, Hugo & Cie, 2010.

*Énergie positive*, avec Charles Beigbeder, Le Toucan, 2008.

*Bixente*, avec Bixente Lizarazu et Jacques Bungert, Grasset, 2007.

*Snake*, avec Youri Djorkaeff, Grasset, 2006.

*Terrain miné : football, la foire aux illusions*, avec Boris Ngouo, Michel Lafon, 2004.

« Mettre un peu d'art dans sa vie
et un peu de vie dans son art »
Louis Jouvet, dans *Entrée des artistes* (1938)
de Marc Allégret.

À
Géraldine la reine de ma vie,
Martin le chevalier Spiderman,
Amélie la princesse Cendrillon.

## Avant-propos

Ce n'est pas son épitaphe. Alors que Jean d'Ormesson vient de s'éteindre, cet extrait de « Comme un chant d'espérance », paru en juin 2014 au sein de la maison d'édition de sa fille unique Héloïse, résonne, sous couvert d'un cantique personnel de la Création, comme un autoportrait de plus dans son œuvre foisonnante : « J'ai aimé Dieu, qui n'est rien aux yeux des hommes qui ne sont rien. Je n'ai détesté ni les hommes ni les femmes. Et j'ai aimé la vie qui est beaucoup moins que rien, mais qui est tout pour nous. Je chanterai maintenant la beauté de ce monde qui est notre tout fragile, passager, fluctuant et qui est notre seul trésor pour nous autres, pauvres hommes, aveuglés par l'orgueil, condamnés à l'éphémère, emportés dans le temps et dans ce présent éternel qui finira bien, un jour ou l'autre, par s'écrouler à jamais dans le néant de Dieu et dans sa gloire cachée. » Dans un entretien accordé au Figaro, dont il a jadis dirigé la rédaction, il disait : « Je n'ai jamais été très pieux, mais face aux mystères de l'existence, j'ai toujours manifesté un sentiment d'étonnement. Je suis étonné d'être en vie, je n'en reviens pas que le soleil se lève le matin ; je suis stupéfait d'écouter l'andante du Concerto 21 de Mozart. L'éternité, le temps, l'histoire me remplissent d'étonnement. » Il confiait également à Etienne de Montéty, à la tête du Figaro littéraire, dans cette élégante conversation : « Je n'accorde pas une grande importance à l'astrologie, mais je note que je suis Gémeaux, signe de la dualité. Je suis gaulliste et européen, de droite mais assez à l'aise avec des hommes de gauche comme Mitterrand et Mélenchon. Et je suis catholique et agnostique. Songez que lorsque j'assiste à une messe, je suis volontiers un peu ironique. Mais je ne supporte pas qu'on critique la foi catholique devant moi. De nombreux auteurs me confortent dans cette position ambivalente. Il y a une histoire célèbre chez les juifs, ce sont deux rabbins qui se disent : « L'important c'est Dieu, qu'il existe ou non. » Un Père de l'Église dit par ailleurs : ma foi est la forme de mon espérance. C'est exactement mon cas. »

L'académicien le plus populaire de son temps a en tout cas soigné sa sortie : le 17 avril 2015, à 89 ans, il rejoignait la prestigieuse Bibliothèque de La Pléiade. Son Nobel à lui, comme il le savourait fièrement. Une gageure car jusque-là ils étaient seulement quinze à l'avoir fait de leur vivant, de Marguerite Yourcenar à Milan Kundera, de Claude Lévi-Strauss à Eugène Ionesco, de Julien Gracq à René Char, de Paul Claudel à André Malraux. Suprême récompense pour l'incarnation de l'esprit français par excellence. Le volume, imprimé comme les autres titres de ce patrimoine national sur papier bible et relié sous couverture pleine peau dorée à l'or fin, contient quatre de ses parutions les plus célébrées : « Au revoir et merci » (1966), « La Gloire de l'Empire » (1971), « Au plaisir de Dieu » (1974) et « Histoire du Juif errant » (1990). Dans sa préface, Marc Fumaroli, professeur des universités, historien, essayiste et académicien, expose ceci : « Comment se délivrer de l'infamie démocratique d'être trop bien né tout en ne négligeant pas les vertus, les avantages et les privilèges attachés à ce bonheur aristocratique, surtout lorsqu'il est doublé d'une confortable fortune bourgeoise ? C'est la quadrature du cercle que Jean d'Ormesson s'est donné pour tâche de résoudre, en recourant, sur les traces de Chateaubriand, son Mentor, à l'algorithme de la grande célébrité, peut-être même de la gloire littéraire. »

Trois jours avant son entrée dans La Pléiade, alors qu'il honorait une série d'invitations télévision et radio afin de célébrer l'événement, il a subi un premier malaise. Au moment de pénétrer sur le plateau de C à vous, sur France 5, il pâlit et s'est senti mal. L'enregistrement a été annulé. Il a eu beau réclamer d'être reconduit chez lui par les secours, ceux-ci ont estimé plus prudent de l'emmener à l'hôpital du Val-de-Grâce. Car, s'il est Immortel depuis que la Coupole l'a admis en son sein, il n'en restait pas moins humain. Relativement épargné par le destin, il a dû néanmoins surmonter, en 2013, un cancer de la vessie. Il en parlé une seule fois, avec pudeur, au micro de RTL. « Je n'ai jamais pensé à la mort. Je pensais simplement à guérir. J'ai mis toutes mes forces à guérir. La leçon que cela m'a donnée, c'est que j'ai senti à quel point j'étais privilégié. Les gens m'ont aidé. Ce n'est pas uniquement une question d'argent. Je pense à tous ces gens qui sont malades et qui ne connaissent personne, qui n'ont pas de soutien. Je garde un souvenir merveilleux de l'hôpital. Je leur ai dit que j'étais très triste de partir d'ici parce que les gens sont formidables, formidables, tous ! Il y avait des infirmières de toutes les races, de toutes les croyances, tout ça était épatant. Je suis sorti de cette épreuve avec les idées que j'avais en y entrant, mais socialement avec une teinture d'extrême gauche. » Plutôt que de se complaire dans la souffrance, il a, comme souvent, sollicité un grand auteur pour résumer son état d'esprit. Convoquant Vauvenargues, il dira : « Il est indigne des grandes âmes de faire part des troubles qu'elles éprouvent. »

Étonnant personnage jusqu'au bout. Et homme libre, dégagé de toute convenance. Ainsi, dans le magazine people Gala, il assurait, taquin, à la journaliste venue l'interviewer : « Mais, ma pauvre enfant, j'ose à peine vous dire à quel point j'ai connu les femmes. Ça m'est venu à 21 ans et, à partir de là, ça a eu des conséquences désastreuses. » À propos de son charme, il éludait d'un : « Je crois que ce que les femmes ont préféré chez moi, c'est me quitter. (Rires.) J'ai été beaucoup quitté et j'ai aussi été énormément séduit par des femmes. Pendant longtemps, hélas, parce que je ne me montrais pas assez attentif, envers elles, j'ai roulé de chagrin d'amour en chagrin d'amour. » Et cet autre aveu : « J'aimais aussi les hommes. J'ai souvent dormi avec des homosexuels, j'aime leur compagnie. Un jour, je suis allé à Venise où j'ai pris une chambre avec mon neveu et l'hôtelier a dit « Ah oui, nous avons aussi reçu monsieur Gide et son neveu ». Le quiproquo nous a fait rire. » Relancé pour savoir s'il était homosexuel, il convenait : « Non. Mais je tiens à souligner que je suis un de leurs sympathisants. »

Les combats de Jean d'Ormesson ont été multiples. Alors qu'il s'escrimait sur un gros livre de six cents pages à paraître chez Gallimard, il appelait encore la communauté internationale à intervenir pour sauver les Chrétiens d'Orient, victimes selon lui d'une « une sorte de génocide » perpétré par le groupe État islamique en Syrie. Le Sage de la Nation aura bien mérité la grand-croix de la Légion d'honneur, reçue le 26 novembre 2014 des mains d'un président de la République au sujet duquel il avait écrit : « François Hollande n'est pas homme d'État. » Le Monde avait assisté à la cérémonie à l'Élysée, en présence de cinq académiciens (la secrétaire perpétuelle Hélène Carrère d'Encausse, Marc Fumaroli, Jean-Marie Rouart, Pierre Nora, Gabriel de Broglie), de l'éditeur

Antoine Gallimard, de sa fille Héloïse ou du cinéaste Claude Lanzmann. Le chef de l'État avait débuté son hommage par un implacable constat, dont il aurait aimé connaître la recette : « Vous avez réussi tout au long de votre vie à être aimé. Je me suis posé cette question : comment avez-vous fait ? Est-ce dû à votre esprit subtil ? À votre élégance subtile ? À votre regard pétillant ? À votre sourire désarmant ? À votre talent d'écrire ? Vos livres suscitent toujours des compliments, y compris de ceux qui ne les lisent pas. Vous êtes populaire chez les femmes, chez les hommes, célèbre en France sans être méconnu à l'étranger, aimé sans être envié... Je me suis interrogé sur ce mystère : pourquoi ce don de Dieu ? Pourquoi à vous ? Et pourquoi Dieu est-il si sélectif ? »

Touché par l'hommage élyséen, Jean d'Ormesson lui répondra. « Au-delà de la politique, il y a une certaine hauteur qui se confondait peut-être hier avec l'honneur et qui se confond aujourd'hui avec la démocratie, où se mêlent l'émotion, le goût des idées, un peu de grâce et de beauté, une sorte d'élan vers les autres, une interrogation sur notre destin, ces fantômes mystérieux qu'il est peut-être permis d'appeler dans cette maison les forces de l'esprit. » Il n'a donc, cette fois, pas répliqué par une citation, paravent auquel il a souvent eu recours pour mieux se cacher dans leurs replis. « C'est ma charmante modestie, admettra-t-il dans Gala. Les autres ont souvent mieux dit que je ne pourrais le faire ce que je ressens. J'espère bien, au fond, qu'on ne sait presque rien de moi. Quand je suis entré dans la Pléiade on m'a prévenu qu'il y aurait un album biographique et cela m'a fait horreur. Je m'occupe de parler de moi à ma façon mais je déteste qu'on s'en charge. D'ailleurs je ne comprends pas que la perspective d'avoir un biographe un jour n'empêche pas davantage les gens d'écrire. » Il a passé son existence à façonner sa légende, décourageant les tentatives de l'ausculter à défaut de l'égratigner. Cet ouvrage, dont il a très tôt été alerté et pour lequel il recevra l'auteur à déjeuner dans son hôtel particulier de Neuilly… juste après qu'il eut été achevé, est une gracieuse promenade à travers son fabuleux destin.

# Ma mère est vivante puisque je pense à elle

L'œil bleu lagon qui frise, pieds nus dans ses mocassins, le nez de guingois, le teint invariablement hâlé, amoureux comme Gaston Gallimard des livres, des femmes et des bains de mer (peu importe l'ordre), il manie la coquetterie et l'espièglerie avec dextérité. Creusant inlassablement le sillon de l'écrivain du bonheur, à la fois tendre et profond, le comte Jean, Bruno, Wladimir, François-de-Paule Le Fèvre d'Ormesson n'aime rien tant que s'autoflageller faussement, avec érudition, et battre sa coulpe de n'avoir pas écrit *l'Iliade* et *l'Odyssée*, *Don Quichotte*, *Gatsby le Magnifique* ou *Les Métamorphoses*. L'hédoniste des plateaux de télévision se maudit, tout en dressant l'éloge de l'ennui et de la paresse dont il se revendique un disciple, de ne pas être à la hauteur de ses maîtres, Chateaubriand, Montaigne, Aragon et Proust. « Si on m'avait dit tu écriras *La Divine Comédie* ou *Gargantua* mais tu seras mort à 35 ans, eh bien ! ce pacte-là, non pas avec le diable mais avec Dieu, je l'aurais signé tout de suite », raisonne-t-il. L'aristocrate le plus populaire du pays, le modeste orgueilleux, l'amateur éclairé de Venise dont chaque publication trône en tête de gondole, assure cependant ne pas se plaire beaucoup : « Je ne suis pas grand. Je serre les poings. Je n'ai jamais cessé de nourrir des rêves qui me dépassent de beaucoup. Et quels rêves, je vous prie ? Des rêves de pacotille, de poudre aux yeux, de petit-bourgeois en goguette », pose-t-il dans son livre, *Qu'ai-je donc fait*, très autobiographique, même si : « Oui, je sais, j'écris toujours la même chose. »

Le nageur entre deux rives, figure de notre république des Lettres, confortablement installé dans un hôtel particulier de Neuilly, dit également : « J'écris pour y voir un peu plus clair et pour ne pas mourir de honte sous les sables de l'oubli. » L'académicien, entré sous la Coupole à 48 ans, prétend encore que ses rêves étaient plus grands que sa vie. Que son plus grand échec est, justement, son manque d'échecs. La faute, selon lui, à un manque de souffrances éprouvées durant sa jeunesse. « Je suis né sous une bonne étoile : j'ai toujours eu un toit pour dormir, je n'ai jamais eu vraiment faim, j'ai échappé aux catastrophes qui s'abattaient sur mon temps, j'ai eu le droit de faire des études, j'avais une bonne santé. Contrairement à tant de mes idoles à travers les siècles, je n'avais pas de pied bot, je n'étais ni sourd ni aveugle, je ne souffrais ni d'asthme, ni d'épilepsie, ni de gravelle, ni d'hallucinations, ni de la syphilis, ni de tuberculose. Tout juste, pour me rappeler ma condition, un risible rhume des foins avec un peu d'âpreté. » Trop de délices, pas assez de mélancolie, même s'il a su convertir ses privilèges en atouts intellectuels. Ne pas y parvenir l'aurait plongé dans le plus profond désarroi. « Il n'est pas impossible que j'aie toujours voulu le beurre, l'argent du beurre et le cul de la crémière par-dessus le marché. » Le cul de la crémière, pour lui, c'est la littérature.

Apparaître comme le dernier des Mohicans ne suffit pas à étancher la soif d'éternité de ce délicieux cabotin et narcissique, misanthrope et ludique, artiste du mentir vrai, qui se définit comme « une fourmi d'humeur égale et plutôt portée à l'insouciance ». « Ce ne sont pas les ventes qui m'intéressent, jure-t-il dans *Qu'ai-je donc fait*, c'est d'être un *grandécrivain*. Mieux : le *grandécrivain.* » À défaut de Virgile ou Homère, il aurait au moins voulu être François Mauriac, Anatole France ou Maurice Barrès. « Et ça n'est pas tout à fait sûr », susurre-t-il. L'orgueil le pousse à morigéner de n'être point l'homme d'un seul livre, d'une œuvre unique. « Non seulement, et ce n'est pas grave, j'en ai écrit plusieurs ; mais encore, et c'est mortel, au sens où je l'entends je n'en ai écrit aucun. Qu'ai-je donc fait. La vie est dure. Elle est cruelle. Il n'est pas exclu que la réponse soit : rien. »

Ses œuvres alternent entre le foisonnant et la digression, entre le roman et l'essai, entre l'humour et le savoir, l'histoire et la métaphysique, l'amour et le big bang, la création et Dieu, Venise et la mémoire, le moi et le moi. Son style est immédiatement reconnaissable. Il peut apparaître comme délicieusement désuet. Jean d'Ormesson s'en soucie comme d'une guigne. La littérature vivante d'aujourd'hui, « avec son intolérance de donneuse de leçons et ses fanfaronnades de mauvais sentiments », il l'abhorre. Il lui promet une mort prochaine. « Elle m'a si souvent emmerdé avec son sérieux implacable et son pédantisme expérimental et toujours avorté, je lui rends bien volontiers la monnaie de sa pièce et je l'envoie se faire foutre avec beaucoup de gaieté », sourit-il, précisant que sur le manuscrit originel – quatre crayons noirs pour en composer un – il avait mentionné « je lui chie dessus », avant que son éditeur n'atténue la portée de l'insulte.

L'écrivain à la conversation pétillante comme des bulles de champagne a l'élégance d'être léger. Celui dont le sujet de prédilection n'est autre que lui-même préfère cacher ses fêlures, ses angoisses, ses déchirures intimes. « Si je n'en avais pas, si tout était lisse, je n'écrirais pas », souligne Jean d'Ormesson. Jacques Chancel, en 1978 dans *Radioscopie*, l'avait titillé sur le sujet, demandant s'il n'existait pas une forme de vanité à ne pas vouloir montrer son malheur, comme s'il pouvait décemment y être indifférent. « Je dirais que c'est une forme de politesse, peut-être un peu japonaise », répondait-il, dégainant de son costume en flanelle une citation, son arme secrète : « Il est indigne des grandes âmes de faire part des tourments qu'elles éprouvent. » Elle est de Joseph Joubert, moraliste et essayiste du XVIII^e siècle, comme par hasard ami de Chateaubriand, l'être absolu, à qui il a consacré une biographie sentimentale, *Mon dernier rêve sera pour vous.*

À propos de ses points de rupture, qu'il se refuse à dévoiler (« je ne dis pas tout, je tiens à rester en partie opaque »), son ami Philippe Tesson analyse : « Jean est un homme de qualité, ce qui va de pair avec la nostalgie. Sans nostalgie, on n'est qu'une brute ! Chez lui, désormais, les passions sont intérieures, la nostalgie devient douce, modérée, apaisée, à la française. Elle n'est pas tragique, ni suicidaire, à l'allemande. Il fait œuvre de méditation, écrit des choses aujourd'hui testamentaires. Après, est-il un homme de la Renaissance ou du XVIII$^{e}$ siècle ? Les deux mon général, répond le journaliste. Les Lumières se sont épanouies à la Renaissance et ont ébloui au XVIII$^{e}$. L'âme de Jean d'Ormesson est lumineuse, son visage aussi. Des Lumières, il a hérité l'esprit critique, l'intelligence et la culture encyclopédique, les sciences mises à part, car il n'a pas l'intelligence ni la tentation cosmique, il n'est pas Victor Hugo. Il n'est pas métaphysique non plus, bien qu'il soit philosophe. Jean est un poète, un moraliste. Il a la sagesse de Montaigne et l'acuité de Voltaire. »

Cet art de vivre est davantage qu'une posture. Jean d'Ormesson y déroge rarement. Sous couvert de s'épancher et de trop en dire, il retient l'émotion, de crainte que la digue ne se fissure. Pourtant, en deux occasions au moins, l'armure s'est fendue. Évidemment, il est question de sa famille, qu'il chérit plus que tout. Dans *Le Rapport Gabriel*, il consacre des lignes poignantes à son frère unique, Henry, né quatre ans avant lui. Son grand frère, si différent de lui, et dont il craignait un peu l'autorité. Henry, Olivier, Jacques, François-de-Paule Le Fèvre d'Ormesson, après des études brillantes à Louis-le-Grand puis Sciences-Po, sort diplômé en juillet 1947 de la première promotion de l'École nationale d'administration (la fameuse ENA), baptisée « France Combattante » et ouverte sur concours spécial aux résistants et aux héros de guerre. Il a accompli une carrière de haut fonctionnaire exemplaire. Inspecteur des finances, il a été directeur adjoint des finances au Maroc, directeur général adjoint de la Banque centrale des États de l'Afrique équatoriale et du Cameroun, conseiller technique de Pierre Abelin, secrétaire d'État aux affaires économiques, puis de Robert Buron, ministre des Travaux publics, des Transports et du Tourisme. La suite s'écrit à Électricité de France. Directeur général des services financiers et juridiques d'EDF, il est, entre 1976 et 1986, chargé de l'inspection générale. Valéry Giscard d'Estaing lui a même proposé la direction de Banque de France qu'il a poliment déclinée. Il s'est aussi paré d'honneurs : Croix de guerre 1939-1945, commandeur de l'ordre national du Mérite, officier de la Légion d'honneur, chevalier de l'Économie nationale, officier du Mérite agricole, élevé à la dignité d'inspecteur général des finances honoraire.

Henry d'Ormesson est décédé à Paris le 24 décembre 1995, à 74 ans. « Lorsque les ministres de la IVe République se trouveront en face de dossiers épineux auxquels il s'agira d'opposer des refus catégoriques et pénibles, ils se retourneront vers mon frère : il savait dire non avec une aisance et une simplicité remarquables. Voilà mon frère. Il est mort. Il était solide et bon. Il préférait les forêts à la littérature. Je l'aimais. » Henry, qui a les yeux plus bleus encore que lui, était son antithèse. « Il est aussi rude et rugueux que je suis léger et nerveux. Il m'appelle "le moustique". Hypocrite et par en dessous, je suis le chouchou de mes parents qui le traitent avec sévérité. Je fais des mots, comme tous les enfants. Il a mauvais caractère. Je travaille bien. Il travaille mal. Quelques années plus tard, quand il exprimera son intention d'entrer à l'École navale et de devenir marin, ce sera un éclat de rire dans la famille. » L'ancien cancre, qui gagnait de l'argent de poche en ramassant des balles dans un club de tennis sur les bords d'un lac bavarois, optera finalement pour l'inspection des finances, terminant parmi les premiers de sa promotion à l'ENA.

Toujours dans *Le Rapport Gabriel*, Jean d'Ormesson raconte cette scène désopilante survenue lors d'un dîner à la maison, à Munich, où son père était ministre de France. La visite de Mgr Pacelli, nonce de sa Sainteté, doyen du corps diplomatique, est imminente. Les parents recommandent fermement à Henry de la discrétion, lui demandant de baiser le gros anneau au doigt de l'homme en rouge. Tout se déroule parfaitement. Lorsque, au moment de prendre congé et d'aller se coucher, « tel Bicot, il se planta devant Son Éminence, les jambes écartées, le doigt pointé en avant, et, d'une voix très claire, sur le ton le plus ferme, il lui lança : “Au revoir, mon vieux.” Longtemps, mes parents se bercèrent de l'espoir que le nonce n'avait pas entendu, ou que, perdu dans des pensées planétaires et mystiques, il n'avait pas compris. » Le 2 mars 1939, Eugenio Pacelli, qui a négocié un concordat avec le nouveau régime nazi à Berlin, est élu pape, au troisième tour de scrutin, choisissant Pie XII pour nom de règne. Au milieu des années cinquante, Henry d'Ormesson, missionné par l'inspection des finances, est reçu au Vatican. « Tout se passa pour le mieux. Ma belle-sœur, vendéenne et fort pieuse, portait, très émue, mantille et vêtements noirs. Mon frère bredouilla quelques mots. Le Saint-Père fit un discours. Sourires. Émotion. Génuflexions. Bénédiction. » Henry se prépare à aller se restaurer d'un plat de pâtes lorsque Sa Sainteté se rapproche. « Il retint quelques instants les mains de mon frère dans les siennes et lui murmura à l'oreille : “Vous ne dites plus *mon vieux* au pape ?” »

L'anecdote lui arrache encore des larmes. Sentiment identique sans doute en relisant sa chronique la plus poignante, rédigée pour *Le Figaro*, dont il était le directeur. L'hommage, publié le vendredi 31 octobre 1975, quinze jours après la disparition de sa maman, est intitulé *Le Souvenir de ma mère*. C'est le texte auquel il tient le plus. D'ordinaire si pudique, Jean d'Ormesson raconte en quelques mots savamment choisis les sentiments que lui inspirait Marie, Henriette, Isabelle Anisson du Perron, née à Abbeville le 14 juillet 1892, mariée à 28 ans à André, Charles, François-de-Paule Le Fèvre, marquis d'Ormesson. Héritière de Jacques Cœur et de la Grande Mademoiselle, élevée dans la chasse à courre avec ses trois frères, elle appartenait à une famille très conservatrice, monarchiste et ultracatholique, qui n'a jamais manqué d'argent. Parmi sa filiation, entre archevêques, maréchaux, imprimeurs, rentiers, cavaliers ou religieuses, le plus illustre est Louis-Michel Le Peletier, marquis de Saint-Fargeau, aux confins de la Bourgogne et de la Loire. Un singulier personnage, député de la noblesse aux États généraux de 1789 qui renie ses origines nobles et devient l'un des avocats les plus ardents de la cause du peuple. Il se rallie à la Révolution française, devient membre de la Convention nationale, président de l'Assemblée nationale constituante et vote la mort de Louis XVI. L'arrière-arrière-grand-père de Jean d'Ormesson est donc régicide ! Le jour de l'exécution du roi, le 21 janvier 1793, il est assassiné chez le restaurateur Février, s'écroulant sous les coups d'épée de Pâris, ancien garde de Louis XVI, qui l'a reconnu. Son ami Robespierre, par compassion, prendra sa fille dans ses bras, l'exhibant à la Convention nationale en disant : « Messieurs, voici votre fille. Enfant, voilà tes pairs. » Elle fut sacrée « Mademoiselle Nation », ce qui ne l'a pas empêchée de devenir une farouche monarchiste.

Il a très – trop – souvent raconté la saga du marquis de Saint-Fargeau, considéré comme le premier martyr de la Révolution, inhumé au Panthéon. Dans *Le Souvenir de ma mère*, il n'y formule aucune allusion. Place à l'émotion, dans le plus pur style Jean d'Ormesson. « En ces jours des défunts, du souvenir et de tous les saints, j'ai vieilli d'un seul coup : ma mère est morte, écrit-il. Longtemps, j'ai été son fils, son enfant, son garçon, et elle m'appelait mon petit. Voilà que je ne suis plus l'enfant de personne et que je n'ai plus personne pour me séparer de la mort. Je n'ai plus derrière moi que l'image à jamais évanouie du visage de ma mère et son souvenir chéri. J'aimais ma mère. Elle m'aimait. J'étais fier d'elle. Et – que Dieu me pardonne ! – il n'est pas impossible qu'elle ait poussé la faiblesse et la partialité jusqu'à être fière de ses fils. Un mot terrible de Sartre me reste toujours obscur : "Il n'y a pas de bon père. C'est la règle." Le mien était merveilleux. Ma mère aussi était merveilleuse. Je fais appel ici à tous ceux qui ont connu mon père, janséniste et libéral, ma mère, si vivante et si gaie : Dites, n'est-ce pas qu'ils étaient merveilleux ? N'est-ce pas qu'ils étaient la bonté, la simplicité, la noblesse de l'esprit et de l'âme, la générosité et qu'ils pensaient aux autres beaucoup plus qu'à eux-mêmes ? N'est-ce pas qu'il était impossible à qui les avait rencontrés une seule fois de ne pas les admirer et de ne pas les aimer ? Parce que ma mère était vivante et que mon père était mort, j'ai parlé beaucoup plus, dans ce que j'ai pu écrire, de mon père que de ma mère. Par je ne sais quelle pudeur dont je m'en veux peut-être, j'attendais, j'imagine, que ma mère fût partie pour lui dire que je l'aimais. »

Quelques lignes plus loin, dans ce texte puissant qu'il a de façon régulière distillé dans ses livres, il évoque les promenades en sa compagnie le long des étangs de Puisaye ou dans la forêt de Saint-Fargeau, « sa vraie patrie et où elle avait laissé son cœur, je refais avec elle ces grands voyages épuisants dont elle sortait alerte, indestructible et rose et où tout l'amusait ; je m'assieds toujours près d'elle devant ces mots croisés du *Figaro* d'où elle tirait des délices qui me font sourire et pleurer. Dans la simplicité généreuse de son rayonnement quotidien et de son énergie indomptable, le souvenir de ma mère a le goût du bonheur. Je ne cesserai jamais de vivre dans son amour. » Il conclut ainsi son texte : « Mort, où est ta victoire ? Ma mère est vivante puisqu'elle était chrétienne. Ma mère est vivante puisque l'amour qui nous unit est vivant dans nos cœurs. »

Cette femme qui les a élevés, son frère et lui, entre les bals masqués et les dîners officiels, a été emportée à 83 ans. Le lendemain de sa disparition, l'académicien

Jean-Marie Rouart est frappé d'observer Jean d'Ormesson honorer de sa présence une conférence sur François Mauriac, à la Sorbonne. « Je venais d'apprendre avec épouvante le décès de sa mère. Sachant combien il était attaché à elle, je me suis dit qu'il n'assurerait pas son rôle. Pourtant, il est venu tenir ses engagements. Tout sourire. Une conférence brillantissime, très drôle, pleine d'esprit, malgré les souffrances. Sa conception extrêmement courageuse de la vie légitime qu'il cherche à les éclipser. Les souffrances, c'est pour soi, le bonheur pour les autres. Tout le monde ne les endure pas de la même façon, certains ont besoin de théâtraliser pour se faire plaindre. Jean, comme les gens de sa caste, n'a pas envie. Ne pas impliquer les autres est une manière de les respecter, de s'intéresser à eux. J'ai beaucoup appris de lui. »

Le journaliste et romancier confirme que l'indéfectible sourire de Jean d'Ormesson est un rempart. Mais, pour autant, tout ne glisse pas sur lui. « C'est l'apparence. Bien sûr, il souffre, comme tout le monde. Mais il s'est créé une protection, une bulle d'ego. Il est pudique sur ses attachements, porte sur la société un regard de respect sur la forme et de liberté sur le fond. Les gens s'amélioreraient s'ils suivaient Jean. » Il n'est pas anodin, selon Jean-Marie Rouart, que Jean d'Ormesson soit sensible au gâchis. « Il a une formidable aptitude à savourer chaque instant avec tous ses sucs, ses parfums. Il est capable de jouir de la conversation avec un crétin, car cela l'amuse, parce que c'est la vie. Il ne rabroue pas un imbécile violemment, il a toujours dans sa boîte de vitesse une sorte de formidable overdrive, pour dépasser un moment d'ennui en essayant de lui trouver un intérêt. Très souvent, dans une situation donnée, je me demande ce que ferait Jean à ma place. Et je trouve constamment les réponses parfaites. »

Aujourd'hui encore, Jean-Marie Rouart, son cadet de dix-huit ans, vouvoie Jean d'Ormesson, qui le tutoie. « Au début de notre amitié, il me confiait : "Tu sais, c'est exactement ce qui se passait entre Paul Morand et moi." Cela nous arrangeait tous les deux ! » Fasciné par « sa jeunesse, sa liberté, sa curiosité, son allégresse, son appétit de vivre sans jamais se caricaturer », Rouart concède tout de même de menus défauts. « Il peut s'énerver, je l'ai constaté. Il a aussi un rapport étonnant avec les taches. Il a horreur que je renverse quelque chose. Ce doit être l'éducation. Dans ces familles avec châteaux, on veille à ne pas abîmer l'héritage ! » Pierre Celeyron, surnommé « le magicien de l'éphémère » pour la qualité des fêtes, surtout privées, qu'il organise, a encore en mémoire le soudain haussement de ton de son ami quand il a laissé échapper une goutte de jus de tomate sur le tapis. « Heureusement que ce n'était pas sur sa cravate, qu'est-ce que j'aurais entendu ! C'était à la fois drôle et effrayant. Jean a vu rouge ; tant mieux c'est ce qu'il faut pour une tomate », ne peut s'empêcher de glousser Celeyron. Autre constat de Rouart : « Une légère fermeture à la psychanalyse et à tout ce qui est irrationnel. Il n'y croit pas. » Tous deux charmeurs et séducteurs, ils raffolent de l'amour, remède contre l'angoisse, et du soleil, de tous les faux cultes son culte préféré, affirme d'Ormesson dans *Du côté de chez Jean*. « Il jouit du soleil mais peut le faire en solitaire. Il y a chez lui une espèce de sauvagerie. Une part de lui-même est capable de faire retraite, assure Jean-Marie Rouart. Au fond, Jean est quelqu'un d'assez seul. Je ne dirai pas qu'il se suffit à lui-même mais il a une formidable capacité à n'avoir besoin de personne. Il goûte la société mais n'est pas ce qu'on appelle un véritable mondain. Profondément, ce qu'il aime, c'est se promener à poil sur un chemin corse, au milieu des chèvres, en regardant un beau paysage, dans les parfums de cyprès, de thym et de lauriers ! »

## L’art de la fuite

« Mon Dieu ! Ça m’intéresse beaucoup… Tous mes vœux pour cette louable entreprise. » Voilà la réponse formulée par Jean d’Ormesson lorsque l’auteur de cette biographie l’a sollicité afin de lui expliquer sa démarche, empressé de confronter les témoignages recueillis, les archives compulsées, avide de dénouer en sa plaisante compagnie l’écheveau de ses mille vies, vécues sourire aux lèvres. Il avait promis de rappeler. Il ne le fit pas. Quelques relances téléphoniques plus loin, il consent : « Venez déjeuner avec moi un de ces jours. » L’invitation reste en suspens. Pas très surprenant, au fond. « Sur ma vie privée, je ne livre presque rien. Je ne crois pas, comme Gide, qu’il faille tout dire. Et, contrairement à la plupart de mes confrères, je crains beaucoup les biographes, les recherches posthumes, les révélations posthumes, l’étude des correspondances… J’aimerais qu’on ne s’occupe pas trop de ma vie quand je ne serai plus là », expliquait-il sur le site des éditions Gallimard, qui publiait en 2003 *C’était bien*, une autobiographie déguisée ! Un genre entamé précocement, dès 1959, avec son deuxième roman, *Du côté de chez Jean*, autoportrait en forme d’essai. Jean d’Ormesson affinait le trait sept ans plus tard dans *Au revoir et merci*, où il écrivait : « Trente-sept ans, bourgeois, vie sexuelle normale, plus d'argent que la moyenne, bonne santé, bonnes études, ni beau ni laid, un certain appétit pour la gloire, à défaut pour la publicité : je me présente. Quoi faire ? »

Grand reporter à *Madame Figaro*, Philippe Dufay, prix Printemps de la biographie pour celle consacrée à Jean Giraudoux, a tenté de percer le mystère d'Ormesson. Il a livré en 1998 un amical, plaisant et cultivé portrait de l'homme, « aimable lutin à l'érudition séductrice, ermite de salon », à travers la lecture de ses multiples autobiographies. Le journaliste a rencontré à diverses reprises Jean d'Ormesson, auquel il témoigne un intense respect. Leurs rencontres se sont résumées à un perpétuel numéro de cache-cache, Jean d'Ormesson campant une malicieuse et espiègle souris. « Il se défilait constamment, c'était un feu follet, raconte Philippe Dufay. Il déviait la conversation, rien ou presque n'était "utile". » On s'est vus sur une année et il considérait ce projet comme un jeu. Jamais nous n'avons pu avoir de conversation sérieuse. Et comme je suis un petit chien de chasse, pas un flic travaillant au quai des Orfèvres... Je ne tenais pas à le pousser dans ses derniers retranchements, car je l'aime trop. En somme, ce fut la fuite élégante. Il riait, ne croyait pas que j'irais au bout. Alors je recoupais les événements. » À l'été 1996, Jean d'Ormesson l'invite avec sa femme dans son manoir de Saint-Florent, en Corse, protégé des rochers. Mais l'ancien patron du *Figaro* ne se découvre pas pleinement.

Sur le plateau d'*Ex-Libris*, l'ancienne émission littéraire de Patrick Poivre d'Arvor, les deux hommes sont réunis. Jean d'Ormesson assure la promotion de son dernier-né. PPDA en profite pour l'interroger sur la biographie de Philippe Dufay. Et il certifie, sous les yeux à peine abasourdis de ce dernier : « Je ne suis pas au courant. » L'animateur insiste. « Cela ne vous fait donc rien d'avoir une biographie de votre vivant ? » Réponse : « Non. Je n'ai pas besoin d'une biographie mais d'une bibliographie. Celui qui me met un pied dans la tombe, je garde l'autre pour lui botter le cul. » Une pirouette de plus. Cela ne l'a pas empêché de continuer à adresser ses ouvrages à Philippe Dufay, signés d'un : « À mon biographe. » « Je pense qu'il a eu peur que je révèle des secrets, amoureux notamment. À l'arrivée, il a dû être rassuré, je ne l'ai pas mis en colère. Mais, encore une fois, je ne suis pas Javert dans *Les Misérables* ! » Avant l'enregistrement de l'émission, détendu comme à l'habitude, Jean d'Ormesson papillonnait, prenait des livres glissés sur son fauteuil pour compenser sa petite taille, empruntait, façon de détendre l'atmosphère, le casque de scooter de Patrick Poivre d'Arvor, tentait de charmer Constance de Bartillat, l'éditrice de la biographie de Jean d'Ormesson. « Il a simplement été galant, comme on le connaît, dit-elle. Il a été adorable, délicieux, ne m'a pas importunée, confesse la directrice littéraire de la maison refondée en 2000. Cet exercice d'admiration au charme fou de Philippe Dufay s'est vendu honorablement. Il ne jouait pas du tout sur les informations sensationnelles. L'intéressé l'a pris avec coquetterie et distance. Il est au-dessus de ce type d'accident, tout en connaissant les lois du métier. »

Selon l'académicien, un romancier n'a aucunement besoin de biographie. Son œuvre seule sert de déposition. « Je parle beaucoup de moi, mais je ne dis pas grand-chose de moi », a souvent répété le pudique si médiatique, avec en tête la phrase de Cioran : « Il est incroyable que la perspective d'avoir un biographe n'ait fait renoncer personne à avoir une vie. » « Le roman consiste à inventer avec des souvenirs. S'il n'y a que de l'imagination, il flotte. S'il n'y a que des souvenirs, ce sont des Mémoires », a aussi soutenu Jean d'Ormesson, qui, entre ironie et gravité, a toujours pris un malin plaisir à brouiller les cartes, mélangeant la fiction avec la réalité. « La littérature, ce ne sont pas des idées et des souvenirs mais des mots », a-t-il déclaré dans le magazine *Lire*. Il exalte le secret et la dissimulation de ses obsessions, exècre la transparence. Et quand dans *Qu'ai-je donc fait*, il évoque la passion vécue avec la femme espagnole de son cousin, qu'il a ensuite quittée, il avoue avoir franchi la ligne qu'il s'était fixée, parler de lui sans trop en dire. « Ce n'est pas utile de s'épancher, engage-t-il. Dans mon milieu, très rigoriste, très moraliste, cette lamentable histoire a été vécue comme un tsunami. J'ai déjà le sentiment de frôler le people… » Pourtant, il y a dix ans, dans les 80 portraits des deux tomes d'*Une autre histoire de la littérature française*, il entremêle la vie et l'œuvre de chaque écrivain, se répandant en anecdotes piquantes car, naturellement, elles éclairent leur fonctionnement. Il commente d'ailleurs, dans l'un des volumes : « Tout ce qui touche la littérature – ses acteurs, ses héros, ses partisans, ses adversaires, ses querelles, ses passions – me fait battre le cœur. Le triomphe du *Cid* m'enchante. La "petite société" autour de Chateaubriand et de cette raseuse de M^me^ de Staël m'amuse à la folie. La mort de Lucien de Rubempré me consterne autant que Wilde ou le baron de Charlus. » Mais il n'est pas à une contradiction près.

Il assure sans sourciller mieux connaître la vie de François-René de Chateaubriand – *Mémoires d'outre-tombe* et *Vie de Rancé* composent deux lectures de chevet – que la sienne. Il aime tant le vicomte de Saint-Malo, père du romantisme, « épicurien à l'imagination catholique » (*dixit* Sainte-Beuve), qu'il est l'auteur de sa biographie sentimentale, *Mon dernier rêve sera pour vous*. Chateaubriand, famille aristocratique désargentée, poète, romancier, vaniteux, amoureux, influent, adulé, voyageur, exilé, séducteur, petit, académicien à la demande de Napoléon, traducteur, ministre français des Affaires étrangères, ambassadeur à Berlin, Londres et Rome : un tel destin ne pouvait qu'inspirer Jean d'Ormesson. Inhumé en 1848 sur le rocher du Grand Bé, face à l'océan, Chateaubriand, un compagnon de tous les jours, tenait à ce que soit inscrit sur sa pierre tombale, en guise d'épitaphe : « Un grand écrivain français a voulu reposer ici pour n'entendre que la mer et le vent. Passant, respecte sa dernière volonté. » Pendant presque dix ans, à partir de 1996, Jean d'Ormesson a installé son atelier d'écrivain au-dessus des jardins du Palais-Royal. Sur son bureau XVIII^e, la reproduction d'un chat offert à Chateaubriand par Juliette Récamier. Il est mort en juillet 1848 dans les bras de cette femme d'esprit, qu'il avait aimée et trompée durant de si longues années.

« L'enfer, c'est les autres », jurait Jean-Paul Sartre à la fin de la pièce *Huis clos*. Jean d'Ormesson s'entend bien avec les autres (ses ennemis sont extrêmement rares) et surtout avec lui-même. Roué, il ne se ménage pas, désamorçant ainsi toute pique qui surgit comme vidée de sa substance. Il pratique l'art de l'esquive, assure s'emparer de la plume (du crayon en ce qui le concerne) pour se consoler des chagrins d'amour, gardés enfouis. Dans *Garçon de quoi écrire*, conversations avec François Sureau, il dresse son bilan : « Je me suis beaucoup amusé, je crois que les lecteurs ne se sont pas ennuyés... Je ne regrette rien. J'ai toujours aimé les chemins de traverse et ne pas être où l'on m'attend. » Retenu malgré les apparences, il a parfaitement conscience que ses ouvrages sont autant de masques successifs. « J'avais besoin de ces masques. C'est peut-être le signe que je manquais de cette brutalité, de cette primitivité, si je puis dire, qui fait souvent les grands écrivains. » Il ne s'apitoie pas, évacue ses malheurs dans un ricanement, préférant jouir de la vie et de ses trésors abyssaux. « Facile à dire pour moi dont la vie tout entière a été protégée au-delà de la décence et de l'imagination. Les seuls désastres de mon existence, c'est moi qui les ai déclenchés », assure-t-il dans *Le Rapport Gabriel*.

Chroniqueur férocement brillant, Renaud Matignon, en 1987 dans *Le Figaro*, écrit à son propos : « Le bonheur s'épand et se répand sur sa vie et sur ses actes avec une telle prodigalité que c'en est presque injuste et qu'il devrait en avoir honte. Alors, il en a honte, par devoir et par gentillesse. Seulement, on n'en sort pas, il est heureux d'avoir honte de son bonheur, et de participer à la peine des hommes et aux désordres du monde en un élan de chaleur légère. Si bien que Jean d'Ormesson est désespérément le plus heureux des hommes, et condamné à la félicité comme Sisyphe à son rocher. » Et Jean d'Ormesson de faussement regretter les plaisirs ayant émaillé son existence quand tant d'autres ne connaissent, le long du chemin, que larmes et chagrins. « Le monde et les hommes m'ont été bienveillants. Ils ont pris soin de moi. Le premier et le dernier mot à sortir de ma bouche est un mot qu'on apprend aux enfants : merci. » *Le Rapport Gabriel*, comme dans tout bon d'Ormesson, mêle le récit personnel et une trame plus métaphysique et philosophique, en l'occurrence la détonante descente de l'ange Gabriel sur Terre pour faire un rapport à Dieu sur la manière dont cohabitent et aiment les humains. La conclusion de l'épilogue de ce traité de vie résume son auteur, chrétien de formation, agnostique profond (« Les uns croient en Dieu. Les autres doutent de Dieu. Je doute en Dieu »), lecteur rompu de la *Bible*, convaincu que Jean-Paul II est l'un des hommes majeurs du XX^e siècle, et dont le seul dieu, au fond, est la littérature : « J'ai aimé le monde à la folie. La vie est belle. J'attends la mort. Et jeté, Dieu sait pourquoi, dans les tempêtes du temps, je bénis l'Éternel. »

Derrière les sourires, derrière le sens de la formule (ah, « la littérature, c'est du chagrin dominé par la grammaire »), évidemment, des déchirures – comme la vente du château familial de Saint-Fargeau, que son père soit mort en se disant qu'il était peut-être un vaurien, un voyou. « Si j'ai pris la direction du *Figaro* ou l'Académie française, c'est pour le déposer sur la tombe de mon père, à sa mémoire », a-t-il soutenu. Lors de sa réception sous la Coupole, justement, en juin 1974, l'essayiste et historien de la littérature, Thierry Maulnier, dans son discours, s'évertuait à cerner au mieux le nouvel immortel, en piochant dans son œuvre. « Je vous laisse encore une fois la parole, ou plutôt je la laisse au personnage qui dit

"Je" et qui parle en votre nom dans *Du côté de chez Jean*, page 193 : "La vie, le cœur, le spectacle du monde, comme ils vont rire, les malins qui détestent le banal ! Je les emmerde." Cette voûte ne s'est pas écroulée, elle n'a même pas frémi sous le choc d'un mot qu'elle entend peut-être pour la première fois. Je continue donc ma citation. Votre vocabulaire y devient d'ailleurs moins primesautier : "Ils ont assez méprisé le pauvre monde. Moi, c'est eux que je déteste et que je méprise. Je ne joue pas au rustre, bien simplet, au paysan du Danube : c'est pire. De temps en temps, le soir, je sens quelque chose qui éclate en moi et qui m'inonde de bonheur. Et je le dis. J'aime ce monde où je vis, ce qu'il me procure et ce qu'il m'impose : le soleil sur la neige, le bureau le lundi, la révolution demain, les wagons-lits, les femmes du monde, le courage et le désespoir, les questions sans réponse, la guerre et la paix, l'attente, les triomphes, l'insuccès, l'amour, presque rien. Quel bonheur d'être au monde ! et que tout nous soit donné !" » Et Thierry Maulnier de reprendre, pétri d'admiration : « C'est une grande grâce, monsieur, que d'aimer la vie dans chacune de ses heures, dans chacun de ses visages, dans chacune de ses tâches. Une grâce qui est plus heureuse que le bonheur puisqu'elle se fait bonheur dans le malheur même. »

Jean d'Ormesson s'avère également un être farouchement libre et indépendant. Il le revendique. Il a besoin de s'échapper, d'envoyer paître les contraintes, de s'évader du monde pour mieux s'en goberger. Anne-Marie Charlot, qui a été son assistante dix-huit ans au *Figaro*, se souvient de l'instant où elle l'a croisé dans la rue, par hasard, une poignée de minutes après qu'il l'a saluée pour prendre congé. « Une vision. C'était l'été, en plein Paris. Il est passé à quelques centimètres de moi, sur le même trottoir, sans même me voir. L'allure était relax, il marchait avec appétit, pieds nus dans ses Tod's. Et il ne m'a pas vue. Ça ne pouvait arriver qu'à lui. Je trouvais merveilleux son côté à la fois libre et rêveur, perdu dans ses pensées. J'enviais cette façon de passer à côté des gens qu'il venait de quitter. » Parfois aussi, il éprouve le besoin, un peu moins désormais, de grimper dans sa voiture pour arpenter les Champs-Élysées. S'aérer, goûter le paysage, apprécier les jolies femmes.

Ce n'est pas en scrutant le déhanché de l'une d'elles que, sur la plus belle avenue du monde, il a encastré sa Peugeot décapotable nouveau modèle dans une vitrine. « Nous étions jeunes, il habitait chez ses parents rue du Bac, à l'endroit où j'avais une boutique, évoque son ami Pierre Celeyron, décorateur de l'éphémère. On se promenait souvent dans le vieux Paris et j'apprenais toujours des choses en l'écoutant. Il lisait tout ce qui lui tombait sous la main, je n'ai jamais vu un tel amour de l'imprimé. Un soir, je suis près des Champs et j'entends un carambolage incroyable. Je me précipite et observe la voiture de Jean au milieu d'une boutique ! Un autre véhicule était derrière, qui avait enfreint le règlement, l'obligeant à cette fausse manœuvre. Jean n'était pas affolé. Je me porte à ses côtés pour remplir le rôle de témoin au moment du constat. Soudain, on entend l'homme qui a provoqué l'accident dire, totalement dépité : "Ah, quand je pense que je venais de me raccommoder avec ma belle-mère !" Il n'était pas désespéré du tout d'avoir abîmé la voiture de Jean, juste préoccupé par sa belle-mère. Qu'est-ce que nous avons pu rire de cette réplique. »

Jean d'Ormesson est un croqueur d'existence, qui a fait sienne l'art de vivre formulé par le comédien Philippe Noiret : « La vie est un voyage. Le voyage est court. Essayons de le faire en première classe. » Cela n'a jamais dérangé sa fille adorée, Héloïse, éduquée façon cool. « Au fond, c'est un libéral libertaire, a-t-elle reconnu. Il est profondément attaché à son indépendance. Je l'ai vu partir en voyage sans donner aucune nouvelle. » Son épouse depuis quarante-six ans, Françoise, s'en accommode. On ne le changera pas. La psychanalyse, de toute façon, n'est pas calibrée pour lui. Il considère que fouiller son inconscient, allongé sur le divan, est une maladie qui se prend pour son remède. *Idem* pour la psychiatrie et la psychologie. « L'angoisse n'est pas mon fort, convient-il dans *Qu'ai-je donc fait*. Je n'ai pas peur de l'existence. Elle a été pour moi aussi amicale que possible. » Il a couché sur papier ses souvenirs mais n'a jamais jugé bon de s'étendre, au sens propre, pour dérouler une enfance lumineuse. Il reconnaît en revanche que l'écriture a été autant affaire de souffrance que d'aise. « J'écrivais pour un tribunal implacable et secret, tapi dans les brumes de l'avenir et dont je ne savais rien. Les membres de ce tribunal étant impossibles à atteindre et même à discerner puisqu'ils n'existaient pas encore, j'étais contraint d'écrire pour une espèce de sur-moi, plus dur que tous les lecteurs. »

## Monsieur l'ambassadeur

Il prétend avoir vécu son enfance dans une valise, certes diplomatique. Sa vie d'expatrié a en effet commencé tôt. Jean d'Ormesson n'a que trois semaines lorsque sa famille s'installe à Munich, sur les bords de l'Isar et du Tegernesee. Son père André, marquis d'Ormesson, est nommé diplomate en Bavière. Il marche sur les traces de son propre père, Olivier d'Ormesson, sous-préfet et diplomate, marié à Marguerite du Breuil-Hélion de la Guéronnière. Auparavant, André d'Ormesson avait été attaché d'ambassade à Athènes ainsi qu'à Berlin. En 1925, l'année de naissance de Jean, il devient ministre plénipotentiaire. Ils passeront sept années en Allemagne. Jusqu'à 13 ans, Jean d'Ormesson parle mieux l'allemand (avec l'accent) que le français. André est l'aîné de la fratrie. Il a un frère de onze ans son cadet (Wladimir) et deux sœurs nées à un an d'intervalle (Élisabeth et Yolande). Comme on ne se refait pas, Wladimir sera lui aussi diplomate, maniant sans partage le goût du voyage : né à Saint-Pétersbourg, il a vécu au Danemark, au Portugal, en Grèce et en Belgique, au gré des affectations de leur père !

Journaliste au *Temps*, à *La Tribune de Genève* puis au *Figaro*, compagnon du maréchal Lyautey dont il fut l'officier d'ordonnance au Maroc, Wladimir d'Ormesson est nommé en 1940, par Paul Reynaud, ambassadeur près le Saint-Siège. L'expérience tourne court, la faute au gouvernement de Vichy. Mais il sera ambassadeur de France au Vatican une seconde fois, de 1948 à 1956, après avoir sévi au même poste en Argentine et au Chili. Marié à la Cubaine Conchita Guadalupe de Malo Valdivielso y Zayas-Bazan, père de six enfants, auteur de nombreux ouvrages, l'avenant diplomate entre à l'Académie française en 1956, au fauteuil de Paul Claudel. Soit un an avant la mort de son frère, André. Ce dernier n'a jamais siégé sous la Coupole. Mais il a été envoyé, en avril 1933, à Bucarest pour y être ambassadeur. Trois ans plus tard, élevé à la dignité d'ambassadeur de France, il est nommé à Rio de Janeiro. En 1939, admis à la retraite du corps diplomatique, il devient président-directeur général des Agences maritimes réunies.

Jean d'Ormesson n'a jamais feint l'admiration portée à son père, républicain de centre-gauche, commandeur de la Légion d'honneur, grand-croix de l'ordre de la couronne et de l'Étoile de Roumanie, grand-croix de la Croix du Sud au Brésil. Son cousin Antoine garde lui aussi un souvenir irréprochable de ce grand diplomate : « Il était l'honnêteté, le sérieux et le devoir faits homme ». De chaque voyage familial, il a tiré le meilleur. Profité de ses expériences pour regarder le monde, même si, dit-il, il était un enfant chétif, que sa maman a élevé au jus de carottes. À Munich, Jean d'Ormesson est couvé aussi par une nurse allemande, « que j'aimais à la folie ». S'il ne se souvient plus de son visage, il n'a jamais oublié son nom, Fräulein Heller, et les fessées administrées « avec une brosse à cheveux, peccadilles côté bois, fautes plus graves côté poils. Nous n'avions pas de bonnes ni de femmes de ménage : nous avions des femmes de chambre, des valets de pied, des jardiniers, des cuisiniers, qui portaient le nom de chef. » Il a aussi un chauffeur, Maederer.

Son père, alors, représente la France. Sa mission ? Chargé « plus ou moins d'écarter de l'Allemagne et de la mauvaise Prusse un obscur agitateur d'extrême droite dont le putsch avait échoué et qui portait le nom de Hitler ». Le dictateur en sommeil achève tout juste la rédaction de *Mein Kampf*. « Huit ans plus tard, au départ de mon père qui avait fait tout ce qu'il pouvait pour sauver des juifs privés de leurs biens et menacés de leur vie, relate-t-il dans *Le Rapport Gabriel*, Hitler était au pouvoir avec le titre de Reichskanzler et bientôt de Führer. Et nous découvrions dans le courrier qui arrivait à l'heure du petit déjeuner des photos de mon père avec les yeux crevés. Nous formions la famille la plus tendre, la plus unie, sans scandales, sans histoires. L'histoire ne nous lâcherait plus, et elle était tragique. »

André d'Ormesson est un homme de bien, d'une magnanimité incroyable. Le civisme n'est pas un vain mot chez lui. Respectueux à l'extrême de l'État, il est du genre à se plaindre de ne pas payer suffisamment d'impôts. « Je l'ai vu, de mes yeux vu, écrire au contrôleur pour lui faire remarquer avec un peu d'acrimonie que les sommes réclamées par le Trésor public étaient inférieures à la réalité révélée par ses propres calculs ; et il s'étonnait de ce relâchement qu'il souhaitait avec fermeté voir prendre fin au plus vite. » Obnubilé par le salut de la République et par sa propre famille, il se dévoue entièrement à sa tâche. Rigide, il ne déroge pas à ses principes. Ainsi, en 1942, lorsqu'un ami, ambassadeur d'Allemagne à Moscou, lui signale avoir retrouvé un livre aux armes de la famille d'Ormesson et qu'il souhaite le lui remettre, il lui répond : « Tant que l'Allemagne est aux mains d'Hitler, je ne peux rien en accepter. Je ne vous tiens pas pour responsable, je vous recevrai même avec joie quand Hitler aura été exécuté et que l'Allemagne aura été battue. »

En quittant Munich en 1933, André d'Ormesson, qui déteste la presse, laisse à son successeur une lettre où il renouvelle sa défiance à l'égard d'Adolf Hitler, dont il redoute l'ambition dévorante et la folie meurtrière. Direction, donc, la Roumanie, d'où il continue à dénoncer la propagande allemande. Les valises et les malles de bois et de cuir sont bouclées. Depuis Paris, les d'Ormesson rejoignent Bucarest en empruntant l'Orient-Express. L'hiver, le thermomètre descend très bas et ils circulent à traîneau. La ville, pour Jean, c'est d'abord « un jardin où je jouais avec mon frère à des jeux échevelés et un Roumain étonnant, peut-être d'origine grecque, qui s'appelait Alexis et qui était quelque chose intermédiaire entre un concierge, un huissier, un maître d'hôtel et un standardiste. Quand il décrochait le téléphone et qu'il entendait au bout du fil "Allô ! La légation de France ?", il répondait : "Elle-même." » Son père assiste parfois au Conseil des ministres roumains. André d'Ormesson est une personnalité qui compte à Bucarest. Il fraie dans les salons. Avec Hélène Vacaresco, il essaie d'organiser une conférence à deux voix. Lorsqu'il s'enquiert du thème abordé, la poétesse franco-roumaine, deux fois lauréate de l'Académie française, rétorque que l'on parlera amour et amitié. « Ah bon, s'interroge André d'Ormesson. Et qui parlera de quoi ? » « Vous parlerez de l'amitié comme Cicéron, et moi de l'amour, comme tout le monde », réplique Hélène Vacaresco.

À 8 ans, Jean d'Ormesson joue au cerceau avec ferveur. Il est tellement absorbé par ce plaisir qu'il refuse d'aller jouer au train électrique avec le prince Michel, fils du roi Carol de Roumanie. « Tout le reste me passait par-dessus la tête. » Il maîtrise les rudiments du roumain, progresse grâce au chauffeur et à la dame qui repasse les costumes de son père. Jean d'Ormesson a aimé le pays de Cioran, qui deviendra un ami. « C'est catastrophique pour vous qui trouvez que tout va mal, maintenant vous êtes célèbre et vous êtes riche », l'a-t-il un jour titillé. « Heureusement, j'ai un ulcère à l'estomac », a répondu

Cioran. Dans *Une autre histoire de la littérature française*, il dresse l'éloge du peuple roumain : « Ils ne nous ont pas seulement fournis avec générosité en actrices ou en sculpteurs : un Brancusi, une Elvire Popesco, à l'accent inoubliable dans les chefs-d'œuvre de Robert de Flers et d'Arman de Caillavet. Ils nous ont donné aussi quelques-uns des meilleurs artisans de notre langue qu'ils connaissaient mieux que nous et qu'ils aimaient autant que nous : M^me^ de Noailles, née Brancovan ; tous les Bibesco, si chers à Marcel Proust ; dans un genre assez différent, Tristan Tzara, le fondateur du mouvement Dada, Panaït Istrati, un romancier de l'aventure, auteur de *Kyra Kyralina* ; et surtout les trois amis qu'on voit ensemble sur des photographies et qui illustrent avec éclat la littérature française d'après la Seconde Guerre mondiale : Mirçea Eliade, romancier, mythologue, historien des religions ; Eugène Ionesco, être lunaire et exquis qui bouleverse, avec Beckett, le théâtre contemporain et dont *La Cantatrice chauve* ou *Les Chaises* n'ont jamais cessé d'être à l'affiche quelque part pendant un quart de siècle ; et puis Cioran, qui s'appelait Cioranescu et dont le prénom, Émile, s'est perdu en cours de route, comme celui d'Ionesco. »

Le temps a passé. Mais Jean d'Ormesson n'a pas oublié la maison, l'escalier, le jardin de la rue Biserica Amsei, où il reste trois ans. En 1937, le Front populaire dirige la France. Léon Blum, président du Conseil, nomme André d'Ormesson ministre de France au Brésil, poste qu'aura occupé précédemment Paul Claudel. Cette promotion lui vaudra d'hériter du surnom de « marquis rouge ». La famille embarque à bord d'un paquebot et, après un mois de traversée, s'installe à Rio de Janeiro. Jean d'Ormesson a 10 ans. Il a vue sur la baie et le Corcovado. Il découvre la chaleur, le soleil et le carnaval. « Je galopais à cheval dans l'insouciance, dans la facilité, dans le bonheur, sur les plages encore désertes et écrasées de soleil de la baie de Rio et de Copacabana », jubile-t-il. Son père éprouve davantage de difficultés à s'adapter ; il souffre du rhume des foins. Il supporte mal le soleil – Jean d'Ormesson ne l'a jamais vu en maillot de bain ou en manches de chemise, toujours avec des gilets, des bottines, des guêtres ou des chapeaux hauts de forme – ainsi que les contingences économiques qui l'accaparent à l'ambassade. « Il n'était pas friand d'économie, ni pour lui, à titre individuel, ni dans son métier. »

Alice Ferry-Barthélemy, qui veille sur les enfants d'Ormesson en Roumanie, effectue le voyage en Amérique du Sud. Épaulée par la maman de Jean, la nounou assure leur éducation, distillant des cours de mathématiques, de latin et de grec. « Par la valise diplomatique, qui a transporté tant de caleçons, de dépêches confidentielles, de chemises coupées à Londres, de chefs-d'œuvre de Claudel, de Saint-John Perse, de Giraudoux, de Morand ou de Romain Gary, me parviennent d'un cours privé dont le nom était célèbre – Hattemer – des corrigés de compositions et des programmes d'études. D'une voix un peu angoissée par l'énormité de la tâche, Mlle Ferry murmure : "Allez, enfant !" et me serine, avec une énergie et une bonne volonté dignes d'une meilleure cause, les règles de l'hypoténuse et de l'ablatif absolu qu'elle a elle-même apprises la veille au prix d'efforts sans nom. Ma mère, qui vient de parler au chef, au jardinier, à la première femme de chambre en d'interminables et mystérieux colloques, participe aux travaux », raconte-t-il dans *Le Rapport Gabriel.*

Jean d'Ormesson grandit dans ce cocon ouaté, où se révolter confinerait à l'aberration. Son père continue de s'inquiéter de l'ascension du nazisme. « Dans un jardin, l'été, mon père lit le journal. Il sait ce que signifie, pour l'avenir, le rapprochement entre Hitler, le national-socialiste, et Staline, le communiste. L'alliance des dictateurs qui se haïssent entre eux, l'alliance de l'eau et du feu marque l'écroulement de tout ce qu'il avait espéré et le début des grands malheurs. Il pose le journal. Je le vois d'ici. Je l'entends. Il dit : "C'est la guerre." J'ai 13 ou 14 ans. » En 1938, André d'Ormesson réclame de rentrer en France et obtient une préretraite. La famille s'installe rue du Bac, dans le 7e arrondissement, entre le quai Voltaire et la rue de Sèvres. Jean d'Ormesson y restera jusqu'à son mariage, à 37 ans. « Plutôt qu'un révolté, j'étais ce qu'on pourrait appeler un conformiste fugueur », trousse-t-il joliment.

## Famille, je vous aime

L'une des corvées qui, enfant, rebutait le plus Jean d'Ormesson était la récitation de la généalogie des parents et des grands-parents. Il a aujourd'hui encore de menus oublis. Il se souvient que les Anisson du Perron, le patronyme de sa mère, descendent d'une famille d'imprimeurs et d'éditeurs s'étant frottés à l'aristocratie, qu'ils sont originaires du Dauphiné puis qu'ils se sont installés à Lyon. Sa mémoire est manifeste. Mais il s'en veut, par exemple, de ne pas savoir comment ses grands-parents, Jacques Anisson du Perron et Valentine de Boisgelin, de vieille extraction bretonne, se sont rencontrés. « Je regrette amèrement que ma stupidité m'ait empêché d'interroger sur leur famille, sur leur milieu, sur leur genre de vie mon grand-père et ma grand-mère », rumine-t-il dans *Qu'ai-je donc fait.*

Il peut toujours, en cas d'oubli, relire le brillant discours de Thierry Maulnier, qui a accueilli Jean d'Ormesson à l'Académie française le 6 juin 1974. Prononcé en séance publique, au palais de l'Institut, Maulnier, alors immortel depuis dix ans, plongeait avec délice dans les arcanes de la famille d'Ormesson. « Vous êtes et resterez sans doute assez longtemps le plus jeune d'entre nous. Mais votre nom est plus anciennement connu que cette Coupole elle-même, et il a été prononcé d'innombrables fois, depuis des siècles, dans les chambres des conseils royaux, les parlements, les assemblées, les ambassades. Dans votre dernier roman à peine né *Au plaisir de Dieu* où vous peignez avec un amusement affectueux, avec une tendresse impitoyable, une aristocratie aux prises avec la difficulté d'être dans le monde d'aujourd'hui, vous faites remonter la famille imaginaire que vous décrivez à l'époque des Croisades. Les Croisades, qui furent l'œuvre de la foi, bien entendu, l'œuvre de la surpopulation – les grandes épidémies s'étaient faites rares depuis quelque temps –, des aventureux normands installés dans nos pays, mais mal accoutumés encore à la vie sédentaire, et l'œuvre du droit d'aînesse – les cadets étant bien forcés d'aller chercher ailleurs une terre ou la mort –, les Croisades donc tuèrent beaucoup de bons chrétiens, de mauvais chrétiens et d'infidèles. Mais elles furent aussi de vastes couveuses historiques, qui firent éclore par une sorte de génération spontanée un nombre incroyable de familles d'illustre noblesse. »

Puis, plus précis, il ajoute : « En ce qui concerne la vôtre, dont l'arbre généalogique est tout aussi ample et ramifié que celui que vous attribuez à vos personnages, nous n'irons pas aussi loin. Dire les noms, les titres, les fonctions de ceux de vos aïeux qui se sont illustrés ou honorés dans l'exercice des hautes charges de l'État me demanderait, quand je me bornerais à la plus sèche des énumérations, une trop grande part du temps qui m'est accordé pour vous accueillir parmi nous. Vous avez, monsieur, d'autres mérites que les noms de vos ancêtres. Notons donc seulement que depuis Olivier I^er^ Lefèvre d'Ormesson qui fut au XVI^e^ siècle magistrat, président de la Chambre des comptes, conseiller de Michel de l'Hospital, depuis Olivier II, fils du précédent, maître des Requêtes, rapporteur du procès de Fouquet et disgracié par le Roi pour avoir demandé seulement une peine de bannissement qui fut “commuée” en détention perpétuelle, vous pouvez compter parmi vos ascendants un chancelier de France, deux contrôleurs généraux des Finances, un premier président du parlement de Paris, un membre du Conseil de régence sous la minorité de Louis XV, onze conseillers d'État, un nombre de présidents du Grand Conseil, d'intendants des Finances et de maîtres des Requêtes que je renonce à préciser, quatre ambassadeurs de France, dont votre père et votre oncle, le comte Wladimir d'Ormesson, membre de cette Académie, et du côté maternel un régicide. »

À son tour, Thierry Maulnier retrace le destin de Louis-Michel Le Peletier de Saint-Fargeau, président à mortier du parlement de Paris, si souvent abordé par Jean d'Ormesson. Il choisit de raconter l'étrange parcours de la toile du défunt, peinte par David. « Ce tableau fut l'occasion d'une petite aventure presque stendhalienne. La fille du conventionnel Le Peletier, votre lointaine grand-mère, était contestataire, donc royaliste, et ne pardonnait pas. Elle partit pour les Pays-Bas nantie de 100 000 francs de l'époque pour racheter le portrait détesté à David et le jeter au feu. David vendit le tableau, mais, flairant de mauvaises intentions, fit signer par l'acheteuse l'engagement de ne pas le détruire. Contrat respecté. Le tableau fut scrupuleusement ramené à Saint-Fargeau dans l'admirable château qui avait été celui de Jacques Cœur et de la Grande Mademoiselle, et proprement muré sous une bonne épaisseur de maçonnerie qui le recouvre encore. Votre aïeule n'avait pas attendu Freud pour procéder symboliquement au "meurtre du père". Louis-Michel Le Peletier ne mérite-t-il pas une réparation ? Tant d'arrière-parents qui avaient bien servi durant des siècles nos monarchies et nos républiques bourgeoises, vous affectaient, face aux sociétés de pensée de notre époque, d'une suspicion légitime. Un ancêtre régicide vous lavait du péché originel et vous ouvrait toutes grandes les portes des salons intellectuels des beaux quartiers. »

Sacré panégyrique, en tout cas. Agrégé d'histoire, docteur ès lettres et maître de conférences à l'université de Franche-Comté, Jean-François Solnon a été plus exhaustif encore. Auteur des biographies d'Henri III ou de Catherine de Médicis, il a publié en 1992 *Les Ormesson, au plaisir de l'État*. À ses yeux, cette illustre famille constitue un symbole de continuité unique dans l'histoire, pour avoir fréquenté les allées du pouvoir durant cinq siècles. « De François Ier à la Ve République, ils ont servi tous les régimes, sauf l'Empire. Hauts magistrats, grands administrateurs ou ministre sous la monarchie, ils ont participé à la Révolution, bon gré mal gré, et sont devenus, comme préfet ou diplomate, fonctionnaires de la République. Jean d'Ormesson a pris certes "un autre chemin". Mais derrière les diverses fonctions qu'occupent aujourd'hui les Ormesson demeure le souvenir d'une longue lignée de serviteurs de l'État. De génération en génération s'est constitué et consolidé un esprit d'Ormesson. Fidèles aux traditions familiales, à leur domaine, à leur genre de vie, ces grands commis de l'État ont toujours été des hommes du juste milieu. Ni "talons rouges" ni "bonnets rouges", ils se sont montrés plus attachés à la continuité du gouvernement des hommes qu'aux agitations de la vie publique. »

L'ouvrage est richement illustré, par exemple de portraits d'Olivier III d'Ormesson (1616-1686), conseiller au parlement de Paris et rapporteur du procès de Nicolas Fouquet (ministre des Finances de Louis XIV), d'Henri Ier d'Ormesson (1681-1756), intendant des finances, ou de Louis II d'Ormesson (1718-1789), premier président du Parlement. Figure également une page manuscrite des Mémoires d'Henri IV d'Ormesson (1751-1808). Jean-François Solnon, qui a soutenu une thèse de doctorat d'État en 1991 devant l'université de Paris X-Nanterre sous le titre « Les Ormesson. Une dynastie de serviteurs de l'État (XVI$^{e}$-XIX$^{e}$ siècle) » remarque que « douze générations de son nom ont servi l'État. Cette fidélité est son orgueil. La lignée ne s'est pas dispersée en activités disparates. Elle ne compte ni financiers ni capitaines d'industrie. L'armée l'a peu séduite. Le goût des siens pour l'administration a guidé ses choix. » Selon lui, « la naissance et la fortune se sont effacées derrière la compétence ». Seul Olivier Le Fèvre d'Ormesson (1525-1600) n'a pu compter que sur lui-même. Logique, il est le père fondateur, celui à l'origine de la dynastie : fils de petit procureur, orphelin de père à 5 ans, l'autodidacte fut trésorier général des finances de Picardie, président de la Chambre des comptes, intendant et contrôleur général des finances.

Conseiller et secrétaire du roi, il a été anobli de fait en août 1552. De son mariage avec Anne d'Alesso, petite-nièce de saint François de Paule, naîtront quinze enfants, dont sont issues les trois branches des Le Fèvre : l'aînée, celle des Le Fèvre d'Eaubonne, s'est éteinte en 1791 après avoir fourni des magistrats au Parlement, celle de Lezeau, disparue à la fin du XVII$^{e}$ siècle, et enfin la branche intermédiaire, les d'Ormesson. Olivier Le Fèvre d'Ormesson possédait une seigneurie proche d'Enghien. Son fils deviendra également seigneur du second Ormesson, que l'on appelait à l'époque Amboile, du nom de la famille propriétaire jusqu'au XIV^e^ siècle. Jusqu'à Pierre Blanchet, premier secrétaire de Charles V et seigneur de la Queue-en-Brie, qui détient les droits seigneuriaux d'Amboile. La guerre de Cent Ans fait des ravages. En 1632, André Le Fèvre d'Ormesson s'empare de ces terres en épousant la fille de Nicolas Le Prévost, seigneur d'Amboile. Il donne au château et au village le nom d'Ormesson. Malgré l'occupation russe, puis allemande, en dépit de la vente des terres agricoles aux lotisseurs, la ville garde le cap. Un décret de janvier 1927 la transforme en Ormesson-sur-Marne. La commune du Val-de-Marne compte environ 10 000 habitants. Les Ormessonnais voient du d'Ormesson partout : château d'Ormesson, centre culturel Wladimir-d'Ormesson, avenue Wladimir-d'Ormesson, etc. Oncle de Jean, écrivain-diplomate, collaborateur du *Figaro* dans lequel il signait des éditoriaux de politique extérieure, académicien, historien de sa lignée (il a publié en 1929 *Notre vieille maison*), Wladimir a été le premier magistrat de la ville entre 1919 et 1925. Il habitait le château d'Ormesson, doté d'un immense parc, qui accueille aujourd'hui le seul golf 18 trous du département.

Son fils Olivier a été le maire d'Ormesson-sur-Marne entre 1947 et 1988. Un tropisme qui n'a jamais éveillé d'intérêt chez Jean son cousin. Ils sont rares dans la famille à avoir échappé à une carrière de haut fonctionnaire.

Même son frère Henry, cancre originel, a embrassé cet héritage, en étant diplômé de l'ENA puis inspecteur des Finances. « Je me suis toujours refusé à jouer le jeu de l'administration », a souvent répété Jean, insistant sur son horreur des papiers, des archives et autres réunions. En ce sens, son cousin Antoine, fils cadet de Wladimir, dont l'autre garçon, André, a sévi dans la banque, lui ressemble. Un fascinant personnage qu'Antoine d'Ormesson. Né en 1924, il a cumulé plusieurs vies : compositeur de musique de films, metteur en scène, architecte de golfs. Après des études au conservatoire de Lausanne, il devient professeur d'histoire de la musique à l'Institut français d'études supérieures de Buenos Aires. Revenu en France, en 1949, il entre à la Radio-Industrie, travaillant avec les pionniers de la télévision et du radar. Directeur administratif de Télé-Industrie, il participe à la création et au lancement d'Europe N° 1 et de Télé Monte-Carlo. Antoine d'Ormesson n'abandonne pas la musique. Il compose chansons, mélodies, danses afro-cubaines et brésiliennes. La bande sonore du son et lumière du château du Lude lui vaut l'oscar des Sons et Lumière de France, remis par André Malraux. Auteur de musiques de films, il élargit son panel en réalisant des courts-métrages puis des longs, dont *La Nuit infidèle*, présenté au festival de Berlin, ou *Le Guérillero*, écrit en collaboration avec l'écrivain Michel del Castillo, nominé pour le prix Louis-Delluc et battu d'une voix par *Vivre pour vivre* de Claude Lelouch.

Créateur d'œuvres symphoniques et d'opéras, il a en outre composé en 2005, en accord avec la famille Betancourt, un opéra traitant de la prise d'otage d'Ingrid.

Insatiable, Antoine d'Ormesson a également pratiqué le golf à hautes doses. Handicap 0, il a été chargé de mission par le président de la Fédération française de golf afin de développer la discipline. Au final, il a géré trois sociétés ayant imaginé des parcours. Parmi ses fiertés, le dessin et la construction des 18 trous des golfs de la Chapelle et des Ormes. Deux par 72 de plus de 6 000 mètres, avec irrigation et station de pompage. C'est ce qu'on appelle de l'éclectisme. « Avec Jean, ce n'est jamais sérieux. Il est intelligent et amusant, vous anime une soirée à lui tout seul. Cela ne l'a pas empêché d'accomplir une carrière exemplaire », explique Antoine, depuis son imposant appartement parisien, dans le 7e arrondissement, où trônent des portraits de la famille d'Ormesson. « Nous n'avons pas embrassé de carrière au service de l'État mais lui et moi nous sommes follement amusés. Je me croyais paresseux mais, finalement, je ne l'ai pas été. Au point que, si je n'avais pas ma musique, je me demande ce que je ferais », annonce-t-il, alors qu'il vient d'achever un opéra, *Et que la nuit commence.* Un drame lyrique sur la maladie d'Alzheimer, dont est atteinte sa femme, et pour lequel il réclame le patronage de l'Élysée. En 2002, c'est son cousin qu'il avait sollicité.

Antoine préparait une adaptation de douze fables de La Fontaine traitées en opéra, qui allait être jouée à Bagatelle et à Moscou. « J'avais demandé à Jean un texte, d'autant qu'une nièce allait jouer le rôle. Il n'a pas donné suite, il n'avait pas le temps », éclaire cet amateur de l'œuvre de son cousin, qui regrette néanmoins que celui-ci ait si peu souvent évoqué le souvenir de son propre père Wladimir. Jean et Antoine d'Ormesson sont des originaux dans la lignée où, rappelle Jean-François Solnon, on reste « attaché aux formes judiciaires de la monarchie ». « Servir l'État leur a paru infiniment préférable au service d'une coterie ou d'un parti, ajoute-t-il. On jugera peut-être sévèrement la minceur de leurs convictions politiques mais les d'Ormesson sont des administrateurs, non des animaux politiques. Ils répugnent aux intrigues, refusent de se pousser du col, restent étrangers à l'esprit de parti. » Jean d'Ormesson ne peut renier les siens. Lui qui, dans la première page de son essai *Au revoir et merci*, expliquait : « J'ai d'abord appartenu à ma famille. »

## Dans les bras d'Ingrid Bergman

Il s'agit de l'une des répliques cultes du chef-d'œuvre de Brian de Palma, *Scarface.* Elle est prononcée par Al Pacino, qui campe Tony Montana, petit truand expulsé de Cuba et débarqué à Miami pour connaître une ascension vertigineuse grâce au trafic de cocaïne. « Je dis toujours la vérité, même quand je mens », assène le balafré dans ce film sorti fin 1983 aux États-Unis.

Jean d'Ormesson n'aurait pas renié cette affirmation. « Le roman, c'est inventer avec des souvenirs », dit-il autrement. Le fringant taquin est un comédien en puissance, un menteur-né. Il a joué à être le plus populaire des aristos, le catholique de droite ou l'écrivain du bonheur que l'on trouvait pratique qu'il soit. Il est Gémeaux ascendant Gémeaux. D'où sa propension à passer rapidement de l'allégresse à l'abattement. Parfait pour jouer la comédie. Il ne s'en cache pas, d'ailleurs : il aurait adoré être acteur. « Je le suis presque puisque je suis romancier. C'est la même chose. Je me glisse dans des vies différentes. Et ces vies différentes, souvent, je me les prête à moi-même. » Dans *Qu'ai-je donc fait*, il regrette de ne pas avoir été Cary Grant, à qui il aspirait tant à ressembler, prenant dans ses bras Ingrid Bergman, lors de la scène finale de *Notorious*, d'Alfred Hitchcock. Une afféterie de plus.

Invité en juin 2008 au 4e Marathon des mots à Toulouse, il a répété que le cinéma l'intéressait énormément. Avant, lucide, de reconnaître : « J'aurais voulu en faire. Mais je ne sais pas travailler en équipe ! » Il a pourtant manqué de partager l'affiche avec Pierre Arditi dans une pièce de Sacha Guitry, *Mon père avait raison*, mise en scène par Bernard Murat. Ce dernier, metteur en scène chevronné, lui proposait les planches de son théâtre, l'Édouard-VII, qu'il dirige depuis 2001. « J'aurais pu être ce menteur-là. Le projet était très avancé. J'avais appris la pièce par cœur. Cela ne s'est pas fait parce que c'était incompatible avec le livre que j'avais alors à écrire. » Il était, en effet, en pleine rédaction de *Qu'ai-je donc fait*. Malgré une lecture avec Pierre Arditi, adieu donc le rôle du grand-père promis par Murat, qui avait demandé à Jean d'Ormesson de s'engager à le jouer sept jours sur sept pendant cinq mois. Il figure néanmoins au générique d'*Éloge de l'amour*, film iconoclaste de Jean-Luc Godard, présenté au festival de Cannes en 2001. Le scénario est censé éclairer les quatre moments de l'amour (la rencontre, la passion, la séparation, puis la réconciliation), à travers le regard d'un jeune cinéaste (Bruno Putzulu) qui entend filmer trois couples comme autant d'âges de la vie. De nombreuses personnalités étrangères au cinéma font une apparition dans cet ovni, de Jean Lacouture à Rémo Forlani, de Françoise Verny à Bruno Mesrine. Jean d'Ormesson, lui, y donne de la voix, avec Juliette Binoche et Roger Thérond.

Plus loin de nous encore, il avait répété en toute discrétion une pièce de Jean-Pierre de Beaumarchais, l'homme du *Dictionnaire des littératures de langue française*. Jean d'Ormesson était en tête de distribution et donnait la réplique à l'épouse du descendant de l'auteur du *Mariage de Figaro*, Philippine de Rothschild, fille du baron Philippe de Rothschild, l'un des plus célèbres vignerons au monde. Sous le nom de scène de Philippine Pascal, elle a joué au cinéma, à la télévision mais surtout au théâtre. Pensionnaire de la Comédie-Française, elle a également occupé la scène six ans durant face à Madeleine Renaud dans *Harold et Maude*, dans le rôle de M$^{me}$ Chassen. « Jean et Philippine avaient l'intention de jouer cette comédie. Ils ont répété ensemble, sans costume. Jean avait l'intonation parfaite, il aurait aimé être comédien, soutient Pierre Celeyron. Toutefois, il a besoin de son indépendance. Si la personne qui lui donnait la réplique était une godiche, même ravissante, cela aurait risqué de l'agacer. »

« Romancier et acteur, c'est un peu entrer dans la peau des autres, explique Jean d'Ormesson. La pente naturelle familiale m'aurait emmené dans la fonction publique. Ford disait : "Vous pouvez acheter une voiture de n'importe quelle couleur à condition qu'elle soit noire." Mon père disait à ses fils : "Vous pouvez faire ce que vous voulez, mais au service de l'État." J'ai choisi l'enseignement pour être plus près des livres. » Mais la passion du cinéma ne l'a jamais abandonné. « Pendant les goûters d'enfants, on voyait des magiciens, dont je raffolais, et on passait des films, des Charlot, des Harold Lloyd, des Laurel et Hardy, raconte-t-il dans *Garçon de quoi écrire*. Mon premier film, qui m'a bouleversé, c'était *Veillée d'armes*, de Marcel L'Herbier, avec Annabella. » Étudiant à Normale sup, il se lovait dans les sièges moelleux et se campait devant le grand écran jusqu'à dix fois par semaine. Amoureux d'Ava Gardner, ses plaisirs allaient à *La Règle du jeu* de Jean Renoir, aux films de Julien Duvivier et Marcel Carné, aux comédies américaines d'Ernst Lubitsch (« Lubitsch, ce n'est pas génial, c'est mieux : c'est très bien »), Billy Wilder ou Frank Capra. Plus tard, il se prendra de passion pour deux films inspirés de nouvelles de la baronne Karen Blixen : *Out of Africa : Souvenirs d'Afrique*, de Sydney Pollack avec Meryl Streep et Robert Redford, et *Le Festin de Babette*, de Gabriel Axel avec Stéphane Audran.

Dans une chronique parue dans *Le Figaro* en mai 1997, où il évoque selon lui le plus beau plan de l'histoire du cinéma, la fin de la scène du bal du *Guépard* de Luchino Visconti, lorsque Burt Lancaster regarde Claudia Cardinale et comprend qu'elle aime son neveu

Alain Delon, il raconte ceci : « À plusieurs époques de ma vie, et je vous épargne les détails, j'ai été malheureux. Les deux meilleurs remèdes que j'avais trouvés pour lutter contre le chagrin étaient le sommeil et le cinéma. Je me souviens d'un automne, d'un hiver, d'un printemps radieux et sinistre où le désespoir m'avait mué en cinéphile. Je me jetais trois fois par jour dans les salles obscures où j'allais tout oublier. Le reste du temps je dormais. À ce rythme – douze heures de sommeil, six ou huit heures de cinéma –, je me changeais en navet par le teint et le spectacle et je guérissais lentement. J'en apprenais surtout un bon bout sur Orson Welles, sur Gene Tierney, sur Ingrid Bergman et sur Humphrey Bogart. Je les ai, comme tout le monde, aimés à la folie. Ils m'ont sauvé de moi-même. Ils m'ont aidé à vivre. »

En 1985, Jean d'Ormesson a été juré à la 42e Mostra de Venise, ville chère à son cœur. Lors de la biennale, il se souvient surtout avoir assisté à la projection de nombreux longs-métrages indigents et constaté l'influence du politique et ses pressions afférentes à l'heure de déterminer les récipiendaires des honneurs. Il inclinait pour récompenser Gérard Depardieu dans *Police* et Sandrine Bonnaire dans *Sans toi ni loi*. Depardieu a reçu la coupe Volpi de la meilleure interprétation masculine pour sa prestation dans le film de Maurice Pialat tandis que celui d'Agnès Varda a remporté la récompense suprême : le Lion d'or. En 2002, il a récidivé, à l'occasion du

55ᵉ festival de Cannes. Il a même remis la palme d'or. Pas au *Pianiste* de Roman Polanski, distingué cette année-là. Sur la Croisette, il présidait un autre jury, baptisé 1939. Il convenait, soixante-trois ans après, de choisir l'œuvre qui aurait mérité la première palme de l'histoire du festival, événement différé par l'intrusion de la Seconde Guerre mondiale. Entouré de cinq membres, Jean d'Ormesson a honoré *Union Pacific*, de Cecil B. DeMille, avec Barbara Stanwyck et Joel McCrea. Le jury a également rendu hommage à deux espoirs féminins : Judy Garland (*Le Magicien d'Oz*) et Michèle Morgan (*La loi du Nord*) !

Un encouragement posthume pour l'enfant de la balle Judy Garland, disparue à 47 ans en 1969, d'une surdose accidentelle de médicaments. Dommage, Jean d'Ormesson aurait pu lui raconter, avec sa faconde et son petit rire espiègle, des anecdotes concernant deux comédiennes fantasmatiques : Greta Garbo et Marlene Dietrich. Avec la première, il partagea un déjeuner. Pour évacuer sa timidité, lui qui était pétrifié devant le mythe, il se met à chuchoter l'air célèbre de *L'Angle bleu*, « Ich bin von Kopf bis Fuss auf Liebe eingestellt » (« Je suis faite pour aimer de la tête aux pieds »). Silence gêné. Alors il insiste, chante plus fort et déroule le morceau en intégralité. Toujours pas la moindre réaction. « Je vous ai tant admirée dans *L'Ange bleu* », glisse-t-il alors, pas peu fier, à Greta Garbo. Qui le fustige du regard avant de lui balancer : « Je crois que vous me confondez avec Marlene Dietrich. » La honte s'empare de lui. Elle se réveillera lorsqu'il croisera la muse du cinéaste Josef von Sternberg une dizaine d'années plus tard.

Au hasard d'un dîner, il est assis à côté de Marlene Dietrich, à laquelle il s'adresse dans un allemand très correct. Il conte la suite dans *Odeur du temps* : « Je finis par lui faire un semblant de gringue. Stupeur et larmes de joie : elle m'invite à venir prendre le thé chez elle, mardi, avenue Montaigne. Orson Welles, Richard Burton, Burt Lancaster ne sont pas mes cousins. Pour mieux enfoncer le clou, je lui murmure que je vais lui dire quelque chose qui va la faire se tordre de rire. Et je lui raconte en me gondolant l'histoire de Greta Garbo. Elle me regarde et me dit : "Je crois que ce ne sera pas nécessaire de venir prendre le thé avec moi, mardi, avenue Montaigne". » Cuisante déconvenue.

L'adaptation pour le petit écran d'*Au plaisir de Dieu*, dont il signe les dialogues avec son ami Paul Savatier, s'est, en revanche, transformée en énorme succès. Derrière la caméra, le metteur en scène Robert Mazoyer. En 1977, cinq après son adaptation réussie des *Gens de Mogador*, il s'attaque à celle du best-seller de Jean d'Ormesson récemment paru. Une saga qui embrasse les soixante-dix premières années du XX$^{e}$ siècle, inspirée de sa propre histoire familiale, le château de Plessis-lez-Vaudreuil remplaçant celui, adoré, de Saint-Fargeau. Le mimétisme trompe d'ailleurs une admiratrice. Lors d'une séance de signature, s'étonnant de ne pas trouver trace de l'oncle Wladimir d'Ormesson dans le roman, elle lâche, dépitée, à son neveu : « Vous avez inventé ? Et moi qui croyais que vous aviez du talent ! » Pourtant, cette dame aurait pu reconnaître sa mère à travers de nombreux traits de la figure du roman, le duc Sosthène de Plessis-Vaudreuil.

Dans la série de six épisodes de 90 minutes, Jacques Dumesnil campe le patriarche. Il en a l'étoffe : son premier film, *Danton*, dans lequel il jouait Fabre d'Églantine, date de 1932 ! Jean d'Ormesson espérait, lui, Burt Lancaster. L'Américain oscarisé accepte mais demande cinq fois le budget initial comme salaire. Sir Laurence Olivier, lui, ne réclame que trois fois la mise ! Jean d'Ormesson contacte directement Jean Gabin, Claude Dauphin, Charles Boyer, Georges Wilson, Pierre Dux, Michel Bouquet, Paul Meurisse, Alain Cuny et Pierre Fresnay. Sans résultat. Au final, l'option Dumesnil le ravit. « Il n'y avait, il ne pouvait y avoir qu'un seul grand-père au monde, un seul duc de Plessis-Vaudreuil, un seul patriarche foudroyé : c'était lui », convient-il dans le subtil portrait que lui consacre Philippe Dufay.

Le choix a été contesté. Mais Jacques Dumesnil est parfait. Jean d'Ormesson se réjouit car le comédien, voix française de Charlie Chaplin dans *Monsieur Verdoux* et *Un roi à New York*, figure en 1963 au générique d'un film qui l'amuse énormément, *Les Tontons flingueurs*, la comédie de Georges Lautner aux dialogues savoureusement cultes de Michel Audiard. Dumesnil est Louis le Mexicain, qui, avant de mourir, appelle à son chevet l'ex-truand rangé des voitures Fernand Naudin (Lino Ventura), afin qu'il s'occupe de sa fille Patricia et fasse le ménage façon puzzle dans ses affaires. Avant de clamser, il a le temps de laisser échapper quelques phrases définitives, comme : « Chez moi, quand les hommes parlent, les gonzesses se taillent », « Henri, fais tomber cent sacs au toubib » ou encore « Je suis revenu pour caner ici, et pour me faire enterrer à Pantin avec mes vioques. Les Amériques c'est chouette pour y prendre du carbure. On peut y vivre, aussi, à la rigueur. Mais question de laisser ses os, hein, y a que la France. » Pas vraiment du d'Ormesson !

Le tournage d'*Au plaisir de Dieu* s'étale entre Saint-Fargeau, Paris, Saint-Étienne et l'Italie. Jean d'Ormesson y assiste. « Il n'y avait plus de frontières entre le réel et l'imaginaire. La vérité flottait », constate-il. Si l'on épluche la distribution, on retrouve, parmi les petits rôles, le chanteur Renaud ainsi que Pierre Celeyron, impeccable en Valentin, le vieux valet de chambre de la famille. Jean d'Ormesson avait sollicité son ami afin qu'il soit conseiller aux usages sur le plateau. « J'ai habité six mois à Saint-Fargeau pour remplir ce rôle, aidant le réalisateur à ne pas commettre d'impairs historiques, veillant au respect des places à table ou le bénédicité dit avant le déjeuner si monsieur le curé venait. Bref, donner de la véracité à toutes ces vies vécues.

Un souvenir délicieux », sourit Pierre Celeyron, qui bat le rappel de ses amis pour une scène de chasse à courre. Le feuilleton, diffusé en 1978 par TF1, fait un carton. Par ricochet, il dynamise les visites au château de Saint-Fargeau, héritage familial que Jean d'Ormesson avait dû se résoudre à vendre alors que son frère Henry y était opposé. Douze ans après *Au plaisir de Dieu*, à l'automne 1989, Robert Mazoyer adapte de nouveau un roman de Jean d'Ormesson. Il s'agit de sa biographie sentimentale de Chateaubriand, *Mon dernier rêve sera pour vous*. Antenne 2 propose ce feuilleton découpé en six épisodes, un pour chacune des femmes ayant compté dans la vie de l'écrivain-séducteur. Marcel Mithois signe les dialogues, Béatrice Rubinstein l'adaptation.

Tout juste sorti de la *Grande cabriole* de Nina Companeez, Francis Huster campe François-René de Chateaubriand. « Il fut au Premier Empire ce que Victor Hugo fut à Napoléon Ier, explique le comédien sur le tournage de *Mon dernier rêve sera pour vous*, réparti entre Paris, Séville, Rome, Londres et Lisbonne. Malheureusement, la vie de l'homme est mal connue, desséchée par les manuels scolaires. Rendre à des grands mythes un visage humain correspondait à un projet que j'avais depuis longtemps. » Parmi les femmes de Chateaubriand du téléfilm, les belles Anouk Aimée, Ludmila Mikaël, Danièle Lebrun, Cyrielle Clair, Zabou et Agnès Soral. Et, dans le rôle de l'émigré clochard, Jean d'Ormesson en personne.

# La gloire de la Coupole

Le carton d'invitation, sur papier Bristol, est envoyé à la cohorte d'amis dont il jouit. L'événement est d'importance. Dans quelques jours, le jeudi 6 juin 1974, Jean d'Ormesson prononcera son discours de réception lors de la séance publique, au palais de l'Institut. Le 18 octobre 1973, il a été élu à l'Académie française, succédant au fauteuil numéro 12 à Jules Romains, disparu dix mois plus tôt, « un 14 août, la pire des dates pour un homme public, pour un artiste, pour un écrivain, tout le monde est déjà sur les routes, le grand sommeil de l'été tombe sur le pays ». Avant sa première prise de parole sous les ors de la Coupole, une grande fête est organisée. C'est l'endroit où il convient d'être. « À l'occasion de la remise de son épée d'académicien à Jean d'Ormesson par M. Gaston Palewski, membre de l'Institut, ancien ministre d'État, ancien ambassadeur de France à Rome, la comtesse Jean d'Ormesson recevra le mardi 28 mai à partir de 17 h 30 au château d'Ormesson. La remise de l'épée aura lieu à 17 h 30 », précise le précieux objet.

L'itinéraire est mentionné depuis la place de la Concorde, indiquant une distance de 22 kilomètres.

« Remonter la voie express par le quai des Tuileries en direction de la porte de Bercy. Suivre la nationale 4 (Sézanne-Nancy), traverser Joinville-le-Pont et Champigny-sur-Marne en suivant toujours la nationale 4. En haut de la côte de Champigny, continuer sur la nationale 4, sur environ 2 kilomètres, jusqu'au supermarché Continent. À ce carrefour formé par la nationale 4 et la route D185, tourner à droite. L'entrée du château se trouve à 1,4 km plus loin. » Voilà, vous êtes arrivés...

Ah, l'Académie. Son célèbre habit vert (bicorne, cape et épée) en réalité bleu foncé avec des broderies vertes, ses 40 membres élus par leurs pairs (plus de 700 ont défilé depuis la création de l'institution en 1635), ses poètes, ses romanciers, ses hommes de théâtre, ses philosophes, ses médecins, ses scientifiques, ses historiens, ses ambassadeurs, ses ethnologues, ses critiques d'art, ses militaires, ses hommes d'État ou d'Église. Une autorité morale, un condensé – en théorie – du génie français, habilitée à juger du bon usage des mots, de leur notion, de leur valeur. « On s'y occupe de la langue, du savoir, de la beauté, du passé et de l'avenir. Le rire y a sa place, et la curiosité, et l'étonnement, et l'effroi », synthétise Jean d'Ormesson.

« Mon père aimait les institutions. C'est en souvenir de lui et pour faire plaisir à ma mère que je suis entré à l'Académie. J'avais 47 ans et j'en avais peut-être assez de ne rien faire et de me promener dans le monde, mains dans les poches, nez en l'air, amateur désinvolte, en témoin amusé », pose-t-il dans *Le Rapport Gabriel*. Le désir de prendre racine dans la vénérable maison, Jean d'Ormesson le doit à Paul Morand. Élu en 1968, il lui suggère par un coup de téléphone de proposer sa candidature. Il acceptera de rédiger sa lettre d'intention après une nuit de réflexion. Jean d'Ormesson est aussi redevable au retentissant succès de *La Gloire de l'empire*, publié fin 1971 et qui récoltera… le grand prix du roman de l'Académie française. Une somme de 536 pages, typographie générale de l'histoire de ce qu'aurait pu être le monde, écrite pendant deux ans et qui démarre ainsi : « L'Empire n'avait jamais connu la paix. » Jean d'Ormesson songe à cette méditation depuis trois ans et un colloque à Palerme consacré aux civilisations comparées. Il y assistait pour le compte de l'Unesco, son employeur. Dans cette aventure romanesque pleine de bruit et de fureur, d'amour et de poésie, centrée sur le règne d'Alexis, homme d'action à tendance philosophe qui se mesure aux hordes barbares après s'être fait sacrer empereur, il réinvente l'Histoire. Bâtit un royaume imaginaire présenté sous forme d'un travail universitaire qui serait vrai, avec passions humaines, quête du pouvoir, batailles et violences à foison.

« Toutes proportions gardées, *La Gloire de l'empire* aurait voulu être à l'érudition universitaire dans laquelle nous avons été élevés ce que Don Quichotte – pardonnez du peu – est au roman de chevalerie : c'est le même univers, mais attaqué par la dérision. Vous voyez que je n'hésite pas, comme vous dites, à me moucher du pied gauche », glisse-t-il à l'ex-énarque devenu romancier François Sureau dans *Garçon de quoi écrire*. Pour renforcer la crédibilité de son entreprise, sorte d'émerveillement devant l'histoire, Jean d'Ormesson place dans le livre cartes, index, bibliographies, tables de chronologie comparée, arbre généalogique, notes de bas de page, tableaux synoptiques. Au final, un énorme canular (forme d'esprit d'irrévérence qui appartient à l'ADN de l'éthique normalienne, dont il se revendique), l'invention de l'histoire-fiction est un tabac : plus de 300 000 exemplaires vendus. Une aubaine pour Gallimard, qui édite *La Gloire de l'empire*. Un désastre pour Grasset, qui a refusé le manuscrit.

On s'explique. René Julliard, qui a publié trois Goncourt consécutifs de 1945 à 1947 mais aussi *Bonjour tristesse* de Françoise Sagan, est le premier éditeur de Jean d'Ormesson. Ils ne connaîtront jamais le succès ensemble : Julliard, pour qui « l'édition est l'art de salir avec de l'encre chère un papier coûteux pour le rendre invendable », meurt en 1962. Il soumet alors l'imposant manuscrit à son ami Bernard Privat, qui dirige la maison portant le nom de son oncle et fondateur, Grasset. Il n'est pas emballé, estime que le sujet est intéressant mais que ce n'est pas du d'Ormesson ! « J'ai vu Privat, cet homme si ouvert et si aimable, s'affaisser sur son fauteuil, l'air horriblement gêné, raconte-t-il dans la biographie de Philippe Dufay. C'était comme si j'étais venu lui proposer un traité de métaphysique ou un ouvrage pornographique. Lui avait toujours voulu du d'Ormesson, mais ça, vraiment, ça ne ressemblait à rien. Après un court moment d'hésitation, il m'a annoncé sans enthousiasme qu'il publierait ce livre, bien sûr, mais qu'il n'y croyait pas beaucoup. » Lui y croit. Fermement. Il sollicite Roger Caillois, son patron à l'Unesco, avec qui il dirigeait la revue *Diogène* ; il l'introduit chez Gallimard. Banco.

*La Gloire de l'empire*, « vertigineux collage d'événements anachroniques » selon un critique, « intrusion de la fonction dans les sciences humaines ou des sciences humaines dans la fonction » dixit son auteur, a agi en accélérateur pour intégrer l'Académie. « L'héritage des siècles s'y retrouvait, travesti. Culture et canular. Ce mélange est savoureux. Jean d'Ormesson l'avait un peu trop nourri, le plat était un peu trop copieux ; toujours cette abondance. Il n'empêche que l'ironie, la parodie, la répétition astucieuse étaient là et que nous ne sommes pas toujours conviés à pareille fête. L'Académie française fut sensible à ce festin… de roi. Ce fut le premier pas de Jean d'Ormesson vers le quai Conti », pointe Jacqueline Piatier, fondatrice du *Monde des Livres*. Dans le quotidien, elle raconte encore que l'épopée figurait parmi les favoris au Goncourt. Paradoxalement, décrocher le grand prix de l'Académie française l'a peut-être desservi.

Cette année-là, le vainqueur est Jacques Laurent, pour un autre pavé, *Les Bêtises.* L'inventeur de *Caroline Chérie*, pourtant, peu avant les votes, assurait sur le plateau de Bernard Pivot « mépriser les prix littéraires parce qu'ils sont trop souvent donnés d'une manière indigne et impardonnable par rapport à la valeur des écrivains qui se trouvaient en piste ».

Une vision que ne partage pas Jean d'Ormesson. Sa déception ravalée, il se met en quête de pénétrer l'illustre enceinte, convaincu par Paul Morand. « La vanité l'emportait sur l'orgueil. On m'offrait une satisfaction, une reconnaissance immédiate. Je n'aurais pas eu la force de les négliger. » Il étale son entregent, sollicite Marcel Pagnol, Louis de Broglie ou René Clair afin de mesurer ses chances de se transformer en immortel, surnom hérité de la devise « À l'immortalité » figurant sur le sceau donné à l'Académie par son fondateur, le cardinal de Richelieu. Il n'est toutefois pas dupe du vernis du lieu. En 1966, dans *Au revoir et merci*, il imagine ce dialogue d'un homme vert demandant des nouvelles d'un ami. « Il est à moitié gâteux… » « Ah ! Il va donc mieux », répond son interlocuteur. Dans *Cyrano de Bergerac*, Edmond Rostand, lui-même académicien, tourne également l'institution en dérision au détour d'une saillie : « Porchères, Colomby, Bourzeys, Bourdon, Arbaud… Tous ces noms dont pas un ne mourra, que c'est beau ! »

« Monsieur le Secrétaire perpétuel, ainsi que j'ai eu le plaisir de vous le dire, je serais très heureux que l'Académie française portât ses suffrages sur moi. » La missive est signée Alexandre Dumas fils. « Dites à l'Académie, monsieur le Secrétaire, qu'à mes yeux mon principal titre est la patience et le courage d'une vie entièrement consacrée aux lettres, et veuillez me faire l'honneur d'agréer les sentiments d'estime élevée avec lesquels je suis votre très humble et très obéissant serviteur », promet Honoré de Balzac. Avide de succéder à Victor Hugo, Charles Marie René Leconte de Lisle, lui, garantit sans scrupule : « La mort de celui qui fut mon maître et mon ami, laisse, dans la Compagnie, un vide que je n'aurais pas la prétention de remplir et une place que je serais heureux et fier d'occuper. » Il sera élu au premier tour, neuf ans après un premier échec.

Émile Zola est un homme de combat et d'engagements. Mais celui mené dans l'affaire Dreyfus lui ôte sans doute toute chance de se lover dans le fauteuil d'académicien. Même si, plus jeune, il avait témoigné que la Coupole était « une serre d'hivernage pour les médiocrités qui craignent la gelée », il n'aura eu de cesse d'essayer d'y entrer. Au final, dix-neuf tentatives. Pour autant d'échecs. De son côté, Jean d'Ormesson est élu au premier tour de scrutin le 18 octobre 1973. Seize voix (majorité requise ce jour-là) contre 7 à Paul Guth. Huit bulletins blancs marqués d'une croix. L'effervescence règne chez Gallimard, qui a anticipé un buffet en son honneur. Jean d'Ormesson rejoint la rue Sébastien-Bottin au volant de son immarcescible coupé Mercedes bleu marine – il est encore aujourd'hui en parfait état et affiche allégrement 80 000 kilomètres au compteur. « Ses amis s'agglutinent comme des fourmis sur un pot de miel. Ses yeux clignotent sous les flashes. Son visage est moucheté de rouge à lèvres, ses phalanges écrasées, sa gorge déshydratée. "Oui, oui, je suis très heureux, c'est le plus beau jour de ma vie", lâche-t-il dans les micros tendus », relate Élisabeth du Closel dans *La Tribu des Hommes verts*.

Quelques mois plus tard, au château familial, Gaston Palewski, ancien vice-président de l'Assemblée nationale et président du Conseil constitutionnel, remet ainsi son épée d'académicien, « une arme de combat », à Jean d'Ormesson. La petite fête est mondaine à souhait. Anne-Aymone Giscard d'Estaing, toute nouvelle première dame de France, y participe. Jackie Kennedy aussi. Héloïse d'Ormesson, le précieux sceptre niché contre son cœur trépidant, écoute ce papa dont elle est si fière prononcer un discours pétillant, évidemment improvisé. Critique littéraire et théâtral à la fois féroce et estimé, Matthieu Galey croque la scène avec sagacité dans son *Journal*, deux tomes précieux pour qui veut comprendre les mœurs du milieu littéraire entre 1953 et 1986 : « Au château de ses ancêtres, l'autre jour, la fête était somptueusement anachronique. Des foules de douairières, des jeunes gens à costume rayé, toute l'Académie, des Rolls en pagaille, des chauffeurs.

Un ballet de carrosses, comme au bon vieux temps. Au lendemain de la victoire giscardienne, c'est la première sortie des nantis après l'angoisse. Leur pépiement joyeux semble dire ouf, il nous reste encore sept ans de sursis. Ensuite, ô symbole, ils vont tous à Ferrières chez Rothschild. »

Les effluves du bonheur tranquille entre soi exhalent encore le jeudi 6 juin 1974. Jean d'Ormesson s'apprête à prononcer son discours de réception. Président du directoire du *Figaro* depuis trois mois, il aura 49 ans dans dix jours. Il est le plus jeune pensionnaire de la vieille dame du quai Conti depuis Maurice Barrès. Un Barrès qui, lors des obsèques de Marcel Proust, aurait dit à François Mauriac : « C'était notre jeune homme ! » Le jeune homme, maintenant, c'est d'Ormesson. Il est accueilli sous la Coupole par Thierry Maulnier. Mais c'est au nouvel élu d'empoigner le micro en premier. À 15 heures, sous les yeux de sa maman, de sa femme Françoise, éclatante en robe de soie orange, et d'amis fidèles (Maurice Druon, Maurice Herzog, Alain Decaux, Alain Peyrefitte), il entame son discours d'un : « La gloire, Messieurs, frappe de rayons bien inégaux ceux que vous distinguez. J'aurais mauvaise grâce à m'étonner de ces variations qui vous sont parfois reprochées puisque c'est à elles que je dois d'abord d'être aujourd'hui parmi vous. Valincour succède à Racine, Gros de Boze à Fénelon et Châteaubrun à Montesquieu. Voilà que, fidèle sans doute à l'esprit d'alternance de ces exercices en dents de scie, j'occupe à mon tour le fauteuil de Jules Romains. »

Conformément à la tradition, il dresse un éloge vibrant, forcément vibrant, de son prédécesseur, « Louis Farigoule, dont nous célébrons aujourd'hui sous le nom de Jules Romains la mémoire et le génie ». Jean d'Ormesson, quand il évoque un homme qui « a dénoncé le sérieux et le sacré et il en a fait des objets de plaisirs et les pièces d'un jeu », dresse en creux son portrait. *Idem* en certifiant que « le sociologue, le poète, le savant, le philosophe se dissimulent, chez Jules Romains, derrière le farceur et sa sagesse facétieuse ». Il conclut ainsi son long monologue : « J'y ai ramené la grande ombre que nous célébrons aujourd'hui et, de mes mains malhabiles, je l'ai abreuvée du seul nectar et de la seule ambroisie que les vivants peuvent offrir aux morts : la fidélité de l'amour et d'une admiration qui ne périt pas. Car il y a quelque chose de plus fort que la mort : c'est la présence des absents dans la mémoire des vivants et la transmission, à ceux qui ne sont pas encore, du nom, de la gloire, de la puissance et de l'allégresse de ceux qui ne sont plus, mais qui vivent à jamais dans l'esprit et dans le cœur de ceux qui se souviennent. »

Dans sa réponse, Thierry Maulnier, ancien élève lui aussi du lycée Louis-le-Grand et de la rue d'Ulm, rappelle combien son entrée dans cette maison a été simple et efficace. Puis il déroule la saga des d'Ormesson avant d'asséner : « La densité des talents et des dignités qui ont fructifié depuis des siècles dans le feuillage de votre arbre généalogique faisait que l'Académie française était le minimum auquel vous deviez atteindre, à défaut de l'une de ces charges de connétable ou de sénéchal qui n'ont guère plus cours, pour ne pas vous sentir écrasé par les glorieux prédécesseurs de votre galerie d'ancêtres. Vous y voilà. Vous ne serez pas la honte de la famille. » Maulnier dit aussi ceci de très juste : « Au reste, quand dans vos romans vous écrivez "Je", dans quelle proportion s'agit-il de vous ? J'ouvre un autre de vos livres, il s'appelle *Du côté de chez Jean*, ce qui semble bien, avouez-le, nous préparer à des confidences. Je l'ouvre à la première page. Je lis les trois premiers mots. Les voici : "Ma stupidité m'atterre." À qui voudriez-vous faire croire que vous avez là un sujet de consternation ? La marge d'erreurs que comportent nécessairement tous les choix humains peut avoir fait, exceptionnellement qu'un individu stupide se soit assis parmi nous, mais non pas, à coup sûr, un individu atterré par sa propre stupidité. Vous êtes bien un mystificateur. »

Poursuivant son exercice d'admiration, Thierry Maulnier relit la dernière page de *La Gloire de l'empire*, « somptueuse méditation sur le réel et l'imaginaire, le destin des civilisations et le sens ou le non-sens de l'histoire », qui se conclut par ces mots : « Les morts, nos pauvres morts n'ont d'autre vie qu'en nous. Il ne resterait plus rien d'Alexandre et de César, de Virgile et de Dante si nous cessions d'y penser. Tant de puissance et de génie, tant de science et de gloire s'abîmeraient d'un seul coup. Il ne resterait plus rien d'Abraham, de Socrate, de maître K'ong, du Bouddha, de Mahomet, de Jésus si nous cessions de les aimer. Il ne resterait guère plus d'Alexis si nous cessions d'y penser et si nous cessions de l'aimer. Et tout serait alors, sous les coups terribles de l'oubli aux aguets, comme si cet immense Empire qui avait dominé le monde n'avait jamais existé. » Puis il reprend, affirmant : « Vous écrivez bien, monsieur, je crois même qu'il est difficile d'écrire mieux que vous ne le faites. Votre phrase est allègre, parfois jusqu'à l'insolence, souple et précise, d'un équilibre sûr. Vous êtes de ceux, un peu moins nombreux je le crains, à chaque génération, qui savent que l'écrivain de race n'a pas besoin de s'inventer une langue pour parler un langage qui soit à lui. Votre style est donc celui d'un classique. »

Dans les salons de l'Union interalliée, Mme Jean d'Ormesson et le nouvel académicien reçoivent leurs amis après la cérémonie. Ils sont « si nombreux que vouloir les citer serait une gageure singulièrement audacieuse », écrit *Le Figaro*. Selon un envoyé spécial, il serrera 3 800 mains. Plus de 900 à l'heure ! Parmi elles, celles de la duchesse de Noailles, de la marquise de Roquemaurel, de Cécile de Rothschild, de Georges Bidault, de Joseph Fontanet, de Jean Lecanuet, de Raymond Aron, de Michel Droit, de Jean Dutourd ou encore de Félicien Marceau. « L'Académie constitue une mythologie littéraire. Elle est remplie de gens passionnants mais Jean essaie de ne pas être dupe, pour mieux garder sa liberté », constate Jean-Marie Rouart, élu en 1997, à 54 ans.

Les deux hommes se côtoient chaque jeudi en séance sous la Coupole. S'envoient des petits mots, rigolent de bon cœur, planchent sur les règles de notre langue dans leur panoplie de chevalier, commodément positionnés dans leur siège vert. L'ancien directeur du *Figaro littéraire*, qui a rencontré Jean d'Ormesson à 20 ans, a reçu le soutien de son aîné quand il s'est agi de postuler. « Nous discutions des heures sur la plage, notamment en Corse, avec Maurice Rheims, l'un des premiers à m'avoir suggéré d'y aller. C'était comme un jeu. » Au programme : baignades dans l'eau turquoise au pied d'une tour génoise, discussions sans fin en regardant les étoiles filantes. Puis, afin de poursuivre la récréation, ils imaginent les personnalités susceptibles de voter pour Jean-Marie Rouart, ceux au contraire qui pouvaient s'y opposer. « Jean écrivait des noms en colonnes sur le sable mouillé, il les comptait et recomptait, jusqu'à ce que la vague les efface. Et nous trouvions ça drôle. Dans cette campagne dont au fond l'enjeu n'était que moi, nous entretenions de la distance, sachant que là n'était pas l'essentiel. J'ai d'ailleurs échoué quatre fois avant d'être élu. Mais cette ambiance, ce jeu pour adultes avec Jean et Maurice m'a beaucoup amusé. »

Successeur de Rouart au *Figaro littéraire*, Angelo Rinaldi a souvent eu la plume féroce, notamment à l'égard de Jean d'Ormesson. « On m'assure qu'il a publié quelques livres. Mettons que ce soit un homme du monde aux dimensions nationales et n'en parlons plus », avait-il écrit un jour. Mais le prix Femina 1972 pour *La Maison des Atlantes* ne tient pas à griffer son partenaire, à côté de qui il siège depuis 2001. « Élégant est le mot qui lui convient le plus. Il est un intellectuel, en dépit de son origine. C'est un homme charmant, gracieux et imperturbablement courtois, des qualités rares. La postérité le priverait de beaucoup de plaisir en ne le retenant pas. Ce serait une injustice, même si l'époque l'est. À l'Institut, il est avec Jean Dutourd l'un de ceux qui participent le plus au débat. Attention à ne pas confondre l'Académie avec une aire de jeu dans un square public ! » Face au Louvre, dans l'ancienne chapelle du collège des Quatre-Nations, Jean d'Ormesson ne croisera pas Philippe Sollers. « Il n'y a pas de conflit majeur entre nous mais l'Académie, pour moi, c'est non. Si c'était le cas, la chose serait entérinée depuis longtemps », persuade celui en qui Roland Barthes décelait un « isolé absolu ».

Philippe Sollers connaît son d'Ormesson sur le bout des doigts. La passion qu'ils vouent à la littérature les rassemble, quand le reste les oppose. « Nous n'aimons pas de la même façon la littérature, ni la même littérature. Mais, que voulez-vous, on ne va pas séparer les compétences. Il aime Chateaubriand, Borges, qui l'a beaucoup inspiré dans certaines de ses divagations métaphysiques, Paul-Jean Toulet et Aragon – il préfère les poèmes les plus tardifs, que je juge un peu trop conventionnels », énumère Sollers, qui opte, lui, pour une poésie plus corrosive, « d'abord Rimbaud, Verlaine, Lautréamont, Antonin Artaud. Il n'empêche qu'il y a une conversation, une discussion possible sur ces fondamentaux-là. Jean d'Ormesson est très cultivé, connaît des choses alors que plus personne ne sait rien. À l'Académie, il existe peu de gens de cette mouvance, s'intéressant au dépôt de savoir littéraire français alors que c'est, paraît-il, leur vocation. Sans parler de Claude Lévi-Strauss, déjà 300 ans, je citerai Marc Fumaroli et sa grande érudition. Je goûte l'esprit que manifeste Jean d'Ormesson en toute occasion, dans sa sorte d'autobiographie continue, depuis quelque temps un peu répétitive. »

Se moquer de l'Académie, comme le pratique Philippe Sollers, est un plaisir lancinant. « Je voudrais en être pour en dire du mal. Car se moquer d'un salon où l'on n'est pas reçu, ça n'a pas l'air très sincère ; mais quand on en est, et surtout que le maître de la maison est un cardinal mort il y a longtemps, on peut s'en donner à cœur joie », écrit le poète Paul-Jean Toulet, auteur de *Mon amie Nane*, œuvre chérie par Jean d'Ormesson. La charge humoristique de Pierre Desproges demeure elle aussi un régal : « Voyez-les glandouiller sans honte à l'heure même où des millions de travailleurs de ce pays suent sang et eau dans nos usines, dans nos bureaux, et même dans nos jardins où d'humbles femmes de la terre arrachent sans gémir à la glèbe hostile les glorieuses feuilles de scarole destinées à décorer les habits verts de ces plésiosaures diminués qui souillent les bords de Seine du quai Conti du chevrotement comateux de leurs pensées séniles. N'avez-vous pas honte, messieurs, de vous commettre ainsi dans cette assemblée de vieilles tiges creuses, rien dans la cafetière, tout dans la coupole. N'avez-vous pas honte, à vos âges, des grands garçons comme vous, de vous déguiser périodiquement en guignols vert pomme avec des chapeaux à plumes à la con et une épée de panoplie de Zorro ? Est-il Dieu possible que des écrivains aussi sérieux que vous passent leur temps à se demander s'il y a deux n à zigounette ? »

La perfidie amusée émane également, souvent, de l'intérieur. « Lorsque le Dictionnaire de l'Académie en arrivera au mot Vertu, je ne serai plus de ce monde. Jeudi prochain, nous serons au mot Cul », dessine Paul Morand. Dans ses *Carnets*, Émile Cioran relate : « Hier, élection d'Eugène (Ionesco) à l'Académie. Il m'a dit, terrifié : "C'est pour toujours, pour l'éternité." – Je le rassure : "Mais non, pense à Pétain, à Maurras, à Abel Hermant et à quelques autres. Ils en furent chassés. Tu auras peut-être aussi l'occasion de commettre quelque acte de trahison." – Lui : "Il y a donc de l'espoir". » Plutôt que de vitupérer contre l'archaïsme de l'Académie, Jean d'Ormesson se plaît à souligner combien il en aime les rites, les habitudes sacrées : « Je ne déteste pas, une fois tous les deux ans, revêtir mon uniforme pour assister à l'enterrement d'un de mes pairs. Quant au reste... l'Académie est d'ailleurs intéressante et agréable par autre chose que les rites, et qui est la gaieté, la bonne humeur, l'amitié. On y rit beaucoup. Cela évoque parfois une assemblée de vieux potaches. »

L'utilité du lieu, Jean d'Ormesson l'a également abordée lors de la réponse au discours de réception de son ami « breton, catholique et sauvage » Michel Mohrt, décoré de l'habit vert en février 1986. « À quoi sert l'Académie ? est une des questions récurrentes que posent inlassablement les imbéciles quand ils ont épuisé les charmes du temps qu'il fait et de la cohabitation. À quoi sert-elle ? Mais à rien, comme toutes les choses délicieuses ou un peu grandes. À quoi servent les chats, le temple d'Abou Simbel, les îles des lacs italiens, les flamants roses de la Camargue, les parades militaires et celles des animaux qui veulent éblouir leurs conquêtes, les très vieux chênes de nos campagnes, nos souvenirs de bonheur ? À quoi servent les rites et les cérémonies ? Aux yeux du moins d'un monde dominé par l'argent, par la force dans tous ses états, par les entraînements collectifs, passagers et aveugles, à quoi sert l'Académie ? À rien. À rien du tout. Elle sert à être beau. »

## L'éden perdu

Sur la route du tour de France, le coureur cycliste américain Lance Armstrong, qui a déjà ramené sept fois le maillot jaune sur les Champs-Élysées, devrait avoir le temps d'observer le château de Saint-Fargeau. Mercredi 15 juillet 2009, la 11e étape de la Grande Boucle mène le peloton de Vatan, dans l'Indre, à Saint-Fargeau, 192 kilomètres plus loin. Une étape de plaine, qui devrait être réglée par un sprint massif. Petit poucet de la prochaine édition avec ses 1 800 habitants, le chef-lieu de canton de l'Yonne accueille l'épreuve pour la première fois. Jusqu'à 1967, le château de Saint-Fargeau, tout proche également de la Nièvre et du Loiret, a été la propriété de la famille de l'académicien. Au fil des ans, les charges étant devenues trop pesantes, Jean d'Ormesson, la mort dans l'âme, s'est résolu à s'en séparer, ainsi que des sept fermes du domaine, qui comporte 3 500 hectares de terre dont 2 000 de forêts peuplées de nombreux cerfs. Quelque part, aussi, en dépit des meurtrissures, cette vente l'a libéré du poids de l'avenir, l'aidant à mieux encore se jeter dans le monde.

Pour la maman de Jean, le déchirement fut une déflagration, tant le lieu, garant de la mémoire, revêt de l'importance et fourmille de beaux souvenirs. Et comme le bonheur est d'avoir de beaux souvenirs... Jean d'Ormesson en a éprouvé de la culpabilité. Il connaît la moindre parcelle de cette terre, où il a passé tous ses étés. En guise d'hommage, il la fait revivre, sous le nom fictif du château de Plessis-lez-Vaudreuil, cette fois situé dans la Haute-Sarthe, dans son livre le plus connu avec *La Gloire de l'empire* et *La Douane de mer* : *au plaisir de Dieu*. Une saga d'un monde qui s'écroule parue en 1974, mélancolique et poétique, où il dessine une épatante galerie de portraits (une centaine), dont la plupart sont issus d'une drôle de famille aristocratique dont la devise, qui donne son titre au livre, a été dénichée à Rome, sur le fronton de l'église San Giovanni a Porta Latina. L'ouvrage, qui démarre par une citation d'Oscar Wilde (« l'hérédité, le seul dieu dont nous sachions le nom »), se révèle un succès de librairie – près de 400 000 exemplaires vendus – couplé à un triomphe télévisuel. L'adaptation en six épisodes de 90 minutes de Robert Mazoyer doit beaucoup à l'interprétation savoureuse de Jacques Dumesnil en duc Sosthène de Plessis-Vaudreuil. La plupart des traits de caractère de ce « beau vieillard très droit qui vivait dans le souvenir » sont empruntés à la mère de Jean d'Ormesson, disparue en 1975, et qui portait une folle admiration à son fils. Le feuilleton, comme un symbole, a été tourné au château de Saint-Fargeau.

L'édifice aux briques roses et aux toits d'ardoise, aux potagers, aux vergers, aux allées, aux écuries et aux salles paroissiales, bâties il y a dix siècles, est situé au cœur du village, niché dans la Puisaye-Forterre, à 170 kilomètres de Paris et de Dijon, en Bourgogne, pas très loin de la région Centre. Il se présente comme un imposant pentagone, avec de grosses tours d'angle couronnées de campaniles. Parmi ses illustres propriétaires, le seigneur de Toucy, Jacques Cœur, un temps la fortune la plus considérable d'Europe (argentier de Charles VII, il était à la fois marchand, négociant, banquier et armateur) ainsi qu'Anne Marie Louise d'Orléans, duchesse de Montpensier, plus connue sous le nom de Grande Mademoiselle. La cousine germaine de Louis XIV, qui a tenu le salon le plus luxueux de toute l'Histoire, a rehaussé le prestige des façades intérieures en sollicitant le célèbre architecte Louis Le Vau.

En 1713, le château devient propriété de la famille Lepeletier, dont sa mère est la descendante. Jean d'Ormesson a raconté à satiété le destin de Louis-Michel Lepeletier, marquis de Saint-Fargeau, député de la noblesse de Paris. Ce fameux Conventionnel dont il a déjà été dit qu'il a été assassiné à 33 ans par un garde du roi peu après avoir voté la mort de Louis XVI. Dessiné puis peint sur son lit de mort par David, il est, avec Marat, l'un des symboles des martyres de la Révolution française ; il a d'ailleurs eu les honneurs du Panthéon. Le métro parisien s'en est souvenu : Saint-Fargeau est le nom d'une station, d'une gare de RER, aussi. Acculé par les dettes, tant le château est un gouffre si l'on entend correctement l'entretenir, Jean d'Ormesson songe initialement à donner le château à l'État. Il s'en ouvre à André Malraux, ministre des Affaires culturelles. Lequel lui répond : « Très bien. Mais ajoutez-y 100 millions de centimes ! » S'il disposait de cette somme, jamais Jean d'Ormesson ne se serait résolu à l'abandonner. Le château, véritable héros d'*Au plaisir de Dieu*, est finalement vendu à une société belge, qui aspire à le transformer en hôtel. Depuis 1979, il appartient aux frères Guyot, Michel et Jacques.

Ces fous de vieille pierre achevaient de retaper un petit manoir près de Valence quand ils ont appris la mise à l'encan de celui de Saint-Fargeau. Un sacerdoce car l'endroit était vétuste, les murs lézardés, le parc en friche, les 90 pièces vides, avec 400 points de fuite recensés ! Ils emportent la mise pour 500 000 francs, addition qui gonfle à 3 millions en comptant le parc et la ferme. Les frères Guyot surfent sur la vague d'*Au plaisir de Dieu* et se targuent de 40 000 visiteurs la première année. Michel Guyot, qui dirige le lieu, l'a totalement restauré. Désormais, les curieux, au cours de la promenade, peuvent photographier les tours jumelles de Bar et Toucy, la cour d'honneur, le grand escalier, les appartements meublés, les greniers, les charpentes, les étangs, les grands arbres du parc. Le must, pour les touristes, reste le spectacle historique. Soit, chaque vendredi et samedi soir de l'été, une grande fresque d'une heure et demie racontant dix siècles d'histoire, le tout en quinze tableaux, joués par 600 acteurs et 60 cavaliers. « Les fantômes sortant des murailles, l'épopée de Jeanne d'Arc, la chasse d'Héribert, le tournoi de chevalerie, les écorcheurs sanguinaires, l'arrivée de la Grande Mademoiselle, la Révolution et le passage des troupes américaines en Puisaye constituent le merveilleux livre d'images vivantes du château de Saint-Fargeau », indique l'établissement.

Dans *Casimir mène la grande vie*, à la question de savoir ce qu'est une bonne famille, le grand-père, irascible bougon, répond ceci : « C'est une famille qui traverse les siècles, les régimes, les guerres, les révolutions, et qui se transmet des souvenirs – des biens, naturellement, des terres, des châteaux, une forme de nez ou la goutte, mais surtout des souvenirs – de génération en génération. Nous avons beaucoup traversé et beaucoup transmis. » Le château de Saint-Fargeau a représenté le nœud de la transmission pour Jean d'Ormesson. Anne-Marie Charlot, se souvient de l'émotion s'emparant de son patron dès lors qu'un courrier évoquait Saint-Fargeau. « L'étincelle dans son regard le rendait encore plus bleu quand un lecteur faisait référence à cette période ou parlait de ses parents. Là, on touchait vraiment quelque chose de sensible. Certaines lettres étaient bouleversantes. Je me souviens d'une où était jointe une photo de lui petit garçon, sur les marches du château. » Jean d'Ormesson ne se complaît pas dans la nostalgie. Il n'a pas la contemplation triste. Mais écrire sur Saint-Fargeau, un monde un peu disparu, l'aide à panser les plaies d'avoir dû céder ce lieu si cher à sa mère et où son frère est enterré. Même si *Au plaisir de Dieu* est dédié « à la mémoire de mon père, libéral, janséniste, républicain » ainsi qu'à celle de son oncle Wladimir, « à qui le plaisir de Dieu n'a pas permis de lire ce livre ».

Profondément marqué par le décorum où l'arrivée d'une Citroën constituait un événement, encore imprégné des parties de chasse à courre de ses oncles ou des lectures d'Alexandre Dumas dans sa chambre tapissée de toile de Jouy, Jean d'Ormesson ressasse ce personnage de Saint-Fargeau dans *Le Rapport Gabriel*, martelant que le château était « le cœur et la gloire de la famille qui se confondait avec lui ». Il prend plaisir à relater ses étés de jeunesse dans cette bulle familiale avec, « dès le vestibule encombré de massacres de sangliers et de cerfs, au bas de l'escalier qui menait à la partie restreinte du château qui avait échappé aux incendies successifs et que nous habitions, ce qui me sautait au visage, c'était une odeur d'humidité, de renfermé et de passé. Le château était un musée où mourait le souvenir. Nous regardions en arrière avec obstination. Nous vivions sans eau courante dans des idées évanouies et dans la splendeur d'une histoire qui avait renoncé à avancer ». Il y côtoyait sa grand-mère, née Boisgelin, « écrasée par son mari qui était un capitaine de cavalerie à la retraite reconverti en hobereau ». Selon Jean d'Ormesson, « une sainte, d'une douceur merveilleuse, d'une bonté sans bornes. Et elle ne voyait ni juifs, ni divorcés, ni homosexuels. »

La discipline règne. Silence dans les rangs. Le dimanche matin, il convient de suivre la messe à l'église du village. Aux repas, tenue impeccable exigée et dîners en cravate. « Nous ne parlions ni de sexe, ni de passion, ni de divorces, ni d'argent, ni de scandales, ni de tuberculose, ni de syphilis, ni de politique. Nous parlions surtout du temps qu'il faisait et du temps qu'il allait faire. » Jean et son frère Henry ne mangent pas avec leurs parents, dans la salle à manger. Ils n'ont l'autorisation de les rejoindre dans le salon que pour la tisane. Un salon s'ouvrant sur un parc à l'anglaise, où la bibliothèque voisine avec un billard. « L'hiver, à la fin de la Seconde Guerre mondiale, quand nous sommes revenus dans le château abandonné par les Allemands et dans les premières années de la Libération où la vie était rude et le chauffage médiocre, j'ai vu, de mes yeux vu, mon grand-père casser la glace dans son broc pour essayer de se raser – et y réussir – avec un vieux coupe-choux. » Mais ce sont surtout les femmes qui ont écrit les pages de Saint-Fargeau.

« La mère, la grand-mère, l'arrière-grand-mère de ma mère avaient vécu à Saint-Fargeau. Elles y étaient nées. Elles y étaient mortes. Il n'était pas question d'aller vivre ailleurs ni de risquer d'y mourir », souffle-t-il, toujours dans *Le Rapport Gabriel.* Depuis la vente, Jean d'Ormesson promet ne s'être attaché à aucun autre lieu, car pas un ne peut allier selon lui la combinaison de charme et de majesté de Saint-Fargeau. Il en maîtrise chaque recoin, y a même passé six mois d'affilée après l'agrégation de philosophie à Normale sup. Le sélectif Bryn Mawr College, aux États-Unis, venait de lui proposer un poste dans l'enseignement. Un campus de 6 000 jeunes filles en Pennsylvanie, tout près de Philadelphie, fondé en 1885. Appétissant pour le séducteur. Mais il est tombé malade : hépatite et spirochétose, dont c'est l'apparition en France. Cloué au lit. « Je dois aux jeunes filles à Bryn Mawr des souvenirs de gaieté et de lumière. Elles m'ont laissé un goût de bonheur, elles m'ont appris à être heureux. Mon séjour à Bryn Mawr et en Amérique a marqué un retour à l'adolescence et à son insouciance », se plaît-il à imaginer dans *Une fête en larmes.*

Tout le ramène à Saint-Fargeau, « sur cette terre de Puisaye où la culture, à chaque pas, se mêlait à la nature et l'histoire aux arbres, aux étangs, aux prairies. La Loire n'était pas trop loin, avec ses reines, ses fêtes, ses châteaux. Et la Bourgogne, avec ses trésors, ses abbayes, ses vins, était déjà là. Quand on se promenait dans les grandes forêts de Puisaye, et tant que les meutes de chiens de chasse n'étaient pas encore lancées contre eux, cerfs, chevreuils, sangliers menaient la même vie que cinq cents ans plus tôt, on se sentait au bout du monde », écrit-il dans une chronique du *Figaro*, rappelant que Colette avait vécu tout près. Loin de l'agitation, sans compter que le téléphone marchait mal, Jean d'Ormesson adorait se promener dans la forêt à bicyclette, quêtant les courts de tennis alentour et les étangs pour une baignade impromptue. L'été était aussi rythmé par les visites de son oncle Alexandre, le frère de sa mère, surnommé Toto, un personnage ironique et caustique, fumant la pipe et le cigare, conduisant de belles voitures de sport. Il y avait aussi son cousin Jacques, le fils de son oncle Roger, « qui était mon ami le plus cher, et peut-être le seul ». Mais il précise aussi que « Saint-Fargeau, en vérité, n'est qu'une part assez mince, capitale et assez mince, de mon enfance ». Son père étant diplomate, il a surtout connu une jeunesse cosmopolite. « Je suis, dit-il dans *Qu'ai-je donc fait*, d'abord bavarois, moldo-valaque et brésilien avant d'être poyaudin. »

## Normale sup, le système le plus sympathique

L'Éducation nationale, jusqu'à son retour à Paris, se circonscrit aux jupes de sa mère. Il termine constamment premier de la classe. Sans doute parce qu'il est le seul élève... Pour la première fois de son existence, Jean d'Ormesson s'apprête à connaître la promiscuité. Ses parents – « austères, raisonnables, terriblement comme il faut, mais ils étaient gais » – l'inscrivent à un collège privé, le cours Bossuet, situé rue Madame. Il traverse à pied les jardins du Luxembourg pour entamer les cours à 7 heures. La compétition ne l'effraie pas, au contraire. Il ne regimbe pas non plus devant le travail. Ses résultats sont encourageants. Il intègre le lycée Louis-le-Grand, où les cours d'histoire de Georges Bidault, qui allait être ministre des Affaires étrangères dans six gouvernements, le charment. Mais, s'il est bon élève, les cours l'assomment. « Je voulais de l'inattendu, du nouveau, du fantastique. Je crois que j'aspirais à des désastres qui feraient tout sauter. Un désir de catastrophe me travaillait en secret », souhaite-t-il dans *Le Rapport Gabriel.* Il sera exaucé, au-delà de ses espérances : la Seconde Guerre mondiale, qui n'était que rumeur insidieuse, éclate officiellement en septembre 1939. Le 1$^{er}$ du mois, 2 000 blindés modernes allemands avaient envahi la Pologne.

Une autre vie démarre pour Jean d'Ormesson. « Nous avons tout à coup changé d'univers. Il n'y avait plus d'école, plus d'obligation, c'étaient les grandes vacances avant l'heure. » Des grandes vacances au goût particulier, où l'on distribue des masques à gaz. Son père craint que des bombardements déchirent bientôt le ciel parisien. Il emmène sa famille à une quinzaine de kilomètres de là, au château d'Ormesson, dans le Val-de-Marne, propriété depuis 1920 de son frère Wladimir. « Oncle Wladi », quelques mois plus tard, sera nommé ambassadeur à Rome par Paul Reynaud. Mais Reynaud, président du Conseil et ministre des Affaires étrangères depuis mars 1940, ne reste pas au pouvoir très longtemps. Devant la tournure des événements, il démissionne le 16 juin 1940, six jours avant l'armistice. Le maréchal Philippe Pétain, 84 ans, est intronisé chef du gouvernement par Albert Lebrun.

C'est dans cet étrange climat que la famille d'Ormesson se pose à Royat, sur les hauteurs du Puy-de-Dôme, tout près de Clermont-Ferrand. Elle loge dans la pension Bon Accueil. Malgré sa retraite anticipée, André d'Ormesson est nommé président de la Croix-Rouge française par le maréchal Pétain. Il ne tient que quelques jours. Le régime de Vichy le hérisse. Il refuse de cautionner de tels agissements, notamment le retour au pays de juifs allemands, qu'ils avaient pour certains clandestinement aidé à traverser la frontière dans l'autre sens. La collaboration ne passera pas par cet homme de principe. Il abandonne sans regret l'hôtel du Parc, s'éloignant de « cet univers vaguement maurassien, ces conceptions politiques qui sentaient l'eau bénite et ces accumulations de petites lâchetés et de petits arrivismes », s'épanche Jean d'Ormesson dans *Garçon de quoi écrire*. « Tous ces gens qui profitaient de la défaite pour réaliser des ambitions qui jusque-là leur avaient été interdites, il ne l'a pas supporté. Il est parti. Il faut dire aussi qu'à Vichy il y avait beaucoup de militaires et mon père ne les aimait pas. » À l'automne 1940, à 15 ans, Jean d'Ormesson entre en première au lycée Blaise-Pascal, à Clermont-Ferrand. Il lit Scott Fitzgerald et Hemingway, figure parmi les meilleurs élèves – l'un de ses devoirs lui vaut d'être présenté au concours général. Son sens de l'amitié est déjà développé. Il fraie particulièrement avec Jean-Paul Aron, neveu du philosophe Raymond Aron, qui lui récite Ronsard, La Rochefoucauld et Racine. Ils sont inséparables. La nuit tombée, les deux compères de classe tracent à la craie des croix de Lorraine sur les murs de Clermont-Ferrand. « J'étais gai, insouciant, ignorant », se souvient-il. Agrégé de philosophie et scientifique, Jean-Paul Aron deviendra un écrivain, un chercheur et un historien reconnu. Séropositif depuis janvier 1986, quelques mois avant sa mort, l'intellectuel austère sera l'une des premières personnalités à reconnaître qu'il est atteint du sida, à la une du *Nouvel Observateur*, auquel il collaborait.

Le séjour en Auvergne ne dépasse pas un an. La famille d'Ormesson se pose à Nice, en France libre. Enfin un peu de soleil. Ils s'éparpillent dans un vaste hôtel divisé en appartements à l'année, *Le Majestic*, à Cimiez, l'un des quartiers chics de la ville. Le ravitaillement arrive avec peine. La faim taraude Jean, si bien qu'il se met à voler des confitures dans l'armoire de sa tante ! « La France était défaite, occupée. On déportait les juifs. Les Anglais se battaient tout seuls. Et notre belle jeunesse, objet de tous les cultes, était vouée à aller chanter dans les bois, la nuit, avec la bénédiction du clergé, sous la houlette d'instructeurs équivoques. L'Église n'a pas été brillante », analyse-t-il dans *Garçon de quoi écrire*. Les « Maréchal nous voilà » lui passent au-dessus de la tête. Jean d'Ormesson s'ennuie. Il dévore Balzac, Proust, Joyce, lui qui a commencé par des BD, les Pieds Nickelés, Bibi Fricotin avant de dévorer Arsène Lupin. Au lycée Masséna de Nice, son professeur de philosophie, M. Fouassier, demeure son souvenir le plus vivace. « En lettres, au moins, j'étais un élève assez brillant, mais sans ces inspirations compensées ailleurs par la nullité, sans ces faiblesses insignes que rachètent des lueurs de génie. Je tenais la balance égale entre Rimbaud et Musset. J'étais hélas ! médiocre dans l'excellence », confie-t-il à Philippe Dufay.

Il obtient sans forcer, en 1943, la seconde partie de son bachot. Jean d'Ormesson compense en histoire et en géographie ses manques en sciences naturelles et en cosmologie. À l'examen, il bluffe son examinatrice, qui l'interroge sur le Brésil. Il lui récite par cœur le plan de la ville de Rio de Janeiro, où il a habité. Jusqu'aux arrêts d'autobus ! Son père mesure que sa progéniture, contrairement à la lignée des d'Ormesson, ne sera pas nécessairement un implacable serviteur de l'État. Lui n'est pas pressé de se choisir un avenir. Surtout, il n'a aucune ambition. « Je me savais trop faible pour y prétendre », promet-il. « À 20 ans, je ne voulais pas d'une vie toute faite. Et après tout ce que nous avions vu, j'étais sensible à l'absurdité des uniformes, des fonctions officielles, des grands emplois. Alors que restait-il ? Pas question tout de même de partir à l'aventure ou de ne rien faire du tout. » Gagner du temps, rallonger les études pour reculer l'heure de se déterminer et échapper au travail : voilà sa stratégie. « Ne rien faire du tout, tel était mon but. Il m'a demandé beaucoup de mal. Il y avait de la légèreté, de la paresse dans cette attitude, mais au fond pas seulement. Il y avait aussi une conscience aiguë de l'absurdité de beaucoup d'occupations jugées sérieuses ; et une conscience aussi de ma propre incapacité. Puisque je n'étais pas destiné à devenir un homme éminent, autant valait ne rien devenir du tout. »

En attendant d'assouvir ce projet, il est admis au prestigieux lycée Henri-IV, à Paris, où la famille est remontée après que les Allemands sont arrivés en zone libre. Une année d'hypokhâgne et une autre de khâgne. Ses professeurs, Jean Boudout et André Alba, le fascinent. Jean Hyppolite, auquel Michel Foucault a succédé au Collège de France, le bouleverse. Il lui enseigne la philosophie allemande et Jean d'Ormesson est subjugué par ce drôle de professeur qui captive son auditoire, bien qu'il tousse et bredouille. Ce cursus représente la façon idéale de prolonger intelligemment son oisiveté. « J'étais entouré, quel bonheur ! de poètes, de marxistes, d'hégéliens, de trotskistes, de spécialistes de la Kabbale ou de présocratiques, de garçons qui avaient lu Joyce et Sade et que Sartre avait invités à venir prendre un pot avec lui aux Deux-Magots ou au Flore. Je ramais, loin derrière. J'étais largué. La vie était merveilleuse et elle était obscure. » L'aventure le grise. Au point de paraître, comme ses professeurs, « très étrangers à tout ce qui se passait dans cette période, à la Résistance comme à la collaboration. Nous étions en khâgne comme nous y aurions été en 1920 ou en 1930. » S'il concède des difficultés en philosophie, Jean d'Ormesson est reçu au 45 de la rue d'Ulm, près du Panthéon, à l'École normale supérieure, dont il a passé le concours en 1945, à 19 ans. En queue de peloton, mais reçu. Fasciné par la force intellectuelle communiste de ses nouveaux pairs, cet anticommuniste viscéral prend une carte à la CGT ! La farce ne durera qu'une poignée de semaines.

À Normale, prestigieux établissement d'enseignement supérieur et de recherche (aujourd'hui se rengorgeant de 35 laboratoires) fondé par la Convention nationale, la tradition du canular est tenace. Le bizutage de Jean d'Ormesson ? Un voyage en train jusqu'à Tours dans le plus simple appareil ! Dans l'école du Quartier latin, il est très proche de Jean-François Revel, alors très à gauche, d'Alain Peyreffite, de Pierre Moussa, futur président de la banque Paribas, et de Jean Laplanche, trotskiste convaincu. Son voisin en cours allait devenir un as de la psychanalyse. Jean d'Ormesson apprécie surtout le vent de liberté qui souffle sur la rue d'Ulm. « Jean a été notre guide en légèreté. Il a rattrapé le soleil et la lumière dont nous étions privés pendant la guerre », racontera un camarade de promotion. « Lire devant le bassin aux Ernests – les poissons du bassin –, monter sur les toits, ne rien faire, cela s'accordait merveilleusement avec mon état d'esprit. L'air du temps ne me portait pas à grand-chose, et j'exaspérais le "caïman" de philosophie, Louis Althusser, en changeant tous les trois jours de préparation à l'agrégation », devise-t-il avec François Sureau.

Il opte d'abord pour l'histoire. Se ravise pour l'allemand, choisit ensuite les lettres classiques avant de miser, finalement, sur l'agrégation de philosophie, au grand désarroi de Louis Althusser. « Tu peux tout faire. Tout sauf la philosophie : trop faible », lui annonce-t-il. Raté. Le philosophe marxiste ne parvient pas à le faire changer d'avis. Jean d'Ormesson se présente une première fois mais manque son entrée, décryptant mal un texte de Jean Piaget, un psychologue, biologiste et épistémologue suisse. Il est reçu l'année suivante. Si sa prestation à l'écrit est ordinaire et sa copie en latin décourageante, il convainc le jury en lui parlant de « la promesse », thème tiré au sort, à préparer en six heures. Évidemment, il parle du temps. En guise de félicitations, l'oncle Wladimir lui offre une édition des œuvres complètes d'Henri Bergson.

« S'il y a un esprit normalien, c'est d'abord un esprit d'indépendance, de variété très française, et peut-être de paradoxe. "L'absence de système, écrit Tristan Tzara, est encore un système, mais le plus sympathique" : ce serait une devise acceptable pour une école dont la seule vocation collective est de former des individus. Jamais monastère n'a été aussi respectueux de toutes les hérésies que l'École de la rue d'Ulm », lui rendra-t-il hommage dans *Le Figaro Magazine*, si fier d'avoir partagé les mêmes bancs que Georges Pompidou, Julien Gracq, Pierre Gilles de Gennes, Aimé Césaire, Louis Pasteur, Pierre Bourdieu, Robert Brasillach, Jean Prévost, Jean-Paul Sartre, Raymond Aron, Jean Jaurès, Jean Giraudoux, Léon Blum, Jules

Romains ou Charles Péguy. Ému, il dira aussi : « Comme pour beaucoup de choses de la vie qui ne relèvent pas de l'amour ou du plaisir, mais des institutions, ce qu'il y a de plus délicieux, rue d'Ulm, ce n'est pas d'en être, c'est d'en avoir été. »

Avant d'entrer dans la vie active, à tout le moins d'essayer, Jean d'Ormesson doit accomplir son service national. Il est affecté au Mans, dans le train des équipages. « Et là, je me suis dit que c'est trop ridicule, et que mieux vaut à tout prendre aller un peu plus loin dans le militarisme. Au prix de beaucoup d'efforts, je parviens à me faire affecter à Vannes dans un régiment de parachutistes coloniaux commandé par le colonel Langlais, qui s'est battu plus tard à Diên Biên Phú. » Il garde de cette expérience un souvenir pas si désagréable. Notamment celui de son premier saut dans le vide, se jetant de l'avion en chantant « Il était un petit navire… ». De retour à Paris, il dort à n'en plus finir. Le marquis André d'Ormesson s'inquiète pour l'avenir de son fils.

L'écriture l'intéresse mais ne le taraude pas. Va pour l'enseignement. Il penche pour Aix-en-Provence ou Grenoble, on lui propose l'université américaine Bryn Mawr. Il décline après être tombé gravement malade. Il distille toutefois des leçons de grec classique et de philosophie dans un lycée public du 9$^{e}$ arrondissement.

L'expérience ne l'emballe pas. Il commet quelques articles people pour *Paris Match*, dont un inoubliable « À Noirmoutier, la plage la plus fermée a pour reine une princesse ». Son destin se joue dans la rue. Son père croise Jacques Rueff. Le polytechnicien alors à l'ONU, successeur de Jean Cocteau à l'Académie française, cherche une personne susceptible de l'assister. L'ancien directeur du mouvement général des fonds au ministère des Finances est censé mettre sur pied le Conseil international de la philosophie et des sciences humaines à l'Unesco, une ONG récemment créée. Jean d'Ormesson songe y rester trois mois. Il quittera l'institution quarante ans plus tard.

## Le « maquereau de la culture » revisite l'atlas mondial

« Recherche normalien ou assimilé pour me suppléer dans mes nouvelles fonctions et pour tenir la boutique. » Voilà, ou approchant, l'annonce qu'escomptait passer Jacques Rueff à l'Unesco, l'Organisation des Nations unies pour l'éducation, la science et la culture, née le 16 novembre 1945. Lorsqu'il tombe sur André d'Ormesson et son fils. La providence. Jean colle parfaitement au profil recherché de « ce petit machin au nom ronflant » : le Conseil international de la philosophie et des sciences humaines. Jacques Rueff est une référence. « Il était roux, plutôt rond, inspecteur général des Finances, délicieux, déjà célèbre, évoque-t-il dans *Le Rapport Gabriel.* C'était une espèce de grand homme dans la lignée de Tocqueville. Il aimait la culture et les ouvrages de l'esprit. Il avait écrit des ouvrages d'économie politique et un ballet métaphysique qui s'appelait *Les Dieux et les rois.* »

L'accord initial court sur trois mois. C'est le temps dont dispose Jean d'Ormesson avant de regagner le sein de l'Université. Il s'enracine en douceur avenue Kléber, dans l'ancien hôtel de luxe Majestic, qui fut sous l'Occupation le siège du haut commandement militaire allemand avant d'être récupéré par les Américains à la Libération. L'Unesco connaît ensuite quelques déménagements successifs avant de se poser place Fontenoy, dans le 7e arrondissement. L'agence spécialisée des Nations unies, dont l'objectif est de construire la paix dans l'esprit des hommes, constitue le terrain rêvé pour qui, comme Jean d'Ormesson, ne souhaite pas faire grand-chose. « J'attendais que le temps passe, et qu'il s'en aille sans faire de bruit. Je n'aurais pas détesté, je l'avoue, sauver la patrie, faire la révolution, écrire *Une saison en enfer* ou *Les Chants de Maldoror*, peindre *La Tempête* ou *La Bataille de San Romano*. Ne sachant comment m'y prendre, dépourvu de ce talent qui éclatait autour de moi, je préférais de loin ne rien faire du tout à faire de petites choses. » Le programme de Jean d'Ormesson ? « Je m'enfermais dans mon bureau à l'ombre de Rueff et de quelques autres et, le sourire aux lèvres, la mélancolie dans le cœur, l'ironie à fleur de peau, je lisais mes amis, ceux du deuxième rang, derrière les géants dont on se détourne par timidité et par crainte. »

À l'Unesco, Jean d'Ormesson cultive à satiété sa posture préférée : celle du paresseux et du dilettante, qu'il n'est évidemment pas, du moins pas tout à fait. Il organise des colloques, des congrès internationaux de philosophie ou d'histoire, des assemblées générales, des réunions de bureau. Très vite, il devient secrétaire général du lieu, flanqué d'une assistante nommée Marica. Il lie connaissance avec des esprits libres, discute passionnément avec René Cassin, « compagnon à Londres du général de Gaulle, qui m'ouvrit les portes de l'Alliance israélite universelle », Paul Rivet, « sorte de Dr Nimbus amical qui me guidait dans le monde de la préhistoire et de l'ethnologie », Paulo Carneiro, « un Brésilien éloquent, héritier du positivisme, disciple d'Auguste Comte », Gershom Scholem, « qui m'introduit aux splendeurs de la Torah, de la Kabbale, des sephiroth et de mystique juive », ou encore Jeanne Hersch, très proche de Raymond Aron, directrice du département philosophie de l'Unesco, « un des esprits les plus libres et les plus forts de notre temps », qui allait devenir une amie. Quand il n'échange pas avec eux, il distribue des subventions « à des travaux savants que j'admirais d'un peu loin et dont je réunissais tous les ans les ouvriers démunis. »

Jean d'Ormesson profite de l'Unesco pour voyager. Follement. Éperdument. Libre, il saisit le moindre prétexte pour s'échapper. Filer, loin. Sans être dupe. « J'ai longtemps écumé, maquereau de la culture, les congrès de philosophie où les métaphysiciens étaient plus nombreux sur quelques mètres carrés que sur l'ensemble de la planète au cours de tous les siècles écoulés. » Il arpente le globe selon son bon plaisir. « J'ai vu Angkor et Borobudur. J'ai vu les fjords de Norvège et le lac de Bariloche. J'ai vu le Machu Picchu et le temple Abou-Simbel, avant et après le barrage du lac Nasser. J'ai vu le tombeau de Tamerlan à Samarkand, les temples de Persépolis et

Tchetel Sotoun à Ispahan. Je me suis promené en Inde, en Chine, en Afghanistan, au Tibet, aux Philippines, au Japon, à Bali, au Mexique et au Guatemala, au Pérou et au Chili, du côté de la Terre de Feu, au Maroc, au Rwanda, déchiré par la violence, en Ouganda, au Zimbabwe. J'ai vu, inséparables et la main dans la main, la beauté du monde et la misère des hommes. »

Jean d'Ormesson ou l'atlas mondial. Qu'il a aimé, et qu'il aime encore, voyager, quand bien même, pour Céline, « les voyages sont un petit vertige pour couillons ». Dans *Odeur du temps*, il réitère son amour pour le départ. « J'ai surtout aimé partir, aller ailleurs, me promener, le nez en l'air et les mains dans les poches, à travers le vaste monde. La mise en garde de Chateaubriand – “L'homme n'a pas besoin de voyager pour s'agrandir” – ne m'a jamais empêché de partir, le cœur battant, pour le Mexique ou pour l'Inde. Et toujours je revenais à Rome, à Venise, à la Toscane, à l'Italie, à la Grèce, à notre Méditerranée et à ces îles dévorées de soleil où j'ai tant rêvé de m'installer, loin du vacarme des grandes villes. » L'Italie et les îles grecques figurent parmi ses destinations fétiches. De Venise, il connaît la moindre ruelle, a déambulé des heures le long des canaux, maîtrise nettement mieux la topographie de la ville que celle de Paris. Venise, point d'ancrage, source d'inspiration, décor de plusieurs livres, écrits sur place, lui qui y habitait dans quatre endroits différents, deux maisons et deux appartements. *Histoire du Juif errant* s'intéresse à Isaac Ashaverus, juif condamné à errer sur Terre sans pouvoir se reposer ou se fixer, sans pouvoir mourir non plus, pour s'être moqué du Christ durant sa Passion. Dans ses pérégrinations, le Juif errant de Jean d'Ormesson croise à Venise un jeune couple. À l'embouchure du grand canal et à la pointe de sestiere de Dorsoduro, la Douane de mer, centre névralgique du commerce de Venise, au carrefour de l'Orient et de l'Occident, n'est pas loin.

*La Douane de mer* sera aussi le titre de l'un de ses romans. Le narrateur, O, y meurt dès la première ligne. Son esprit flottant au-dessus du monument vénitien rencontre celui de A, un extraterrestre venu d'Urql, une lointaine galaxie, afin d'étudier l'univers en séjournant sur la Terre. Le défunt O, trois jours durant, lui rédige un rapport détaillé sur la planète et ses hommes. Jean d'Ormesson a Venise dans la peau – un peu moins maintenant – et ne verse jamais dans la caricature touristique. Frédéric Le Clair a tiré de cette passion pour la Cité des doges un documentaire de 52 minutes, intitulé en toute simplicité *Venise vue par Jean d'Ormesson*. À la caméra, le guide de la ville imperméable à l'évolution du temps dévoile du doigt la façade rouge de la maison qu'il a habitée, située dans un quartier populaire. Au détour de la conversation avec le journaliste de France Info Philippe Vallet, sur un *vaporetto*, parcourant la lagune, il lâche, énigmatique : « On me dit que je parle beaucoup. Mais peut-être que je parle beaucoup non pas pour dire des choses, mais pour en cacher. » Jamais en reste, Jean d'Ormesson a aussi rédigé la préface d'un livre de Robert de Laroche consacré à Venise.

Deux hommes à la personnalité forte marquent profondément son séjour à l'Unesco et rejoignent son Panthéon personnel. D'abord le Néo-Zélandais sir Ronald Syme. Un être délicieux, séducteur, capable de bavarder en anglais, en français, en allemand, en espagnol, en italien, en grec ancien et moderne, en latin, en serbo-croate et en turc. Savant réputé, historien de l'Antiquité et de l'empire romain, il a été le président de la Fédération des sociétés savantes, à la demande de Jacques Rueff. Et Jean d'Ormesson fut son adjoint, avant d'assurer sa succession lorsqu'il est mort à 86 ans, à Oxford, en 1989. « J'ai parcouru à ses côtés toutes les routes d'Italie, de Pitigliano sur les falaises à Ségeste et à Agrigente, du Brenner à Lecce, à Tarantre, à Otrante, des lacs chers aux Anciens à la Calabre et aux Abruzzes, l'écoutant parler, buvant avec lui plus d'un coup de ce vin blanc qu'il ne dédaignait pas, jamais gêné de son silence, jamais las de ses paroles, enchanté par sa présence, énumère-t-il dans *Le Rapport Gabriel.* C'était une espèce de James Bond qui en aurait remonté en matière d'érudition à Gibbon ou à Toynbee. Lettré à l'ancienne, il unissait le charme à la réserve, la discrétion à la drôlerie. »

L'affection portée à Roger Caillois est au moins aussi prononcée. Écrivain « éclaté », historien fameux, fondateur du Collège de sociologie, éditeur, agrégé de grammaire mais surtout esprit curieux, il est le patron de Jean d'Ormesson après avoir été son « archicube » à Normale sup. C'est dire s'il sera comblé, bien des années plus tard, de faire occuper à Marguerite Yourcenar le fauteuil d'académicien de Caillois. Yourcenar lui rendra un vibrant hommage sous la Coupole, évoquant avec emphase celui qui a su si bien développer, selon elle, une « mystique de la matière », concluant son discours d'un : « Cher Caillois, il m'arrivera encore de penser à vous en m'efforçant d'écouter les pierres. » Jean d'Ormesson, ensuite, relevait que le nom de Caillois avait été attribué non pas à une pierre, à la différence de Goethe, mais à une variété de papillon. « L'éternité relative à laquelle nous pouvons atteindre est peut-être mieux assurée par la vie passagère d'êtres qui ne se reproduisent que par la présence inerte d'une manière inanimée. Roger Caillois n'est pas mort puisque les hommes qui passent se souviennent encore de lui et qu'un éclat vivant de la nature qui dure immortalise son nom », avait-il clamé devant les autres hommes verts ébaubis.

Jean d'Ormesson assure que Roger Caillois, qui l'a introduit dans l'univers de Jorge Luis Borges, lui a appris que « la littérature ne consistait pas à exposer des idées, ni à raconter une histoire, ni à exprimer des sentiments, mais à trouver des mots et à les combiner. » Il estime injustement oublier celui qui a « parlé du sacré, de la fête, des jeux, des rêves, des masques, du mimétisme, des mantes religieuses, des poulpes et des méduses, des fulgores porte-lanterne, de Ponce Pilate, de la ville, de la Patagonie, de la symétrie des papillons et des pierres. Il investissait peu à peu les citadelles du savoir en posant ses pions, ses tours, ses cavaliers sur l'échiquier du monde, il jetait ses lumières sur l'univers mystérieux et une cohérence par échos, par résonances obliques et par diagonales surgissait de son œuvre. » En novembre 1952, avide de créer une revue qui ferait le point « des travaux fragmentaires de notre temps d'analyses et qui tenterait de les rassembler et de les unir les uns aux autres en un début de synthèse », Roger Caillois lance *Diogène*.

Il est le premier rédacteur en chef de cette revue internationale de sciences humaines, traduites en plusieurs langues, publiée chez Gallimard avec l'aide de l'Unesco et qui présente les problèmes de la plus grande actualité intellectuelle à partir de perspectives disciplinaires croisées et complémentaires. *Diogène* – du nom du philosophe grec de l'école cynique, fixé dans un tonneau par mépris des biens terrestres et qui aurait prétendu que « la notoriété est un bavardage de sots » tout en assénant au conquérant Alexandre le Grand, qui le toisait : « Ôte-toi de mon soleil » – décloisonne les sciences et les retranchements identitaires. Jean d'Ormesson est l'assistant de Roger Caillois à la direction de cette revue trimestrielle. Celle-ci publie des articles de synthèse dans toutes les disciplines (ethnologie, linguistique, philosophie des sciences, histoire des religions, préhistoire, etc.) ayant l'homme pour point de référence commun et sollicite la collaboration de chercheurs du monde entier. Jean d'Ormesson prendra la relève en 1978 et n'abandonnera la rédaction en chef qu'en 1994, au profit de Paola Costa Giovangigli.

Les joutes dans *Diogène* sont de haute voltige. Roger Caillois y ferraille avec l'anthropologue Claude Lévi-Strauss à propos de la nature de la culture. « Je ne faisais presque rien, je ne comprenais pas grand-chose, mais je ne m'ennuyais pas », constate Jean d'Ormesson. Qui, à force de prendre des bains de culture, progresse à grand pas sur le chemin de la connaissance encyclopédique, de l'archéologie classique à l'histoire des religions. Son imagination fait le reste. *La Gloire de l'empire*, qui allait lui ouvrir les portes de l'Académie française, est en jachère. Trop tôt. Pour patienter, fuir le monde réel et mettre à profit les plages de liberté offertes par son travail à l'Unesco, qu'il ne considère pas comme fondamentalement utile, Jean d'Ormesson se lance dans l'écriture d'un roman. Il le propose d'abord à Gallimard, la maison de référence, dont il appartiendra plus tard au comité de lecture. Mais, à ce moment-là, la couverture blanche à filet noir et rouge de la NRF le retoque. Du moins, n'ayant pas de réponse de Gallimard trois semaines après avoir déposé son manuscrit à une standardiste de la rue Sébastien-Bottin, il traverse la rue, fait quelques pas pour en adresser un double rue de l'Université, chez Julliard.

Le lendemain matin, à l'aube, un coup de téléphone réveille la famille d'Ormesson. René Julliard a dévoré le livre dans la nuit. Il avait déjà poliment refusé un recueil de nouvelles de Jean d'Ormesson, remarquant toutefois « une sorte d'élégance, non dénuée parfois de préciosité, mais toujours heureuse, une précision, une propriété qui font de vous un écrivain sensible et doué. De cette carrière, je ne demande qu'à être l'artisan. » L'occasion est dénichée. Julliard est pressé de faire signer un contrat à l'auteur dont il vient de succomber à la prose. « C'est un chef-d'œuvre. On va en faire un succès considérable », s'enthousiasme-t-il. Julliard a le vent en poupe : il a publié deux ans plus tôt un jeune auteur à frange, Françoise Quoirez, 19 ans, devenue instantanément un phénomène de société grâce au triomphe de son premier ouvrage, *Bonjour tristesse*, signé Françoise Sagan, en référence à un personnage de Proust : 850 000 exemplaires vendus en un an pour le « charmant petit monstre » de Mauriac. Julliard est convaincu qu'il tient le pendant masculin de Sagan. *L'amour est un plaisir*, titre inspiré d'un vers de Corneille, paraît en mai 1956 et commence par cette phrase : « Le 26 juin, le patron m'appela ; c'était pour me mettre à la porte. » Le petit ouvrage se penche sur les affres de Philippe, Jacques et Gilles, tous fondants pour la belle et riche Bénédicte, sur fond d'ambition mondaine, de bonheur égoïste, de soleil et de nationale 7. Le livre introduit ce qu'il mettra des années à révéler, toute honte bue, l'histoire amoureuse qu'il aura avec sa cousine germaine. La plume de Jean d'Ormesson, son sens du récit, de l'échappée belle et de la confession intime sont déjà présents. La critique est encourageante. Mais seuls 2 000 acheteurs s'intéresseront aux aventures de Philippe, Jacques, Gilles et Bénédicte.

René Julliard ne désarme pas. Il lui sera fidèle jusqu'à sa mort, en 1962. Les romans de Jean d'Ormesson s'enchaînent sans que les ventes ne décollent : *Du côté de chez Jean* en 1959, *Un amour pour rien* l'année suivante. Il s'interroge. Écrit même, en 1966, sa première autobiographie en guise d'adieu, *Au revoir et merci*. Dans *Une fête en larmes*, dialogues entre un vieil écrivain et Clara, une journaliste débutante venue l'interviewer, il dit ceci à propos de cette période d'insuccès : « Je quittais la table. Écrire était trop dur. Les grands prix m'ignoraient. Les petits aussi, d'ailleurs. Il y a en France des centaines et des centaines de prix littéraires. Peut-être autant que de ces fromages dont avait parlé le Général pour expliquer, avec un mélange d'attendrissement et d'ironie, le caractère des Français. Peut-être plus d'un millier. Je n'en décrochais aucun. Les magazines me négligeaient. C'était le comble de la misère. » De ces années grises, Jean d'Ormesson concède à François Sureau : « J'étais fatigué de tourner autour de moi. »

## Hitler et Staline, frères ennemis

La légèreté distanciée qu'il imprime aux événements, le sourire porté sur les choses de la vie en toutes circonstances et un narcissisme trop prononcé n'ont guère incité Jean d'Ormesson à être un homme d'âpres combats politiques. Les affaires de l'État et l'exercice de ses hautes charges ont constitué le sel de l'existence de la lignée des d'Ormesson depuis des siècles. Lui constitue une anomalie parmi ses aïeux. Il ne s'en formalise pas. « Je n'ai pas les qualités nécessaires pour faire de la politique. Je m'occupe d'abord de moi-même, très peu des autres. Et puis, dès que les politiques ont un argument, je tombe aussitôt de leur côté. J'ai le défaut de ne pas détester mes adversaires et de leur donner souvent raison », argumente-t-il. Cela n'étonne pas le journaliste Philippe Tesson, qui a dirigé vingt ans *Le Quotidien de Paris*. « Ses engagements sont d'opportunité. Sincères mais conjoncturels. Jean est un homme qui doute profondément. Sous la carapace, il y a le terreau d'incertitudes dans les choix à faire sur l'histoire immédiate. Davantage que des convictions, il a des principes moraux et philosophiques. Il surfe sur l'événement. Comme il a de l'esprit, de l'ironie et un statut social à respecter, lié au poids de la tradition, il faut bien qu'il s'implique. Mais c'est plus un engagement d'humeur. Ce qu'il pense est enfoui profondément. En cela, nous sommes très français, lui et moi. Jean est français, de la vieille race France. »

La joute oratoire, oui. Pour le goût du verbe et de la rhétorique. Mais pas au point de plonger dans l'action, au tréfonds des entrailles de l'arène politique. « Nous sommes tous les deux gaullistes. Sauf que, à la différence de lui, je suis prêt s'il le faut à ruer dans les brancards, souligne le romancier Jean-Marie Rouart. Jean considère que la politique n'est pas tout, qu'il s'agit d'une petite chose. » Son amour fou de la littérature s'élève très au-dessus des clivages d'opinions. « La littérature se moque bien du politique », tranche-t-il. Il n'a ainsi jamais reproché à Louis Aragon, qu'il considérait comme l'un des poètes majeurs, d'être communiste. Déjà échaudé en prenant connaissance que le nom de Louis-Ferdinand Céline a été volontairement effacé des murs d'une bibliothèque de Strasbourg où figuraient quelques-unes de ses citations, il n'a que modérément apprécié, en novembre 2008, la vaguelette de protestations s'indignant qu'il pose la première pierre d'un établissement de la Garenne-Colombes (Hauts-de-Seine) baptisé collège Kléber-Haedens.

Une quarantaine de manifestants, dont des représentants du Modem, s'opposaient à cette désignation, fustigeant non pas le membre éminent de l'école des Hussards mais l'ancien journaliste réactionnaire de *Je suis partout* et de *L'Action française.* « C'est une question de littérature, je défends la littérature », s'est défendu Jean d'Ormesson, rappelant que son ami Haedens, proche de Charles Maurras, était un « grand écrivain avec deux défauts : celui de boire beaucoup et d'être d'*Action française.* Je ne partageais pas ses idées politiques. Il était d'extrême droite mais, s'il avait été un collaborateur, je ne serais pas ici. » Sa philosophie, résumée dans un billet pour *Le Figaro* ? « N'hésitez jamais à vous battre pour les écrivains et de droite et de gauche quand ils sont attaqués par des partisans de la censure. Contre la bêtise et l'intolérance, je suis du côté du stalinisme, de l'anarchie, du trotskisme et de l'Action française. »

Autre vigoureux polémiste placé en haute estime : François Mauriac. « Une institution vivante dans ce qui était encore la république des lettres, un esprit libre qui portait témoignage, un catholique qui écrit des romans. » Et aussi, là encore, un homme bien plus engagé politiquement que lui. « Mauriac, c'était effectivement autre chose, s'emballe Philippe Sollers, bordelais comme le prix Nobel de littérature, disparu en 1970. On se rend compte aujourd'hui combien Mauriac a été extrêmement lucide sur le terrain. S'ils ont été tous les deux académiciens et au *Figaro*, il existe peu de rapport avec Jean d'Ormesson. Mauriac avait des embardées fortement engagées alors que Jean n'a pas eu de rôle politique important. Il a certes signé d'excellents articles mais ceux-ci étaient très Figaro-Figaro. »

Dans un autre genre que Mauriac, Jean d'Ormesson aurait pu faire sien l'aphorisme d'Edgar Faure, si brillant orateur : « Ce n'est pas la girouette qui tourne, c'est le vent… » Faure, encore un académicien original, membre du barreau dès 21 ans, agrégé de droit, choisissant l'URSS pour son voyage de noces. Ce distributeur de bons mots a su varier les plaisirs littéraires : paroles de chansons, romans policiers et biographies. Mais, contrairement à Jean d'Ormesson, sa foi politique a été intense. Ami de jeunesse de Pierre Mendès France, longtemps familier de François Mitterrand, il a été deux fois président du Conseil, douze fois ministre, sous la IV^e^ et la V^e^ République, président de l'Assemblée nationale, maire de Port-Lesney (Jura), sénateur du Doubs, président de la région Franche-Comté. Jean d'Ormesson partage avec lui un attachement viscéral au gaullisme, peut-être une semblable conception de l'État et de la Nation. Mais leur implication diffère. « Il aurait fait un homme politique convenable s'il s'était présenté à des élections. Il aurait été écouté et aurait pu gêner la gauche. Je suis persuadé que Jean d'Ormesson a l'étoffe d'un homme d'État, ce dont la classe politique manque cruellement », assure pourtant Pierre Mazeaud.

Président de la fondation Charles-de-Gaulle, l'ancien président du Conseil constitutionnel, ex-député et secrétaire d'État mais aussi vice-président de l'Assemblée nationale, a l'habitude de côtoyer les sommets : en 1978, il a dirigé la première expédition française à gravir le mont Everest. Son regard sur Jean d'Ormesson est empreint de respect. « Je ne partage pas toutes ses idées, étant par exemple moins européen et libéral que lui, mais c'est un homme de grande qualité, marqué par le gaullisme. » Le général de Gaulle est, avec Winston Churchill, la figure politique pour laquelle il a le plus d'admiration. Deux autres personnalités, en revanche, ne lui inspirent que de l'écœurement : Hitler et Staline, « les deux frères ennemis. L'histoire montrera combien ils étaient proches l'un de l'autre dans leur haine de Dieu et des hommes », rappelle-t-il dans *Qu'ai-je donc fait*, lors d'un court chapitre au titre évocateur : « La peste et le choléra ».

L'horreur du nazisme, il en saisit la portée à 6 ans. Grâce à une gifle magistrale, décochée par son diplomate de père. Ministre plénipotentiaire depuis 1925, André Le Fèvre, marquis d'Ormesson, est alors attaché d'ambassade à Munich. Depuis le balcon de sa résidence bavaroise, avec vue sur l'Isar, affluent du Danube, Jean, qui a parlé allemand avant le français, observe ses camarades de classe. Ils défilent sous le soleil en chemises brunes et marchent au pas, tenant des drapeaux aux croix gammées. Dans l'extase de ce chatoiement de couleurs, il applaudit et s'écrie : « Vive Hitler ! » Et son père de lui donner sa seule claque ; il n'oubliera jamais. « Mon souvenir le plus ancien. » L'apprentissage, aussi, « qu'il y a une limite à la tolérance : et c'est l'intolérable ». À la fin de son séjour allemand, en 1933, Adolf Hitler étant devenu chancelier du Reich, André d'Ormesson reçoit quasiment chaque matin sa photographie avec des yeux crevés : il n'avait jamais caché son animosité envers Hitler et, à la légation, recevait des juifs qu'il faisait partir vers la France. De quoi accélérer pour la famille le départ vers une autre ambassade, en Roumanie.

Jean d'Ormesson est né rue de Grenelle, dans le 7^e^ arrondissement parisien, en face de l'ambassade d'URSS. Mais il a toujours eu beaucoup de mal avec celui qui, pendant vingt-cinq ans, en a été le secrétaire général du parti communiste. « J'étais hostile à Staline au moment où les intellectuels le couvraient de fleurs, confiera-t-il dans une interview à Phil Marso, auteur et éditeur. Je vous recommande de lire le télégramme des normaliens à la mort de Staline, c'est stupéfiant ! S'ils avaient dit : “Nous saluons le vainqueur de l'armée allemande et l'implacable maître de l'URSS”, je n'aurais rien dit. Mais le saluer en tant que père des droits de l'homme, comme l'humaniste le plus profond de notre temps… » Il ne digérera pas non plus mai 1968. Où, sous couvert de libération, il pointe une certaine dérive proche du totalitarisme, « une révolte de jeunes bourgeois privilégiés ». Jean d'Ormesson aime à répéter le mot de Marcel Jouhandeau lancé aux fils de bonnes familles qui cherchaient la plage sous les pavés : « Rentrez chez vous, demain vous serez tous notaires ! »

Certes, il se défie de la politique. Ne s'est jamais imaginé un destin de ministre, même si le maroquin de la Culture a fugacement été évoqué pour lui, en 1974 et en 1986. « On ne me l'a jamais offert. On m'a dit, ensuite : "Si les événements avaient été tels ou tels, vous auriez été mon ministre de la Culture". Mais je ne suis pas demandeur. J'ai été directeur du *Figaro*, et rien ne me paraît plus beau. J'ai connu-là tout ce qu'on peut connaître du pouvoir, a-t-il confié dans une interview en 1990. Je crois que le directeur du *Figaro* a en réalité plus de pouvoir qu'un ministre. » Pas sûr donc que, en 1974, si Valéry Giscard d'Estaing lui avait proposé d'intégrer son gouvernement, il aurait cédé. « L'administration, les responsabilités, tout cela m'est très pénible. Mais j'ai le caractère si faible que si on me l'offrait, je crois que j'accepterais. Avec, franchement, beaucoup d'hésitation, de la même façon que je refuserais un poste d'ambassadeur, sauf à Rome, à cause de l'Italie, de Chateaubriand. Il est un peu tard pour moi, maintenant, à 65 ans, de faire un plan de carrière ! À l'usage des dirigeants actuels et futurs, inutile de me proposer des postes, des commissions, des présidences, je refuse tout… sauf le ministère de la Culture ou l'ambassade à Rome ! C'est une espèce de petite annonce, 3615 code Jd'O. »

Mais personne ne l'a passée. Jean d'Ormesson a en revanche collaboré avec deux membres du gouvernement. Agrégé de philosophie, il a alors publié quelques romans, sortis dans une calme indifférence. Il écoule ses journées à l'Unesco, en tant que secrétaire général adjoint du Conseil international de la philosophie et des sciences humaines. Pour, dit-il, faire plaisir à son père, il navigue brièvement dans la sphère politique en devenant conseiller technique. Dès 1946, alors qu'il n'a qu'une licence en histoire, il est attaché au cabinet de Georges Bidault, président du gouvernement provisoire et à la tête des Affaires étrangères. Il s'immisce ainsi dans plusieurs conférences internationales, en particulier la Conférence de la paix et l'Assemblée générale des Nations unies. Il travaille également, à partir de 1958, auprès de Maurice Herzog, haut commissaire puis secrétaire d'État à la Jeunesse et aux Sports. « Je tamponnais les passeports chez le premier, j'écrivais les discours du second », balaye-t-il. Clin d'œil : le distingué Bidault, directeur du journal démocrate-chrétien *L'Aube* et par deux fois président du Conseil, a été son professeur d'histoire en classe de troisième au lycée Louis-le-Grand. Sa voix métallique a marqué Jean d'Ormesson, qui se souvient : « Il ne lisait pas son cours, ne s'embarrassait guère de papiers, dictait parfois, en les martelant, des formules brèves et explosives. Son originalité d'esprit éclatait à chaque mot. S'il fallait résumer en un mot la nature de son enseignement, je crois que je dirais : une rigueur non conformiste. » Il a retrouvé Bidault à la Libération, lorsqu'il est allé porter au successeur de Jean Moulin au Conseil national de la Résistance des brassards avec la croix de Lorraine. Ceux-ci avaient pourtant été lamentablement étalés sur le sol quelques minutes plus tôt, tandis que les Allemands marchaient tout près. Sur le coup, Jean d'Ormesson est convaincu d'être fusillé. Mais les soldats ne s'aperçoivent de rien et les passants l'aident à reprendre son sac et sa course.

De Georges Bidault, il a été le disciple. Avec Maurice Herzog, les rapports sont plus étroits. Premier à gravir, en juin 1950 avec Louis Lachenal, un sommet de 8 000 mètres, l'Annapurna, l'ancien résistant a eu les orteils et les doigts gelés lors de cette fameuse expédition qu'il dirigeait, subissant une amputation. Son récit s'est vendu à plus de vingt millions d'exemplaires dans le monde ! L'alpiniste, diplômé de HEC, a ensuite entamé une vie politique (haut-commissaire, puis secrétaire d'État à la Jeunesse et aux Sports, premier du genre, choisi par le général de Gaulle, député-maire de Chamonix) et industrielle (président du tunnel du Mont-Blanc, incursion dans le BTP et les produits pétroliers). Âgé aujourd'hui de 90 ans, implanté à Neuilly, pas très loin de chez Jean d'Ormesson, il se remémore sa collaboration avec le futur académicien au sein de son ministère, de 1958 à 1965, et qui s'accordera une parenthèse comme secrétaire général adjoint du haut comité de la Jeunesse de France et d'outre-mer. « J'ai pris Jean tout de suite. Un garçon intelligent, archidoué, à la plume facile. Disons aussi que j'ai cédé à d'amicales pressions... »

Au mitan des années cinquante, Jean d'Ormesson est un dandy éclairé, un célibataire qui sort beaucoup. Il croise régulièrement Maurice Herzog chez la duchesse de Montesquiou, place de la Bagatelle, à Neuilly. Elle organise dans son bel appartement des fêtes élégantes, en digne héritière du comte Robert de Montesquiou-Fézensac, bel esprit, poète et coqueluche des salons parisiens, mort en 1921. Un dandy lui aussi, qui sert notamment de modèle à Palamède de Guermantes, baron de Charlus, dans *À la recherche du temps perdu* de Marcel Proust, l'un de ses proches. Chez la duchesse se croisent des esprits libres de la bourgeoisie. Jean d'Ormesson pétille par son charme et son omniscience. De quoi séduire Maurice Herzog. « Je l'ai pris comme conseiller dans mon cabinet. Ses activités au ministère ne représentaient que 20 % de son temps. Il m'avait prévenu. Jean me donnait des conseils pour mes discours. Il n'en a écrit qu'un seul, quand j'ai été pris de court. Car j'improvise toujours, j'ai horreur des lectures. Je sentais bien que la politique n'était pas son truc. Jean est un écrivain, c'est sa vie. Mais je n'ai jamais regretté de l'avoir engagé. » Plus tard, il le recevra chez lui, à Chamonix. « On skiait ensemble et il se débrouillait bien. Il avait son ski à lui ! », sourit Maurice Herzog.

Jean d'Ormesson sévit encore au ministère de la Jeunesse et des Sports lorsqu'il se marie en toute discrétion, le 2 avril 1962, avec Françoise Béghin, l'une des trois filles du magnat du sucre, par ailleurs copropriétaire du *Figaro*. Il a 37 ans et, pour la première fois de son existence, va quitter le domicile de ses parents, pour emménager à Neuilly. Durant la cérémonie, il est réclamé un discours à Maurice Herzog. Le vainqueur de l'Annapurna se fait amicalement taquiner par Philippe Baer, ami le plus proche de Jean d'Ormesson : « Impossible, Jean n'a certainement pas eu le temps de l'écrire ! » Quatre ans plus tard, Philippe Baer, un grand résistant qui fut à l'origine de la construction du forum des Halles, sera papa. Un garçon, prénommé Édouard, devenu un joyeux trublion de la télévision, du cinéma et du théâtre, acteur et réalisateur décalé, maître de cérémonie du festival de Cannes en 2008. Autre bon mot de Philippe Baer, lorsque Jean d'Ormesson est admis à l'École normale supérieure : « Il n'a pas été reçu par faveur. Il a été reçu par erreur. »

Pierre Celeyron a 82 ans aujourd'hui et se bat contre la maladie. Mais il n'a rien oublié. Élégant lui aussi jusqu'à la pointe des boutons de manchettes, il connaît depuis plus de cinquante ans Jean d'Ormesson, qui est allé lui rendre visite deux fois à l'hôpital. Après la mort de Philippe Baer, ce fameux organisateur de fêtes a pris comme assistante sa veuve, Isabelle. « Quand il avait

18 ans, avant de rentrer au cours Florent, Édouard sortait beaucoup et avait déjà beaucoup de succès auprès des femmes. Un jour, son père l'enguirlande, lui disant qu'il est un bon à rien, qu'il est pourtant intelligent et devrait prendre exemple sur son ami Jean d'Ormesson, qui a fait khâgne et hypokhâgne. Édouard a répondu : "Moi, Jean d'Ormesson, je n'en ai rien à foutre. Mon modèle, c'est Pierre Celeyron : il est invité partout." Récemment, aidant Albina du Boisrouvray qui organisait une vente de charité pour son association luttant contre la pauvreté et le sida, j'ai prié Édouard de bien vouloir animer la soirée, marteau en main. Jean avait obligeamment payé sa place avec sa femme. Et là, de façon improvisée, ils se sont livrés tous les deux à un fabuleux numéro. Jean et Édouard taquinaient l'assistance, les gens étaient pliés en quatre. Grâce à eux, la vente a été une formidable réussite. C'est tout Jean : drôle, cultivé, follement spirituel et ne se prenant jamais au sérieux. »

## La grâce médiatique

Il n'est pas à un paradoxe près. Jean d'Ormesson est sans doute sincère en affirmant que « l'un des motifs les plus forts de gâtisme des écrivains, c'est de gérer leurs succès passés au lieu de penser à l'avenir. Et parler de ses livres est quelquefois très inquiétant, parce que c'est autant d'énergie de dissipée. Il vaudrait mieux se taire et garder toute l'énergie pour les livres à faire. » Autant dire qu'il ne respecte pas à la lettre ses propres conseils. Pour garantir la promotion de son dernier roman, *Qu'ai-je donc fait*, charmante anthropologie intellectuelle et sentimentale parue le 2 octobre 2008, et qui a occupé les têtes des gondoles des meilleures ventes de l'automne, l'élégant profil télégénique ne s'est nullement économisé.

Au hasard du zapping, il était difficile d'échapper à sa présence, courant les plateaux afin de distiller les bons mots et d'assurer le service après-vente de cet ouvrage, déjà son quatrième nouveau testament, dont il prétend qu'il est « une espèce de biographie non autorisée ». En fait, de courts récits exquis de son existence qui croisent de grandes questions métaphysiques, Dieu, le big bang, le temps, le soleil et moi. « Les demandes d'interviews étaient énormes. Nous en avons reçu tellement qu'il a fallu se demander quelles émissions nous n'allions pas faire », éclaire Catherine Bourgey, son attachée de presse aux éditions Robert Laffont. Jean d'Ormesson a tout accepté, ou presque. Une question d'habitude autant que d'éducation. « Je l'ai vu par hasard dans *On n'est pas couché*, évoque Philippe Sollers. À un moment, Laurent Ruquier l'a interrogé sur le roman de Catherine Millet (*Jour de souffrance*, où elle évoque sa jalousie maladive à l'égard de son compagnon Jacques Henric). "Je vais être bref, a-t-il répondu : baiser n'empêche pas les sentiments !" Cela résumait parfaitement le propos. »

Tandis que son fume-cigarette ne connaît pas la crise, depuis son bureau exigu, niché dans l'un des dédales du premier étage de la maison Gallimard, Philippe Sollers s'avoue bluffé par la propension de Jean d'Ormesson à enchaîner les prestations audiovisuelles. « J'admire son système nerveux. Traits d'esprit qui fusent, visage passant admirablement, les yeux bleus qui envahissent l'écran, le profil parfait, l'aisance, la désinvolture, le sens de la repartie. Et en plus, il rajeunit chaque année. Passer à la télévision, j'ai tendance à moins le faire. Le minimum, c'est le mieux. Le maximum, c'est l'hôpital ! Jean m'a dit que le cirque de la promotion était à la limite du déshonorant. Nous sommes dans une époque plébéienne, très vulgaire. Jean prend cela avec élégance et accepte beaucoup de choses. S'il est jeune d'esprit et d'allure, ce monsieur qui à son âge, pour se plier à l'exercice, est prêt à rester scotché à son fauteuil au Moulin Rouge jusqu'à la fin de l'enregistrement, à deux heures du matin. Mon Dieu, quel cauchemar. J'ignore dans quel état il se couche. C'est dur mais il s'en sort. »

Animal cathodique, Philippe Sollers l'est également. Jean d'Ormesson et lui – ajoutez Max Gallo et Philippe Labro – sont les recordmen des invitations à *Apostrophes*. Ils ont squatté l'écran une quinzaine de fois chacun dans l'émission culte de Bernard Pivot, diffusée le vendredi soir sur Antenne 2, de 1975 à 1990, durant 724 numéros. La publication en 1978 du *Vagabond qui passe sous une ombrelle trouée*, un plaisant essai autobiographique, un de plus, lui vaut de converser une première fois avec Pivot de l'un de ses romans. « La veille, je m'étais recouvert le visage de côtelettes, je m'étais couché à huit heures, je n'avais pas fait d'abus sexuel et pas bu d'alcool », prétendra-t-il.

Déjà, Jean d'Ormesson a la conviction du pouvoir de l'écran. Et de sa perversité pour les écrivains : un livre « qui ne passe pas à la télévision est un livre commercialement perdu », quand bien même un livre « qui passe à la télévision est défiguré car nécessairement transformé en spectacle ». Dans l'hommage intitulé « Merci Bernard Pivot », daté de 2001, peu avant l'ultime *Bouillon de culture*, Jean d'Ormesson souligne que la télévision est « une tribune, une scène, un journal du monde, un stade, un cirque. C'est une machine à montrer ceux qui y passent et à cacher ceux qui n'y passent pas. Y passer est le rêve de tous les m'as-tu-vu qui, à tort ou à raison, s'imaginent avoir quelque chose à communiquer aux autres. »

Les atouts pour squatter le poste, l'académicien en est paré. « Il compte le plus de passages dans *Apostrophes* non pas parce qu'il est un ami, contrairement à ce que la plupart des gens croient, mais parce qu'il publie beaucoup. Et aussi, c'est vrai, parce qu'il est un bon client, souligne Bernard Pivot. Il possède tout ce qu'il faut pour y parader : citations promptes, souriant, beau, clair dans ses explications, érudition, pointe d'humour, autodérision. Je l'invitais pour parler de ses ouvrages mais aussi pour nourrir le débat, pour parler d'autres choses que de son œuvre, à l'instar de Philippe Labro quand il est question de littérature américaine. Je ne suis pas un homme d'anecdotes mais je garde en mémoire la polémique restée célèbre, alors que je recevais Alexandre Soljenitsyne, entre Jean d'Ormesson et Jean Daniel. Un grand moment. »

Celui qui n'est pas encore baptisé le « petit prince d'Apostrophes » est alors invité pour la première fois dans l'émission, en qualité de directeur du *Figaro*. Nous sommes le 11 avril 1975, Bernard Pivot anime en direct son quatorzième numéro. Et, après Vladimir Nabokov, reçoit un autre Russe à la notoriété planétaire. L'événement est politique et littéraire. Expulsé d'URSS l'année précédente, résident en Suisse, à Zurich, Alexandre Soljenitsyne publie ses mémoires, *Le Chêne et le Veau*. Avec sa barbe, sa stature et son physique, l'auteur d'*Une journée d'Ivan Denissovitch* et de *L'Archipel du goulag* en impose. Sur le plateau, le rescapé de la terreur stalinienne est entouré de son éditeur, traducteur et ami Nikita Struve, de Georges Nivat, de Pierre Daix, de Gilles Lapouge, de Jean Daniel, patron du *Nouvel Observateur*, et de Jean d'Ormesson. Dont l'intervention originelle consiste à interroger le prix Nobel de littérature sur le fait qu'il apprenait par cœur ses œuvres en les écrivant.

Le ton courtois et coruscant se poursuit. Lorsque, dans le dernier quart de l'émission, d'un coup sec, il devient vif. Jean Daniel avait un peu plus tôt questionné Soljenitsyne sur ses positions autour du Vietnam et du Portugal, considérant qu'il s'agissait, là aussi, dans ces pays colonisés en proie à la répression, d'archipels façon goulag. Titillé, Jean d'Ormesson choisit de se lancer dans le débat. Et ferraille avec Jean Daniel à propos du colonialisme et du capitalisme. La dispute est courte mais intense. « J'ai essayé de calmer ces deux coqs dressés l'un contre l'autre, je n'y arrivais pas, raconte Pivot avec malice. D'abord effaré devant la polémique, Soljenitsyne s'est amusé du fait que je n'arrivais pas à les maîtriser. » Jean Daniel n'a pas oublié et l'a raconté dans *Le Nouvel Observateur*. « J'ai, par mon intervention, si modérée fût-elle et même si respectueuse, déclenché dès le lendemain des réactions indignées. [...] C'était la période des bombardements les plus dévastateurs des États-Unis sur le Vietnam. Comment avais-je pu prétendre embarrasser le saint homme avec des questions perfides ! Ce fut l'une des émissions les plus populaires de Bernard Pivot. »

À la mort d'Alexandre Soljenitsyne, le 3 août 2008, à l'âge de 89 ans, Jean d'Ormesson lui a ainsi rendu hommage, dans *Le Figaro* : « Il était l'ennemi le plus farouche de Staline, qui l'a persécuté. Il n'est pas pour autant le partisan d'un Occident qu'il juge dégénéré. Il est de la race des martyrs, des rebelles à vie, des géants de l'Histoire. C'était un homme malcommode, hostile à tout compromis, et un écrivain de génie qui, pour avoir connu tant de douleurs, réduit à une espèce d'insignifiance tous les talents de son époque. » Bernard Pivot aura consacré trois autres rendez-vous à Soljenitsyne, notamment en lui rendant visite dans sa propriété du Vermont et à Moscou. Par un clin d'œil du destin, Jean d'Ormesson n'est pas étranger à la performance de Pivot.

Né à Lyon de parents épiciers, le futur « Roi lire », diplômé du Centre de formation des journalistes, démarre sa carrière dans sa ville natale par un stage au *Progrès*, avant d'intégrer *Le Figaro littéraire* en 1958. Quand le supplément marque une pause, il devient chef du service littéraire du quotidien. Deux ans plus tard, en 1973, il anime *Ouvrez les guillemets*, sur la première chaîne. Bernard Pivot trouve son équilibre, entre presse écrite et télévision. Mais l'arrivée de Jean d'Ormesson va très vite l'inciter à quitter le Rond-Point. « Un jour, je suis appelé par Jean Prouvost, le propriétaire du *Figaro*.

Vice-président de la Société des rédacteurs, figurant parmi ceux qui avaient déclenché la grève de 1969, j'étais quelque peu brouillé avec lui. Au téléphone, il m'apprend que Jean d'Ormesson, que je ne connaissais pas, va devenir le directeur. “Allez le voir à l'Unesco, me dit-il, je voudrais que vous soyez le patron de la culture”. »

Bernard Pivot obéit et rencontre Jean d'Ormesson au siège de l'institution. « Il régnait sur son bureau un désordre hallucinant, se souvient-il. Il me rassure en m'affirmant que Prouvost a eu une bonne idée et qu'il compte sur moi pour les pages culturelles. Les semaines passent et le bruit se répand que je vais prendre des responsabilités. J'étais, je l'avoue, assez mal à l'aise. Jean d'Ormesson a donc débarqué comme prévu au *Figaro*. Pendant plusieurs jours, aucune nouvelle. Il me reçoit finalement et m'annonce : “Je vous avais fait cette promesse, Jean Prouvost aussi. Je suis embêté car ceux du *Figaro Littéraire* n'ont pas démérité. Laissez-moi une semaine de réflexion.” J'avais l'air idiot car je n'avais rien demandé. Franchement, j'avais l'air d'un con : tout Paris était au courant de ma promotion, qui n'est jamais venue. Au lieu de ça, Jean d'Ormesson souhaitait me confier la philatélie ou d'autres rubriques subalternes dont je n'avais rien à faire. »

Vexé, Bernard Pivot demande à partir. Et réclame des indemnités. « Vous n'aurez pas un sou. Si vous partez, c'est de votre fait », lui assène Jean d'Ormesson. Pivot ne se laisse pas rudoyer et impose l'arbitrage de Jean Prouvost, gêné aux entournures car il imaginait son fougueux journaliste et critique littéraire à la tête des pages culture. En mai 1974, il délaisse *Le Figaro*, où il était entré seize ans plus tôt. « La démission de M. Bernard Pivot intervient alors que, il y a trois mois, M. Jean Prouvost suggérait de lui confier, avec un titre de rédacteur en chef adjoint, la responsabilité d'un grand service culturel comprenant le supplément littéraire – que dirige M. André Brincourt – les spectacles et la radiotélévision, relate *Le Monde*. Récemment, la proposition qu'on lui avait faite était amputée de la "partie lettres" du *Figaro* et on lui demandait d'abandonner la responsabilité de l'émission *Ouvrez les guillemets* qu'il a créée en avril 1973. »

À la réflexion, Bernard Pivot croit savoir pour quelle raison Jean d'Ormesson lui a refusé le poste promis. « Tout d'un coup, il a été sous la pression de Jacques de Lacretelle, André Malraux et François Mauriac. Ils bloquaient ma nomination, m'estimant trop jeune pour une telle mission. J'ai en quelque sorte été victime des académiciens », sourit celui qui, en 2004, a été élu non pas quai Conti mais à l'académie Goncourt, où il est le seul non-écrivain à siéger. « Il était plus facile à Jean d'Ormesson de me dire non, plutôt qu'à Mauriac ou à Malraux. Sur le moment, j'étais furieux car je partais par sa faute. Mais après, ce ressentiment s'est transformé en gratitude. C'est grâce à Jean d'Ormesson que j'ai quitté *Le Figaro* pour la télévision ! »

Libre, Pivot peut cogiter et donne naissance à *Apostrophes*. Avec ses indemnités, il se fait construire une piscine dans sa maison du Beaujolais. « Par ironie, je l'ai appelée piscine Jean d'Ormesson. La plaque en émail bleue est toujours là. Lorsqu'il a appris son existence, il a expliqué espérer après sa mort qu'il y aurait une école ou un lycée Jean-d'Ormesson, mais que jamais il n'aurait songé à avoir une piscine de son vivant ! Je continue de le lire, même si, à la fin d'une vie, il reprend ses thèmes adorés, le big bang, le temps, son parcours, sa famille. Parfois, il exagère lorsqu'il raconte, une fois de plus, qu'un de ses aïeuls a voté la mort de Louis XVI. Son éditeur devrait lui faire remarquer qu'il l'a déjà dit ! »

« Par les détours imprévisibles de l'Histoire et les voies obscures du Seigneur, je ne suis peut-être pas pour rien dans la carrière triomphante de Pivot, écrira Jean d'Ormesson. Je m'en suis tourmenté, et puis je m'en suis réjoui : Pivot a joué un rôle central et décisif dans la télévision culturelle. Il est devenu une sorte de mythe. » Et les deux mythes de frayer ensemble, en cire. En octobre 1989, quand Jean d'Ormesson intègre les prestigieuses effigies du musée Grévin, il est placé à côté de Bernard Pivot. Aujourd'hui, il voisine en outre avec Diderot, Marguerite Yourcenar, Amélie Nothomb, Jean-Paul Sartre, Bernard-Henry Lévy et Victor Hugo.

Un Hugo dont il se prend à imaginer, dans *C'était bien*, la façon dont il se serait comporté face au petit écran. « Il aurait tonné, Voltaire aurait régné. La télévision m'a amusé. Je n'ai pas craché sur la publicité. Je n'en tire pas de fierté, je n'en rougis pas non plus. » La preuve : pour *Histoire du juif errant*, il a mis en place chez Gallimard un répondeur téléphonique où il résume avec piété son ouvrage. « Il ne faut jamais insulter son époque, dit encore le VRP de luxe. Je respecte les écrivains comme Michaud, Gracq, Le Clezio qui ne passent pas à la télévision mais je crois aussi que celle-ci est un instrument de culture. Je n'écris pas pour un petit groupe de privilégiés, j'écris pour le grand nombre, sans céder pour autant aux modes ou aux romans fabriqués. Je m'efforce d'écrire une littérature de qualité, et indépendante : après, je la fais connaître. »

Thierry Ardisson, éclatant impertinent mondain, se targue d'être celui qui a le plus souvent accueilli Jean d'Ormesson. De *Bains de minuit* à *Salut les terriens* aujourd'hui, l'animateur dont tout le monde parle connaît ses divers profils. « Je suis impressionné par les personnes qui ont été gentilles lorsque je n'étais pas connu. À mes débuts à la télévision, j'étais traqueur, j'avais les mains moites, le front humide. Et Jean se montrait déjà d'humeur charmante. Sur le plateau, il reste fringant, a envie d'emballer l'affaire, même si le tournage s'achève tard. Chez lui c'est "Never explain, never complain" fameuse devise de la monarchie britannique. Je pense aussi qu'il ne joue pas un rôle. “Quand je me lis je me désole mais quand je me compare je m'adore”, dit-il. Il est classe, a du talent mais est trop cultivé pour ne pas être lucide sur ce qu'il est. C'est d'ailleurs son drame. Il est sincèrement désolé, sans coquetterie, de ne pas être Chateaubriand. Marc Lévy, lui, ne sait pas qu'il ne l'est pas », assène l'homme en noir, depuis l'hôtel Meurice, son repaire.

Le cathodique catholique et royaliste se souvient encore du concours d'orthographe improvisé avec Jamel Debbouze dans *Tout le monde en parle.* « Il avait accepté avec la meilleure grâce, laissant gagner Jamel. Il a une incroyable qualité d'adaptation. S'il faut vanner sur un plateau, il le fera. Jean incarne une qualité vieille France, dont la disparition m'attriste. Cette race en voie d'extinction, à laquelle appartenait Daniel Toscan du Plantier, est très XVIIIe siècle : frivolité apparente y compris dans le tragique, utilisation du juste mot. Il faut aimer ces gens-là : ce sont des dinosaures. Je cultive ces survivants désuets, surannés et touchants, à qui il manque juste une perruque poudrée pour se croire à la cour de Louis XV ou dans *Ridicule* de Patrice Leconte. Et puis Jean est très beau. C'est le seul mec de 80 ans dont les gonzesses me disent qu'elles le trouvent craquant, malgré sa peau parcheminée. Dans une émission, je lui ai lancé que le Viagra était bleu en hommage à ses yeux. »

Il est indéniable que la télévision aime Jean d'Ormesson. Son regard bleu azur, ses bonnes manières, son brio, sa culture. « C'est vrai, j'ai beaucoup aimé la télévision et sans doute y suis-je trop allé. Mais, que voulez-vous, j'adorais ça », reconnaît-il. Les dirigeants de chaîne n'ont pas mis longtemps à flairer sa surface médiatique. En 1978, sur TF1, il anime pendant un an l'émission *Livres en fête*, avec Jacques Paugam. Sur Antenne 2, il raconte les grandes héroïnes du passé, accompagné d'une belle femme d'aujourd'hui. *Parlez-moi d'histoire* est le prétexte pour deviser de Juliette Récamier avec Charlotte Rampling, de Coco Chanel avec Inès de la Fressange, de Lola Montès avec Bernadette Laffont ou de George Sand avec Carole Bouquet.

Comme il ne sait rien refuser, en 1995, sur RTL, il dispute durant quelques semaines une joute amicale avec son ami Erik Orsenna à propos des élections présidentielles. L'année suivante, il sera le coauteur et coprésentateur, avec Olivier Barrot, d'*Histoire personnelle de la littérature française*, diffusée durant deux ans sur la défunte Cinq. Chaque semaine, Jean d'Ormesson reçoit un écrivain, avec qui il échange sur l'œuvre d'un autre. « Je ne professais pas une doctrine, je partageais mes découvertes. Beaucoup ont cru à une coquetterie, à une fausse modestie », jure-t-il.

L'aura médiatique dont il jouit amuse son ami Jean-Marie Rouart. « Il est, au fond, tout ce que rejette notre époque : républicaine repoussant la monarchie et l'aristocratie, sans manière, se fichant complètement de la littérature. Jean ne s'est pas construit un personnage, il est comme ça, reste lui-même quand une caméra est braquée sur lui. Aucun succès n'arrive par hasard. Jean est une vitamine de notre temps. Il a réussi, par l'intelligence et la culture, à retrouver le rôle qu'occupaient les aristocrates avant la Révolution. Les gens viennent lui baiser la main, lui demander des conseils, de bénir leurs enfants, tel le comte dans son fief soignant les manants. La République lui a redonné ce statut d'aristocrate Ancien Régime, la littérature lui a rendu ses quartiers de noblesse. »

Jean d'Ormesson règne sur les écrans. Aussi à l'aise sur le plateau de Michel Denisot que dans *Le Jour du Seigneur*. Acceptant les demandes les plus singulières, comme dialoguer pour *Paris-Match* avec Virginie Despentes, l'auteur de *Baise-moi*, dresser le portrait de Jenna de Rosnay dans *Vogue* ou apparaître en couverture du premier numéro d'un magazine people au bras d'Ophélie Winter. Le voir siéger dans le jury de Miss France, l'œil coquin et le verbe malicieux, ne serait même pas surprenant. En 1998, l'hebdomadaire d'extrême droite *Minute* l'égratigne sur le thème de l'éparpillement, lui reprochant d'emprunter « les sentiers de la prostitution médiatique ». L'article de Michel de Gor est autant de mauvaise foi qu'assassin. « La tentation d'être intelligent à gauche l'avait déjà incité à disserter avec le beauf communiste de François Mitterrand, Roger Hanin, sous le patronage du candide animateur de *Bouillon de culture.* Il a aussi joué le "coco bel œil" en face de Laure Adler et il a suffi d'un appel téléphonique pour qu'il se couche sur le tapis rouge de François Mitterrand peaufinant sa sortie de l'Élysée en 1995. [...] L'aristocratique du Fig-Mag se prend pour l'idole des jeunes en jouant l'Apéricube chez les boute-en-train gauchistes. Légèrement bête, la droite a tout perdu, même l'honneur d'avoir de l'esprit. »

Le pouvoir de dire non, Jean d'Ormesson ne l'a jamais détenu. Ancien résistant ayant dirigé les pages culturelles puis le supplément littéraire du *Figaro*, André Brincourt a découvert chez son futur patron cette propension-là d'une singulière manière. « Je signais parfois les prestigieuses chroniques de une du *Figaro*. Dans les années soixante, au cours de l'une d'elles, intitulée « Feu follet », et sans nommer personne, je dressais le tableau d'un personnage de la littérature française qui ne savait rien refuser : dédicace, préface, débat, conférence, etc. Je pensais en fait à Max-Pol Fouchet. Quelques jours plus tard, je reçois une lettre d'un auteur que je ne connaissais pas. Jean d'Ormesson m'écrivait : "J'ai beaucoup aimé votre chronique parce que je m'y suis reconnu !" C'est exact, et je l'ai constaté plus tard, qu'il est porté à tout accepter. »

Comme il l'a souvent répété, l'extirpant une fois de plus de son dieu Chateaubriand, « les honneurs, je les méprise, mais je ne déteste pas forcément ce que je méprise ». L'honneur, chez Jean d'Ormesson, a l'art de se confondre avec la flatterie. Il aime que l'on caresse son ego boursouflé (« il est orgueilleux, pas vaniteux », tempère son ami Pierre Celeyron), par exemple en lui commandant un article. Pour l'exercice, il est inlassablement partant. Il s'exécute sans modération. Au rapport. Paré à partir au pied levé, pour pondre un hommage à un cher disparu, suivre les troupes françaises de l'opération Turquoise au Rwanda, forcer le premier blocus de Dubrovnik pour y ouvrir un corridor humanitaire dans les pas de Bernard Kouchner, secrétaire d'État chargé de l'Action humanitaire, avec Jean-François Deniau, Bertrand Poirot-Delpech et André Glucksmann (« défigurer Dubrovnik, ce serait répéter Guernica. Il ne s'agit pas de prendre parti dans la guerre qui oppose les Croates et les Serbes. Il s'agit de l'idée que nous nous faisons de la culture et de la civilisation », écrit-t-il en octobre 1991) ou rédiger une tribune pour lancer un appel en faveur des chrétiens d'Irak. Plus récemment, il n'a pas rechigné à aller en Inde et en Chine dans la perspective des jeux Olympiques. « Jean d'Ormesson est un merveilleux journaliste et chroniqueur, soutient Mohammed Aissaoui, qui sévit depuis 2004 au *Figaro littéraire*. Il ne se plaint jamais alors qu'il subit un rythme d'enfer en reportage. Il rend toujours l'article dans les délais et ne dépasse pas d'un signe la longueur commandée. »

Pendant dix-huit ans, jusqu'en 2008, Jean d'Ormesson a été épaulé au *Figaro* par Anne-Marie Charlot. Ce petit bout de femme pétillant a été sa secrétaire dévouée et parle de lui comme une groupie. « Il élève tout être vers le haut et je n'y ai pas échappé. J'ai touché à travers lui une petite étoile qui, au départ, ne m'était pas prédestinée. À partir de juin 1990, je me suis occupée à la fois de Jean d'Ormesson et de Max Clos. Disons qu'ils n'avaient pas le même caractère ! Je me souviens de ses appels tard le soir, à la maison, après les élections. Il prenait d'abord la précaution de me dire combien il était confus d'appeler si tard, espérant ne pas déranger ma famille. Puis il me dictait son papier, que je tapais sur une grosse machine Olivetti. Le travail achevé, je lui envoyais par fax. Au début, il venait au *Figaro* vers 18 h 30, après sa journée à l'Unesco, tandis que Max Clos terminait la sienne avec moi. Il a eu la bonté de changer ses habitudes en apprenant que j'habitais en lointaine banlieue et que mon mari était obligé d'aller me chercher à la gare vers 22 heures. En tant qu'assistante, il a mis du piquant dans ma vie professionnelle, tout en me permettant d'affronter quelques difficultés au quotidien. Songez que, lorsque j'ai perdu mon père il y a sept ans, il m'a dit en s'adressant à moi : *Mon enfant*... Encore aujourd'hui, quand il vient au *Figaro*, il salue tout le monde respectueusement, du chauffeur au garçon de bureau. Quand les gens ont tant de qualités, on en oublie les défauts. »

Célérité semblable chez Jean d'Ormesson quand il s'agit d'accorder une interview. Un refus est rare. « Je savais toujours où le joindre, notamment en vacances, que ce soit en Corse, en Italie ou à Courchevel, souligne Anne-Marie Charlot. Il ne donnait pas l'impression d'être dérangé quand je lui transmettais une demande d'entretien. En dix-huit ans, il ne m'a paru agacé que deux fois. Mais, trois minutes après, il rappelait, embarrassé d'avoir répondu nerveusement. Avec les journalistes, il se montrait toujours aimable et disponible, d'humeur égale. Sa joie de vivre transpirait. » Le Canadien Stéphan Bureau en a profité. En 2005, cet ancien présentateur des JT a interviewé en profondeur Jean d'Ormesson pour la série documentaire *Contact*, diffusée sur Télé-Québec.

Concepteur, coréalisateur, animateur et producteur de ce programme qui pose son regard pertinent sur l'univers encyclopédique de la création, Stéphan Bureau a tenu un carnet de tournage durant cette série d'entretiens. « Mercredi matin, nous avons rendez-vous à 8 heures à l'appartement qui lui sert de bureau au-dessus des jardins du Palais-Royal, écrit-il. À mon arrivée sur ce plateau improvisé, c'est avec un délice apparent que l'ancien play-boy subit la "torture" du maquillage télévisuel aux mains de la jeune Aurore. Vif et joueur, il a toujours à la bouche une citation d'un auteur célèbre, une date précise, un détail évocateur. [...] À 18 heures, après une longue et fructueuse journée de travail, nous commençons à remballer l'équipement. Même s'il a deux fois notre âge, il nous répète au moins à cinq reprises qu'il peut nous aider à descendre une des lourdes caisses qui contiennent notre matériel ! »

Le lendemain, l'interview se poursuit. Stéphan Bureau jubile : « Nous avons rendez-vous à l'Institut de France où siègent les quarante immortels de l'Académie française. Jean d'Ormesson arrive avec une demi-heure de retard au volant de sa petite Mercedes sport. [...] À la fin du tournage, l'académicien insiste pour inviter l'équipe au complet au restaurant. Une table pour huit nous attend dans un petit bistrot derrière l'Institut. Notre compagnon ouvre la séance en déclarant : "Je m'attendais à accueillir une équipe, j'ai rencontré des amis." Les plats arrivent, les bons mots fusent. On apprend même quelques blagues sur les membres de l'Académie. Visiblement tenté par l'idée de faire l'école buissonnière plutôt que d'aller à la séance du jeudi après-midi des académiciens, Jean d'Ormesson nous montre son petit côté collégien indiscipliné. À 15 h 30, après avoir réglé discrètement l'addition pour tout le monde, il embrasse chacun des sept membres de l'équipe sur les deux joues et file avec une demi-heure de retard participer aux débats avec ses collègues. »

Mohammed Aïssaoui, du *Figaro littéraire*, confirme à son tour la cordialité entretenue par d'Ormesson avec les plumitifs de tout ordre. « Dès que l'on a besoin d'une phrase pertinente, il est le meilleur client, dans tous les registres. Il est disponible, chaleureux, a une mémoire exceptionnelle et connaît la presse par cœur. Surtout, il ne joue jamais les divas alors que beaucoup d'écrivains bombent le torse dès qu'ils sortent un roman. Il a certainement lui aussi un fort ego, mais il ne l'étale pas. Je l'avais dérangé une fois en Italie ; je sollicitais plusieurs écrivains afin qu'ils me racontent leur mai 1968. Il s'est prêté au jeu avec sourire, me rappelant d'une terrasse à Rome. Le lendemain de la parution, il a pris la peine de m'appeler pour me déclarer : "Merci d'avoir parlé de moi." Une autre fois, après une interview, Jean d'Ormesson m'a lancé : "D'un tas de bouillie, vous avez réussi à faire quelque chose d'extraordinaire." Il me bluffe chaque fois. »

Ce fut notamment le cas en juin 2007. Le *Figaro littéraire* avait lancé un défi à cinq écrivains : repasser, dans les conditions similaires aux 500 000 lycéens au même moment, l'épreuve de philosophie du baccalauréat. Rendez-vous était donné à 9 heures au siège du quotidien, boulevard Haussmann. À Alexandre Jollien, Raphaël Enthoven, Paul-Marie Coûteaux et Éliette Abécassis, il convenait d'ajouter un jeune homme de 82 ans : Jean d'Ormesson. Qui sera le premier à débarquer au *Figaro*, frais et pimpant, chemise bleue au col ouvert sur un costume d'été. Il est arrivé à 8 h 30 et avait déjà donné une interview. L'académicien a aussi prévenu qu'il avait un rendez-vous à honorer à 11 heures et donc qu'il écourterait sa séance.

Au final, Enthoven, normalien, agrégé de philosophie, maître de conférences à Sciences-Po, a récolté un 19 sur 20.

D'Ormesson ? Élève non noté. Sa copie a été corrigée par Paul Clavier. Elle a été jugée « incorrigible ». Le maître de conférences à Normale sup a estimé qu'un zéro pointé aurait davantage correspondu au 7 ou 8 que s'était autodistribué Jean d'Ormesson. Car « il y a quelque héroïsme à être humilié par un pion sous les huées des enfants prodiges, comme le "Cancre" dont Jacques Prévert a croqué le portrait "sur le tableau noir du malheur" ». Dans son texte, intitulé « Une robinsonade », d'Ormesson s'égare volontairement, digresse à satiété, rend en somme une chronique.

Une fois de plus, il se raconte avec délice. Et conclut ainsi son pas de côté : « Un fameux préjugé avec lequel il faudrait en finir est de s'imaginer que la philosophie est bien servie par les philosophes professionnels. Nous savons depuis Socrate que la vraie philosophie se moque de la philosophie et que le vrai philosophe, bien loin de répondre aux questions qui lui sont posées par les philosophes, va plutôt tremper ses doigts de pied dans le fleuve Ilissos et danser avec les loups. » Ainsi fonctionne Jean d'Ormesson. Une omniprésence médiatique où, finalement, l'omniscient bavarde avec luminosité, selon son bon plaisir, plutôt qu'il ne se livre véritablement.

Dans une chronique du *Monde* décryptant en 1987 son passage au *Grand Échiquier* tout juste consacré à lui par Jacques Chancel, Bruno Frappat vise précis : « Nous étions entre amis, au chaud. Bien serrés autour du héros du jour, ce petit homme au visage pointu (vu de tous les côtés, de face, de profil, il a l'air d'un losange animé...) Un d'Ormesson bardé de talents, de relations, d'amitiés, bourré d'anecdotes, une vraie bibliothèque circulante. Ce causeur très charmant connaît toutes les ficelles – les usages, si l'on préfère – de la conversation de bon ton. Il a ce qu'il faut d'ironie, une réserve d'humour, des hardiesses de langage dans les limites du supportable. » Plus récemment, Bruno de Cessole, dans *Valeurs Actuelles*, alors qu'il s'épanchait sur *Qu'ai-je donc fait*, rappelant qu'il s'agit d'un vers de Racine dans « Andromaque », remarquait, dans un article intitulé « Les confessions d'un égotiste » : « Bref, de quoi réconcilier Billancourt et Neuilly, flatter M$^{me}$ Michu dans sa loge et plaire aux douairières des beaux quartiers, emballer le fan-club de Julien Doré et susciter le sourire approbateur d'universitaires chenus. Un grand écart que peu de ses contemporains peuvent se flatter d'avoir réussi. » « Il a préféré la lumière des plateaux à la solitude de la plume d'oie, reprend Thierry Ardisson. Je me suis engueulé avec Frédéric Beigbeder avec ça : il se disperse depuis *Windows of the World*. Je lui ai suggéré de s'enfermer six mois, de se concentrer sur l'écriture, de partir en retraite à Ceylan à la Paul Bowles. Frédéric a préféré prendre de la cocaïne avec Laura Smet chez Castel ! Si Jean d'Ormesson a parfois cédé à la facilité, il incarne l'aristocrate sympathique. Il en faut ! Les gens l'adorent, il a survécu à tout, il n'est pas ringard, a un nom qui dévisse, des yeux bleu pur. Il n'est pas prétentieux, ni arrogant. C'est un orléaniste mais, si tous les aristocrates étaient comme lui, il n'y aurait pas eu la Révolution ! »

## *Le Figaro* ou la revanche sur le sort

Jules Romains, dont il occupe le fauteuil à l'Académie française, l'assure dans *Knock ou le triomphe de la médecine* : « La santé est un état précaire qui ne laisse présager rien de bon. » Celle de Jean d'Ormesson, d'ordinaire, est de fer. Infatigable, robuste, épargné par toute forme d'altération, il incarne une sorte d'assurance contre la maladie. Le port toujours altier, son hygiène de vie – il ne boit pas, ne fume pas et s'entretient – est saine. À une période de son existence, pourtant, il s'est cru défaillir. Pendant quarante mois exactement. De février 1974 à juin 1977. Cette parenthèse correspond à son passage à la direction du *Figaro* ; elle l'a laissé exsangue. Et lesté de huit kilos, stockés à force de stress et de repas d'affaires.

Dans *Garçon de quoi écrire*, conversation échevelée avec François Sureau, membre du Conseil d'État, Jean d'Ormesson assure conserver de son mandat « un souvenir balzacien. Je me suis approché par là du cœur de la société, de l'endroit où l'on voit les influences s'exercer. Je n'ai pas prétendu en détenir une moi-même, j'ai seulement essayé de faire convenablement ce métier. Et, après quelque temps, je n'ai pas regretté qu'on me renvoie à mes chères études. » Il concède également, comme soulagé : « Entrer au *Figaro*, c'est épatant, et en sortir ce n'est pas mal non plus, c'est la liberté retrouvée, les livres... » L'intermède à la tête de l'institution a été intense. Pour un être à l'autorité équivoque, qui ne goûte guère aux responsabilités et aux contraintes, accéder à ce trône si envié a constitué une revanche, tout en garantissant l'héritage d'une filiation.

Pérennité car son oncle Wladimir, à la fois diplomate, essayiste et journaliste, a été chargé en 1934 de la rubrique politique extérieure du *Figaro*. Deux ans plus tard, le futur académicien devenait éditorialiste du plus ancien quotidien national encore publié, fondé en 1826 sous le règne de Charles X. Revanche aussi, voire vengeance, après l'ostracisme volontaire dont Jean d'Ormesson a été victime. Une pénitence de plus de dix années, au cours desquelles son nom a été soigneusement banni des colonnes. Aucun article n'a été consacré à ses premiers livres. Quant aux pages de publicité que souhaitait acheter son éditeur, René Julliard, elles étaient tout bonnement refusées. Cette crispation entre Jean et le journal est symbolisée par Pierre Brisson.

D'abord directeur littéraire du quotidien, avec pour chroniqueurs François Mauriac, Jean Giraudoux, Paul Morand ou Tristan Bernard, Brisson s'empare des commandes en 1936, à 40 ans. Huit ans plus tard, face à l'opposant allemand qui occupe la zone libre et multiplie les censures, il saborde le journal. Il en justifie la décision par un éditorial, que seuls les abonnés découvriront. « Les consignes impératives qui viennent de nous parvenir ne nous permettent plus de poursuivre notre tâche sans offenser nos sentiments les plus intimes et sans trahir la confiance du public. Il s'agit de mentir ou de se démettre. Notre choix est fait. Je leur donne l'assurance qu'ils retrouveront au premier jour *Le Figaro*, fidèle à ses devoirs et conforme à leurs vœux. » Il tient parole. Le quotidien resurgit en kiosque à la Libération. Très vite, les ventes augmentent de façon significative. Le titre gagne en prestige et en respectabilité, prônant un ton éditorial volontiers libéral, proche du patronat. Homme à poigne autant qu'intellectuel, preuve que ce ne sont pas deux termes incompatibles, Brisson se dévoue corps et âme au journal.

Les affaires de famille n'obnubilent pas le mari de la comédienne Yolande Laffon. Mais sa colère gronde en apprenant que Jean a eu une aventure avec l'épouse du fils de son oncle. Wladimir d'Ormesson compte en effet parmi les proches de Brisson. Son ressentiment augmente encore d'un cran quand l'intrépide se permet de détailler la manière dont il a enlevé cette femme dans son premier roman, *L'amour est un plaisir*, paru en 1956. Qu'il ne se vende qu'à 2 000 exemplaires n'atténue pas le courroux de Pierre Brisson. La devise du journal a beau être « sans la liberté de blâmer, il n'est point d'éloge flatteur », extrait d'une réplique de Figaro dans la pièce de Beaumarchais, l'ancien critique dramatique ne pardonne pas. Il est solidaire de Wladimir, qui écrit pour le quotidien. Jean d'Ormesson parlera de « conduite sentimentale inappropriée », doux euphémisme, pour évoquer son fait d'armes. Il pourrait se faire tout petit. Pas son genre. Il commet la faute de trop aux yeux de l'autoritaire bourgeois qu'est Brisson.

Le brillant godelureau signe alors quelques piges, notamment à tendance people pour *Paris-Match* et, à caractère davantage impertinent, dans *Arts*. C'est dans cette revue hebdomadaire qu'il chronique en 1958 le roman de Pierre Brisson, *Double cœur*, paru chez Gallimard. Jean d'Ormesson achève son compte rendu d'un cinglant et définitif : « Il y a tout de même une justice : on ne peut pas, à la fois, être directeur du *Figaro* et avoir du talent. » Ce trait d'esprit provoque une secousse. « J'ai cru que le monde me tombait sur la tête, analysera-t-il. J'ai eu l'impression que j'avais attaqué une puissance, un peu par mégarde, d'ailleurs. Et que j'étais entré avec un certain fracas dans le journalisme parisien. J'ai reçu une foule de lettres, de télégrammes, d'appels, de félicitations. »

Parmi ce florilège de commentaires, le coup de téléphone de Pierre Lazareff. Le grand patron aux bretelles, amusé, célèbre son culot. En sus de l'inviter chez lui à Louveciennes où le tout-Paris défile, il lui offre quelques collaborations à *Paris-Presse*. Jean d'Ormesson continue d'accoucher de livres qui ne connaissent qu'un succès relatif. Il publie des articles dans *Les Nouvelles littéraires*, *La Parisienne*, dont le rédacteur en chef est François Nourissier (qui dira plus tard de lui qu'il est « un journaliste terriblement incisif, insolent jusqu'à la brutalité. On s'en aperçoit peu, de prime abord, parce que le ton reste feutré, lisse, mais les vérités assénées sont rien moins que courtoises »), pige pour la NRF (*Nouvelle Revue française*), *Elle* ou *Marie-Claire*. La fin de l'excommunication de la chapelle du *Figaro* se dessine à partir de 1964, à la mort accidentelle, en décembre, de Pierre Brisson. L'année suivante, Yvonne Cotnaréanu, l'ex-femme de François Coty, qui avait déjà cédé la moitié de ses actions à Jean Prouvost et à Ferdinand Béghin en 1950, vend le reste de ses parts au groupe Prouvost-Béghin.

Le retour en grâce se profile. Il s'amorce par la réapparition de son nom dans les colonnes. En 1969, dans la foulée du départ du général de Gaulle de la présidence de la République, consécutif au référendum sur la réforme du Sénat et la régionalisation, Jean-Jacques Servan-Schreiber prend la plume. Le patron de *L'Express* affirme que, pour la première fois dans la vie d'un homme de sa génération, il est fier d'être français. Indignation de Jean d'Ormesson. Dans la nuit, il réplique, d'un ton sec. Adresse son courrier au nouveau directeur du *Figaro*, Louis Gabriel-Robinet, qui reste par ailleurs l'éditorialiste politique du journal. Le cœur plus léger, Jean d'Ormesson rejoint l'Italie. L'Unesco, son employeur, organise en Sicile un colloque sur les carrefours de civilisation. Le surlendemain, en furetant à l'aube à la gare de Palerme, il découvre, avec stupéfaction, son article en première page du *Figaro*. Fin de la pénitence.

Désormais chroniqueur épisodique, son destin s'accélère en 1974. De graves problèmes de santé incitent Gabriel-Robinet, 65 ans, à prendre du champ. Le pensionnaire de l'Académie des sciences morales et politiques quitte en février la direction effective du *Figaro*, même s'il demeure président honoraire du directoire. Quatre mois plus tôt, à 48 ans, Jean d'Ormesson a effectué son entrée à l'Académie française. Il traverse une période faste. Bien que son cursus journalistique et politique soit limité, son nom circule. Un autre argument plaide en sa faveur : jusqu'en 1970, Jean Prouvost, industriel, patron de presse et homme politique, était associé à Ferdinand Béghin. Le maître du sucre n'est autre que le beau-père de Jean d'Ormesson.

Si Béghin s'est allégé de ses parts après un lourd différend avec Prouvost, qui devient actionnaire majoritaire, son gendre apparaît néanmoins comme l'homme du consensus. Du moins aux yeux de ce dernier, qui n'hésite pas à lui proposer le fauteuil. « Prouvost aimait ce qui brillait. Il avait le culte des vedettes, des physiques avantageux, des écrivains à succès, des stars, des grands escrocs, de ceux dont le nom figurait ou avait des chances de figurer à la une de ses journaux. Il incarnait déjà une presse qui allait se résumer en une seule formule : people », raconte Jean d'Ormesson dans *Le Rapport Gabriel*.

Au regard des statuts du *Figaro*, afin d'être adoubé, il convient toutefois d'être également accepté par le « groupe des Cinq », qui préside aux destinées de l'entreprise, et par la Société des rédacteurs, contre-pouvoir inédit dans la presse française. Le 16 février, Jean d'Ormesson récolte 464 oui, 32 non, 104 bulletins blancs et 10 nuls. Trois jours plus tard, lors du scrutin, les représentants de la Société des rédacteurs lui apportent officiellement leurs suffrages. De quoi l'expédier à la présidence du directoire de la société de gestion du *Figaro*. Le vote des douze membres du conseil de surveillance entérine cette décision. « Et voilà comment je suis passé directement du statut de pestiféré à celui beaucoup plus gratifiant de directeur », jubile-t-il.

L'étroitesse des liens entre *Le Figaro* et le quai Conti atteint son paroxysme. Il y a de tout temps eu une consanguinité entre les deux respectables maisons. « Cette symbiose a conduit jusqu'à vingt-cinq académiciens à collaborer en même temps, de près ou de loin, au quotidien, précise Patrick Éveno, éminent spécialiste de l'histoire de la presse et des médias, maître de conférence à la Sorbonne. Soyons clairs : être à l'Académie n'est pas un boulot à plein temps. Jean d'Ormesson avait tout pour plaire. Il avait la légitimité historique pour occuper ce poste et assurer la transition de l'après-ère Brisson. Son nom était aussi un gage de crédibilité quant à la tenue du journal. Il s'est s'inscrit dans la grande tradition du *Figaro* comme journal politique, culturel et littéraire. Un journal très Neuilly-Auteuil-Passy. »

Son mandat, renouvelable, court jusqu'à juin 1975. Jean d'Ormesson s'installe dans le majestueux bureau ovale du rond-point des Champs-Élysées, au premier étage d'un hôtel particulier bourgeois ayant appartenu au génial et richissime parfumeur François Coty. Vue imprenable sur la Concorde et l'Étoile, domination du grand vestibule, au bas d'un monumental escalier. La fonction en impose. Elle attise les convoitises. Et ce n'est pas sans une certaine surprise que Jean d'Ormesson, peu de temps après son intronisation, aperçoit sur son bureau, déposée par l'huissier, une singulière carte de visite. Est simplement gravé dessus « Madame Joseph Caillaux. »

Il connaît le passé tumultueux de cette femme, décédée en 1944. Épouse de Joseph Caillaux, ministre des Finances du gouvernement Doumergue et ancien président du Conseil, elle supportait de plus en plus mal la campagne de presse du *Figaro* à l'encontre de celui qui apparaissait comme la personnalité politique montante. Surtout, ces piques commençaient à empiéter sur le territoire privé, évoquant la découverte de lettres à sa maîtresse. Henriette, tenant à défendre la réputation de son mari, sollicite un rendez-vous auprès de Gaston Calmette, le patron du quotidien. Elle se rend à son bureau en mars 1914. La discussion s'envenime et, après quelques mots de trop, elle tire six coups de revolver à bout portant. Calmette meurt sur le coup, Henriette Caillaux sera finalement acquittée. Jean Dutourd est l'auteur de la joyeuse plaisanterie de la carte de visite. Mais il ne se fera connaître auprès de Jean d'Ormesson que quelques semaines plus tard…

Chacun n'a pas le même sens de la facétie que Dutourd. Certains membres de la rédaction attendent Jean d'Ormesson au tournant. Pour son premier discours, il exécute alors un habile exercice de charme. Il implore dans un sourire, devant l'ensemble du personnel, de ne pas lui rappeler le texte écrit sur le roman de Pierre Brisson, qu'il avait qualifié de médiocre. « Messieurs les journalistes, il paraît que j'ai le nez de Raymond Aron et les yeux de Michèle Morgan. Je ne connais en tout cas rien de votre métier. J'ai tout à apprendre de vous », ajoute-t-il également.

« C'était un numéro de premier ordre. Dans la salle de rédaction, on l'épiait avec un bazooka. On a été obligés de baisser immédiatement notre arme de guerre, le tout dans un éclat de rire », rappelle le fort en gueule Georges Walter, alors chef du service radio-télé du *Figaro*. « Jean d'Ormesson a réussi son entrée en matière, désamorçant d'emblée tout antagonisme. Pas comme ce sinistre abruti que j'ai connu plus tard à RMC. Nommé peu après l'élection de François Mitterrand, celui qui n'était pourtant pas une lumière nous a gratifiés en préambule d'un : "Je vous trouve tous nuls, je vais vous apprendre votre métier." Jean d'Ormesson, diplomate-né, remarquablement intelligent, a su, lui, nous brosser dans le sens du poil. Ceux qui n'approuvaient pas son arrivée ont été retournés comme des crêpes. »

Ami de Cioran et de Joseph Kessel, éphémère présentateur du journal de 20 heures sur la première chaîne, Georges Walter conserve un souvenir ému de cette période au *Figaro*. « Il y avait des journalistes fabuleux, dotés d'immenses talents. Les plus ringards, en revanche, je les récupérais. Ceux dont on ne savait pas quoi faire, on me les envoyait, alors que j'avais une page entière à préparer. Je devais tout refaire. Jean d'Ormesson m'a parfois forcé la main en m'imposant des personnes, surtout des femmes. Une fois, tout de même, j'ai commandé un article à Thierry Maulnier, déjà à l'Académie française. Pendant que je relisais sa copie à son bureau, où un slip de sport traînait dans les tiroirs, il attendait dans un coin que je termine les corrections. Quelle humilité chez celui que j'étudiais en khâgne. »

Hongrois d'origine, Georges Walter est l'auteur de nombreux romans, dont *Les Enfants d'Attila*, *Sous le règne de Magog*, *Des vols de Vanessa* (prix Interallié) ou le best-seller mondial *Le Palanquin des larmes*. Les livres ont logiquement été un thème de discussion avec Jean d'Ormesson. « Un jour, il m'invite à venir dans son bureau. Il s'assoit à côté de moi et me lâche : “Mon cher Georges, avec tout ça, est-ce que vous avez encore le temps d'écrire ?” Jean était le patron, je m'imaginais mal lui dire la vérité. Je lui ai expliqué que *Le Figaro* m'accaparait tellement que je n'avais plus le temps pour autre chose. Il a posé amicalement sa main sur mon épaule, assurant : “Eh bien mon cher Georges, je suis comme vous !” Le “comme vous” m'avait paru pour le moins étonnant et naïf venant du gendre de Béghin, dont la décision de le nommer au *Figaro* avait été prise dans un pavillon de chasse… »

Ce constat n'empêche pas le bourlingueur Georges Walter d'admettre que, « comme patron, Jean d'Ormesson s'est toujours montré d'humeur cordiale. Toutefois, si ses éditoriaux n'étaient jamais insignifiants, ils étaient très longs – il était le boss, il pouvait tartiner autant qu'il le voulait, sans risque de censure – et surtout très ennuyeux. Son talent n'est pas là. L'une de ses forces consiste également à toujours reconnaître la critique. Une fois, à la radio, j'avais été particulièrement méchant avec l'un de ses ouvrages, certifiant : “Ce bouquin est insupportable.” Au lieu de se mettre en colère, il avait répondu : “Vous avez parfaitement raison.” J'avais ensuite éprouvé des remords de lui avoir dit cela. »

Ce ton badin et respectueux a aussi marqué Christine Clerc, journaliste politique chevronnée et auteur à succès. « Je le croisais parfois dans l'ascenseur du *Figaro*. Il avait l'élégance d'être gai, se comportait de façon courtoise, principalement avec les femmes. Je ne l'ai jamais vu de mauvaise humeur. Je n'étais à l'époque qu'une jeune journaliste débutante et, même s'il était le patron, il avait toujours une attitude exquise, polie, dont on sentait qu'elle n'était pas forcée. » Christine Clerc garde de la tendresse pour Jean d'Ormesson. « Plus tard, que ce soit dans un salon du livre, à une remise de Légion d'honneur ou à un dîner, j'ai retrouvé le même homme, susceptible de traverser la salle pour vous saluer. C'est en plus un conteur-né, extrêmement bien élevé. Bref, une espèce en voie de disparition. » « D'une certaine manière, par son élégance et sa culture littéraire, et même s'il n'est pas resté très longtemps à la tête du journal, il incarne l'image du *Figaro*. Il en est l'une des figures historiques », souligne Mohammed Aïssaoui, journaliste au *Figaro littéraire*.

De 1971 à 1986, André Brincourt a dirigé les services culturels du *Figaro*, assurant la rédaction en chef du supplément hebdomadaire. L'arrivée aux commandes d'un académicien avait donc de quoi le réjouir. « *Le Figaro* était en pleine crise, comme l'ensemble de la presse parisienne, et il était fortement question de supprimer *Le Figaro littéraire*, encarté dans le journal à ma demande. Je me suis battu avec force pour sauver le titre en dépit du faible taux de rentrées publicitaires. Le renfort d'un homme au cœur de la littérature comme Jean d'Ormesson a été une aide précieuse. Il m'a encouragé et j'ai pu obtenir des pigistes de luxe tels André Malraux et Emmanuel Berl. Il m'a ensuite félicité d'avoir maintenu *Le Figaro littéraire* en dépit des difficultés. J'ai en effet gardé le cap, ne cédant pas, par exemple, à l'une de ses suggestions, soufflée par Bernard Pivot : supprimer *Le Figaro littéraire* mais diffuser de la littérature en dernière page du journal et à l'intérieur. Je lui avais répondu que c'était une vraie plaisanterie. J'ai apprécié qu'il sache s'ouvrir à l'idée de l'autre. La phrase de Paul Valéry, "je ne suis pas toujours de mon avis", lui correspond tout à fait. »

## En haut, à droite

Les enfants de mai 1968 sont légion. Jean d'Ormesson se définit, lui, comme un homme de mai 1940. « Le 10, à 5 heures du matin, la France s'écroule. De Gaulle la ressuscitera, ou peut-être lui fera croire qu'elle ressuscite. » Il a 14 ans. Le gaullisme est profondément ancré en lui. « J'étais adolescent quand j'ai entendu son appel à la résistance. Il m'a tout de suite plu. Je l'ai aimé comme un héros. » Son oncle Wladimir, à la fois diplomate, chroniqueur et romancier, approche le général : celui-ci le nomme à la présidence du conseil d'administration de l'Office de la radiodiffusion et de la télévision française (ORTF), le préférant à François Mauriac. Jean d'Ormesson, de son côté, nouera des liens privilégiés avec le successeur du général de Gaulle, Georges Pompidou, élu président de la République le 15 juin 1969. Un normalien, comme lui.

« Je suis allé souvent à l'Élysée ; je n'y suis d'ailleurs jamais autant allé que sous Pompidou, évoque-t-il dans *Garçon de quoi écrire*. Parfois, il venait à la maison. Plusieurs fois, vers la fin de sa vie, ma femme et moi nous nous sommes inquiétés de savoir si nous n'avions pas dit quelque chose qu'il ne fallait pas : il écourtait les dîners, se retirant assez brusquement. Nous ne savions rien de sa maladie. J'ai toujours trouvé intéressante sa rencontre avec de Gaulle. Comment cet amoureux de la vie, si doué pour le bonheur, qui avait dirigé une banque et qui n'avait pas été résistant, a-t-il pu servir de Gaulle et lui succéder ? En fait, le gaullisme a sorti d'eux-mêmes toute une génération d'hommes politiques français. Chaban, Guichard, Pompidou, si doués d'autre part, qu'étaient-ils d'autre, au fond, que des radicaux ? Et Chirac ? Le gaullisme a été son corset de fer. » Jean d'Ormesson dirige *Le Figaro* lorsque Pompidou disparaît le 2 avril 1974, emporté par une septicémie foudroyante. Dans les derniers mois de sa vie, la maladie de Waldenström (qui a également causé le décès du président algérien Boumédiène et du Premier ministre israélien Golda Meir) ainsi que les corticoïdes déformaient son visage.

Lors de leur première rencontre, l'agrégé de lettres et celui de philosophie avaient parlé littérature. « Ah !... Parce que vous écrivez », lui assène d'un ton aigre-doux Georges Pompidou. Plus tard, dans la peau du président de la République, ses ministres l'assaillent de questions durant un Conseil bien chargé. Et de répondre : « Il n'y a qu'une chose urgente aujourd'hui, c'est de lire *La Gloire de l'empire.* » De livres, Jean d'Ormesson parle aujourd'hui à l'Académie avec Valéry Giscard d'Estaing, élu président en mai 1974, à 48 ans. Ils sont amis, se tutoient. Jean d'Ormesson a été l'un de ceux qui a milité avec le plus de dévotion pour qu'il siège sous la Coupole, sa candidature faisant polémique. Giscard d'Estaing est finalement élu en décembre 2003, au fauteuil de Léopold Sédar Senghor. Lors de sa réception, il remercie son parrain, Jean d'Ormesson, rappelant qu'il avait personnellement entendu « l'immense talent » de son discours d'accueil de la première femme admise, Marguerite Yourcenar. Au mois de décembre 2008, devant une douzaine d'immortels seulement, VGE s'est livré à un exposé sur la crise bancaire, financière et sociale en train d'ébranler le monde. Une analyse, selon d'Ormesson, « extraordinairement brillante, pas très optimiste, de la crise ». Valéry Giscard d'Estaing n'aura reçu pourtant qu'une seule fois Jean d'Ormesson à l'Élysée. De quoi titiller son amour-propre.

Sur la vie politique actuelle, celui qui a été un chiraquien pur jus – « même si j'étais un de ces rares ringards qui étaient pour Édouard Balladur en 1995 » – continue de promener son regard vif et curieux. « Il parvient à être à la fois distancié et engagé, souligne Franz-Olivier Giesbert. Jean d'Ormesson défend des idées et des convictions sur lesquelles il est ferme mais n'est à la botte de personne. Ce n'est le bon petit soldat d'aucun acteur du paysage. J'ai, heureusement, le même état d'esprit quand j'exerce mon métier. » Nicolas Sarkozy rallie toutefois ses suffrages. « Nous avons la chance de l'avoir à la tête de l'État, il est responsable et capable de mener les affaires qui vont être très dures », se répand-t-il. Il a écrit et répété, dans *Le Figaro*, le bien qu'il lui inspirait, notamment à travers l'article « Bonaparte au pont de Neuilly ». Dans un entretien à la TSR (Télévision suisse romande), il vante un homme « d'une grande intelligence, formidablement actif, sympathique, courageux, doté d'une énergie farouche, ayant un contact extraordinaire avec la population, un ludion avec un côté churchillien, un mélange de de Gaulle et Mickey Mouse ».

Plus, ce serait trop ! Il ne le tutoie pas mais l'appelle Nicolas. Et, comme il ne sait décidément pas être trop modeste, Jean d'Ormesson esquisse un parallèle avec Sarkozy quant à une approche décomplexée de l'argent. « Peut-être que j'ai fait du Sarkozy avant Sarkozy. J'ai banni la langue de bois, insupportable en littérature, j'ai dit les choses comme je le sentais, notamment dans *Du côté de chez Jean*, avec une formule qui pour une fois n'est pas une citation : “Malgré ce que prétendent les riches, l'argent fait le bonheur des pauvres. Malgré ce que croient les pauvres, il ne fait pas le bonheur des riches !” C'était, il est vrai, un ouvrage provocateur. »

Son admiration à l'égard de Nicolas Sarkozy est à peine tempérée par le bilan de sa première année à la présidence, toujours dressé dans *Le Figaro*. Il pointe trois aspects de déception. « 1) La vie privée, le style, la manière d'être. Yachts, Rolex et Ray-Ban. Tout ce qui a été ramassé sous l'étiquette meurtrière de “bling-bling”.

Portrait paradoxal d'un président fulgurant en *fashion victim*. Dans le domaine privé au moins, la modernisation n'a pas marché. Chez ce réformateur plus intelligent que les autres, il n'y avait pas assez de cassoulet, d'hypocrisie, de bedaine. 2) Les ratés incompréhensibles de la machine du gouvernement. Les lunettes, les familles nombreuses, la mairie de Neuilly, le souvenir des enfants juifs, les OGM, les sectes, la villa Médicis. Les querelles subalternes au sein de l'exécutif. 3) Le Président n'a pas de chance. La crise financière. Le prix du pétrole. La récession en Amérique. La baisse du taux de croissance. Le dollar trop bas et l'euro trop élevé. Tout ce qui échappe au pouvoir de l'État et s'impose à lui du dehors. Réformer est toujours difficile, surtout en France. N'importe qui, dans la situation du Président, se heurterait aux mêmes problèmes. » Selon d'Ormesson, Sarkozy « aurait dû, dès le début, promettre de la sueur et des larmes au lieu de promettre aux autres comme à lui-même du bonheur plein la vie. Il faut maintenant poursuivre les réformes à la fois dans la crise mondiale et dans l'impopularité nationale. C'est le prix à payer pour une place dans l'histoire. » On a connu critique plus acerbe.

Au sujet de son adversaire au second tour de la présidentielle 2007, Jean d'Ormesson écrira, toujours dans *Le Figaro*, que « Ségolène Royal n'est pas une pensée qui va. C'est un phénomène de société. » Ou encore qu'elle n'est « pas un chef politique, c'est une vitrine. C'est une image pieuse, promenée en procession et chargée de recouvrir des flottements et des dissentiments. » Elle ne lui en tiendra pas rigueur, lui adressant une lettre charmante. Du coup, il atténue son point de vue et estime désormais qu'elle « est une femme de cœur, de courage ». Quant à François Bayrou, il jugeait peu avant le vote présidentiel qu'il « est le pur produit du régime qu'il dénonce aujourd'hui. C'est un homme du sérail qui se bat contre le sérail. La victoire de Bayrou serait la victoire d'une forme abâtardie de la gauche. On ne voit pas pourquoi des gens de droite voteraient pour lui. Des gens de gauche non plus d'ailleurs... » Jean d'Ormesson, lui, reste résolument un homme de droite. Il varie peu. Si bien qu'il a pu se permettre ce trait à la mort de son grand ami de l'Académie Jean-François Revel, philosophe et essayiste, emporté le 30 avril 2006 : « Il incarnait la pensée libérale après avoir incarné la pensée socialiste. Il a été beaucoup plus à droite que moi, après avoir été beaucoup plus à gauche que moi. »

La politique a été l'un des rares points de friction entretenus avec sa fille adorée, Héloïse. Elle ne partageait pas sa virulence envers l'aile opposée, elle dont le compagnon ne masque pas sa sensibilité clairement de gauche. « Jusqu'à mes 19 ans, mon père était beaucoup plus connu pour ses prises de position politique que pour ses romans : il participait au "Club de la presse" sur RTL tous les dimanches soirs, il intervenait régulièrement dans toutes sortes de débats télévisés. Même pendant nos vacances, la politique était un sujet central dans les discussions familiales, rappelle-t-elle dans *Le Premier Homme de ma vie.* Ils étaient tous d'accord, j'étais la seule à penser différemment. À l'époque, les socialistes faisaient programme commun avec les communistes, mon grand-père maternel disait : "Les Russes seront parmi nous quand les routes seront sèches". Cela faisait rire mon père. Il ne pensait pas un instant que les chars russes allaient entrer en France, mais il craignait que les communistes obtiennent une mainmise sur le pouvoir. Cela me paraissait complètement fou, exagéré. Je trouvais qu'il y avait beaucoup de bien-fondé dans le programme des socialistes. On en a parlé mille fois. Comme mon père est beaucoup plus conservateur que ne l'était son propre père, il me disait : "Tu aurais beaucoup plu à mon père, tu es comme lui", ça l'amusait, ça l'attendrissait. »

Jean d'Ormesson représente une droite modérée. Jamais il n'aurait pu, comme son cousin Olivier, exploitant agricole à Ormesson-sur-Marne dont il a été le maire de 1947 à 1988, être réélu député européen sous les couleurs du Front national, devenant même président du groupe Eurodroite au Parlement européen. Membre du Centre national des indépendants et paysans (CNI), il a été dès 1984 parmi les premiers à se rapprocher du FN. Deux ans plus tard, il mène la liste du parti de Jean-Marie Le Pen dans le Val-de-Marne tout en entretenant des relations avec le communiste Georges Marchais, maire de la ville voisine de Champigny-sur-Marne. Mais, en 1987, choqué par les propos de son leader comparant les chambres à gaz nazies à un « point de détail » de l'histoire, Olivier d'Ormesson démissionne et rejoint le CNI, qu'il présidera de 1996 à 1998. Jean d'Ormesson est nettement moins politique et polémique que le fils de Wladimir d'Ormesson. Pas étonnant qu'il ait, lui, compté parmi les invités en octobre 2007 d'une grande réception donnée par François Fillon, qui tenait à célébrer la rentrée littéraire à l'hôtel Matignon.

Le Premier ministre s'est fait une joie de recevoir plus d'une centaine d'écrivains, clamant au micro son amour de Chateaubriand, Stefan Zweig et Jonathan Littell. Jean d'Ormesson ne boude pas son plaisir. Il a évidemment honoré l'invitation, tandis que beaucoup d'auteurs étiquetés à gauche ont poliment décliné. Il croise brièvement Anne-Solange Tardy, jeune auteur, conviée à sa grande surprise alors qu'elle vient de publier son premier roman, *La Double Vie de Pénélope B.* Sur son blog, elle raconte avec une bonne dose d'humour sa drôle de soirée. « Comme je m'y attendais, ça ressemblait beaucoup à une conférence de presse, cette histoire. Parce qu'il y avait des tas de journalistes, pour commencer. Sauf que, cette fois, c'était une conférence de presse avec écrivains incorporés. Des, comme on imagine : col roulé, ride du lion, yeux perçants, odeur de tabac froid (il y avait aussi la version écharpe/cigare/Clarks défoncées). Et puis des comme nous. Des gens comme tout le monde quoi, où il n'y a pas écrit "écrivain" en lettres rouges. Jusque-là, ça allait. C'est quand le discours a cessé que c'est devenu moins glop. Les journalistes se sont jetés sur le Premier ministre. Les écrivains se sont regroupés entre écrivains qui appartiennent à la grande famille des écrivains. Les esseulés se sont dirigés *fissa* vers le buffet pour se donner une contenance. Résultat des courses : zéro échange, zéro sourire, zéro carte échangée. Je sais. C'est nul. Bête. Immature. [...] En partant, j'ai tout de même croisé Jean d'Ormesson qui contait fleurette aux deux plus jolies jeunes femmes de l'assemblée. Les yeux plus bleus que bleus, plus pétillants encore que ce que j'aurais pu imaginer. » Même à l'hôtel Matignon, on ne se refait pas...

# L'alibi Papivore

L'ironie et la facétie du destin qui, en dix ans, ont mené Jean d'Ormesson de la position de banni du *Figaro* à celui de patron du même quotidien ne lui ôtent pas sa lucidité. « Écrire des articles est déjà une servitude. Diriger un journal est pour un universitaire, pour un intellectuel, pour un écrivain, une mission de sacrifice, flatteuse et redoutable : c'est son baiser de la mort, expose-t-il dans *Le Rapport Gabriel. Le Figaro* était une grande machine, anxiogène et chronophage. » Son office, il l'a défini de la sorte : « Je m'occupais assez peu de la gestion du journal, des problèmes de distribution, des relations avec les NMPP, toutes choses capitales. Je tenais plutôt un rôle de représentation extérieure, de composition du journal et d'influence. Et, très tôt, j'ai bien montré que, par conviction et par goût autant que par incapacité, j'entendais laisser la plus grande autonomie à ceux qui faisaient le journal. »

Au *Figaro*, il est surnommé le « petit homme vert ». Allusions à sa taille et à son habit tout frais d'académicien. Jean d'Ormesson enraye la chute du journal. Le rafraîchissement opéré dynamise progressivement les ventes. Il apporte sa touche personnelle. Ouvre ses colonnes à d'autres familles politiques, à des plumes inattendues, comme Antoine Blondin. Il procède aussi à des dégraissages. En clair, il licencie des journalistes. Ce qui le rend malade. Autre décision qui fera jaser : déplacer plus loin le carnet du jour qui, jusque-là, plastronnait au rez-de-chaussée de la politique étrangère. « On avait donc sur la même page : famine en Inde, plus de 100 000 morts, et en bas : “Madame la baronne annonce le mariage de sa fille avec...” J'ai donc tout regroupé sur une seule page, comme c'est encore le cas aujourd'hui. Les gens étaient si attachés à ce carnet mondain que les amis de ma pauvre mère lui ont tourné le dos en disant : “Votre fils est un anarchiste épouvantable.” »

La disparition subite de Georges Pompidou, à peine deux mois après son arrivée au *Figaro*, bouleverse l'équilibre. Le journal doit rapidement afficher sa position. Qui soutenir à la présidence de la République ? Jean d'Ormesson se retrouve au cœur d'une lutte d'influence qui le dépasse. Il refuse la neutralité, prônée par une délégation, entre les trois candidats à l'élection : François Mitterrand, Jacques Chaban-Delmas et Valéry Giscard d'Estaing. *Le Figaro* choisit finalement de soutenir Giscard, qui sera élu. « Je ne le regrette nullement, concède-t-il. Ce que j'ai regretté, c'est d'avoir, dans la seconde partie du septennat, continué à le soutenir sur tel ou tel point contestable, alors que j'aurais dû mieux marquer mes distances. Le crédit d'un journal, et plus encore de son directeur, est indissolublement lié à leur indépendance. »

Les pressions subies recouvrent différentes facettes. Jean d'Ormesson racontera avec délice la manière dont Michel Bassi, qui implorait du *Figaro* une indépendance d'esprit lorsqu'il y sévissait, exigeait un alignement sans réserve sur la politique du président une fois nommé en 1976 porte-parole adjoint de l'Élysée. Bassi, créateur avec Alain Duhamel de l'émission politique *À armes égales*, dirigera plus tard Radio Monte-Carlo et la Société française de production (SFP). Au *Figaro*, Jean d'Ormesson compose un duo étonnant avec Raymond Aron. « Je subissais son ascendant intellectuel et je ne faisais rien sans lui en parler, confesse-t-il. Éditorialiste, il n'avait pas envie d'être directeur, mais il aurait probablement mal supporté de devoir accepter un directeur sur lequel il n'aurait exercé aucune influence. » Aron avait soutenu la candidature de Jean d'Ormesson, avançant trois arguments : « Il est très intelligent, il a des opinions politiques fermes quoique vagues, et il est d'une ignorance encyclopédique. Mais cela n'a pas d'importance, votez pour lui ! »

En interne, certains reprochent à Jean d'Ormesson cette confiance quasi aveugle dans l'intellectuel respecté mais à la vanité exacerbée et qui, non content de philosopher, est tout à la fois journaliste, sociologue, politologue et promoteur du libéralisme. Son sens de la rigueur, son intelligence forcent l'admiration de Jean d'Ormesson. Qui ne se lassera pas du bon mot du général de Gaulle à son égard. « Aron… Aron… Est-ce ce personnage qui est journaliste au Collège de France et professeur au *Figaro* ? », lancera-t-il à Maurice Schumann quittant son bureau, après que l'ancien porte-parole de la France libre, alors son ministre des Affaires européennes, lui a demandé : « Avez-vous lu, mon général, l'article de Raymond Aron dans *Le Figaro* de ce matin ? Il ne vous est pas très favorable. »

Diriger *Le Figaro* est astreignant. Et implique, de fait, de représenter une certaine idée de la droite à la française. C'est pourquoi Jean Ferrat, artiste populaire et engagé, proche des communistes, le fustige dans une chanson dont le refrain assure : « Ah ! Monsieur d'Ormesson / Vous osez déclarer / Qu'un air de liberté / Flottait sur Saigon / Avant que cette ville s'appelle Ville Hô-Chi-Minh. » Exaspération de l'académicien. Lorsqu'il apprend que le poète à la voix rocailleuse doit s'emparer du micro dans *Le Grand Échiquier* pour chanter un « Air de liberté », il s'évertue à faire retirer le morceau auprès de Marcel Jullian, le P-DG de la chaîne. La direction d'Antenne 2, estimant le texte trop calomnieux, pliera *in fine* sous les injonctions de Jean d'Ormesson. « Antenne 2 a toujours eu le plus grand souci de ne jamais se voir reprocher une quelconque diffamation. C'est pourquoi, sans porter aucun jugement sur la chanson de Jean Ferrat, nous avons cru devoir la retirer », assénera sans sourciller le directeur général de la chaîne.

L'objet, en effet, transpire la violence. C'est un réquisitoire *ad hominem.* « Votre plume signait trente années de malheur », « Votre cause déjà sentait la pourriture et c'est ce fumet-là que vous trouvez plaisant », « Contre un peuple luttant pour son indépendance, oui vous avez un peu de ce sang sur les mains », « Quand le canon se tait, vous, vous continuez » ou « Mais regardez-vous donc un matin dans la glace, patron du *Figaro*, songez à Beaumarchais, il saute de sa tombe en faisant la grimace, les maîtres ont encore une âme de valet » pointe par exemple Jean Ferrat, qui a rédigé le morceau après la lecture d'un article de l'éditorialiste et patron du *Figaro* sur Saigon. 1975 constitue décidément une année charnière. En juillet, le journal a un nouveau grand patron, Robert Hersant, qui devient propriétaire de la majorité des actions à la suite d'une augmentation du capital. Le personnage, assoiffé de pouvoir, sent le soufre. Il a été condamné en 1947 à dix ans d'indignité nationale pour collaboration avec l'Allemagne nazie ; il bénéficiera cinq ans plus tard d'une amnistie générale. Ambitieux député de l'Oise, il se constitue, petit à petit, un empire de presse. *Nord-Matin* ou *Paris-Normandie* tombent dans son escarcelle. Mais c'est le rachat du *Figaro* et de *France-Soir* qui font basculer cet homme de droite dans une autre dimension.

Surnommé le Papivore, il définira ainsi sa curieuse conception de la presse : « S'il n'y avait pas de journalistes et pas d'ouvriers du livre, les éditeurs de journaux seraient des gens heureux. » Hersant reçoit malgré tout, après moult tergiversations, l'appui des deux figures du journal : son directeur, Jean d'Ormesson, et sa plume la plus prestigieuse, Raymond Aron. Jean occupera même le poste de directeur général. Mais il doit apprendre à partager avec Max Clos, ancien correspondant de guerre (en Indochine notamment) au caractère affirmé, nommé directeur de la rédaction. Ce personnage au cheveu ras, au verbe haut et à l'engagement profondément ancré à droite, disparu en 2002, mène ses hommes au pas de charge. Il est l'exacte antithèse de Jean d'Ormesson. Le journaliste et écrivain Jean-Marie Rouart peut en témoigner. « J'étais déjà proche de Jean et l'étroitesse de nos rapports exaspérait Max, absolument pas un littéraire. Il ne comprenait pas par exemple pourquoi nous parlions sans cesse de la femme de chambre de la baronne Putbus. Il nous interrogeait afin de savoir de qui il s'agissait, sans imaginer que ce personnage traversait *À la recherche du temps perdu* de Marcel Proust. Quand il l'a appris, il a déboulé dans mon bureau, remonté. Au lieu de faire aimer le journalisme à Jean, Max Clos lui diffusait sa vision janséniste, rigoriste, prussienne, emmerdante du métier. Il l'en a, en quelque sorte, dégoûté. »

La peur du conflit empêche également Jean d'Ormesson d'imprimer sa marque. Là encore, Jean-Marie Rouart a vécu des épisodes évocateurs. Exalté, il ne défend pas encore avec ardeur Omar Raddad, le jardinier marocain accusé en 1991 du meurtre d'une de ses clientes, Ghislaine Marchal, une veuve financièrement aisée (il tirera un livre de cet âpre combat contre la machine judiciaire, *Omar, la construction d'un coupable*, et bénéficiera du soutien de nombreux écrivains, Jean d'Ormesson en tête, qui témoigneront pour réclamer la révision du procès). À l'époque, le franc-maçon est un jeune membre de la Société des rédacteurs du *Figaro*. Il milite pour une presse libre indépendante du capital et se lance dans le journalisme d'enquête. Il montre les liens de corruption entre la police, les hommes politiques et les proxénètes de Lyon, puis met en cause de grandes sociétés pétrolières, dénonçant le fait qu'elles orchestrent un partage des marchés publics. Une commission d'enquête parlementaire confirme ses révélations. Mais la direction du journal le juge trop idéaliste. Raymond Aron demande son renvoi. Max Clos s'en mêle et désavoue Rouart. Vexé et cultivant le goût du panache, ce dernier file dans le bureau de Jean d'Ormesson lui annoncer son intention de partir. Peut-être, au fond de lui, attend-t-il un geste du patron et ami, un signe de solidarité. Rien de tout ça ne se produit. « Jean était blessé, gêné d'être en position de pouvoir, d'être le directeur au moment où il convenait de trancher. Il m'a juste dit : “Votre geste ne manque pas de noblesse.” Je suis donc parti, connaissant deux ans de chômage. Période où nous sommes restés en froid. »

Au cours de cet intervalle, Rouart rédige *Les Feux du pouvoir*, prix Interallié en 1977. L'histoire est celle de Luc Lamy, jeune homme à la fois fragile et cynique, fasciné par Maurice Dorsac, haut fonctionnaire pétillant d'intelligence à l'ambition politique démesurée. L'occasion de plonger dans les allées sombres du pouvoir et les salles enfiévrées des rédactions. « C'est un roman mais, pour composer le personnage politique, Dorsac, je me suis clairement inspiré de Jean. J'ai réorchestré notre relation. » La brouille entre Rouart et d'Ormesson s'achève dans un restaurant vietnamien proche de la place de la République, par un déjeuner organisé à l'initiative d'une amie commune. Rouart a rebondi au *Quotidien de Paris*, où il s'occupe des pages littéraires. « Notre amitié, dès lors, n'a fait que croître et embellir. Je n'oublie pas, non plus, qu'il a encouragé ma candidature au *Figaro littéraire* auprès de Robert Hersant. »

La cohabitation entre Jean d'Ormesson et Robert Hersant est pourtant rude. Elle n'est, de toute façon, guère tenable sur la durée. Déjà, des crispations apparaissent. Et, quand Robert Hersant se pique d'écrire les éditos affichant la couleur politique du journal, alors que *Le Figaro* avait érigé en principe inaliénable la non-ingérence du propriétaire (« en accord avec le capital, mais indépendant de lui », formule célèbre de Pierre Brisson), la rupture est consommée. Le directeur politique Raymond Aron est le premier à démissionner. Il file à *L'Express*, récemment racheté par le milliardaire franco-britannique Jimmy Goldsmith. Claude Mauriac, fils aîné de François Mauriac, suit en faisant jouer sa clause de conscience. Jean d'Ormesson s'accroche. Il tente de négocier, d'arracher un statut et des émoluments en rapport avec son rang. Mais, même si Hersant lui accorde une paix royale, le pouvoir lui échappe. Il est destitué de la présidence du Conseil du directoire et, officiellement pour marquer son désaccord avec la nomination d'un chef de service, démissionne en juin 1977. Hersant, dont l'énergie et l'appétit épatent d'Ormesson, n'en revient pas de cette échappée belle. « Ce qu'il ne pouvait comprendre, c'est que la direction du *Figaro* n'était pour moi que le dernier des chemins de traverse que j'avais empruntés durant ma vie, le plus beau des jouets, la plus glorieuse des occasions de fuir devant la littérature, mais rien d'autre. »

« Diriger un journal, ça vous dévore, martèle Angelo Rinaldi, qui s'est occupé du *Figaro littéraire*. À 22 heures, on vous apprend que Barack Obama s'est cassé la cheville et il faut revoir la une ! Mais avoir Jean d'Ormesson comme directeur constitue un prestige que le journal n'a plus connu depuis. » La discussion téléphonique au cours de laquelle il annonce à Robert Hersant son intention de quitter le journal, Jean d'Ormesson l'a restituée dans *Le Rapport Gabriel*. « Ce que vous ne savez pas, jubile-t-il alors, c'est que vous me fournissez le plus beau des prétextes pour un départ dont j'ai envie, à cause de vous bien sûr, mais peut-être au-delà de vous. » Tandis qu'Hersant temporise, assurant qu'on ne quitte pas la direction du *Figaro* de son plein gré, Jean d'Ormesson lui assène : « Mais je ne le dirige plus, puisque c'est vous qui le dirigez. » « Restez ! », ordonne Hersant par deux fois. « Je m'en vais », certifie Jean d'Ormesson, qui dîne au Ritz le soir même, réglant l'addition à ses frais, après y avoir tant invité auteurs et annonceurs.

Il admettra également : « C'est en 1976 qu'il aurait fallu partir, en même temps qu'Aron, quand Hersant a pris la présidence du directoire de la société de gestion. » Pour Jean d'Ormesson, la fin du *Figaro* signifie le retour à l'Unesco. Roger Caillois est ravi de le récupérer, le félicitant par courrier, après avoir appris la nouvelle à la radio, de s'être débarrassé de cette « tunique de Nessus », allusion au fait que diriger *Le Figaro* s'apparentait à un cadeau empoisonné. Conscient qu'Hersant ne constitue qu'un alibi dans sa démission, il est soulagé de reprendre sa liberté. De quitter l'urgence, le journalisme, pour l'essentiel, la littérature. « Il assure que quitter la direction du *Figaro* ne l'a pas préoccupé plus de deux jours. Il a été comme déchargé d'un poids. C'est pourquoi il a été tant étonné de me voir si troublée quand on m'a coupé la tête au *Monde des Livres* », explique Josyane Savigneau, sèchement destituée en 2005 du supplément littéraire du quotidien par Jean-Marie Colombani après quinze ans de règne, ce qu'elle a vécu comme une trahison, éprouvant le besoin de revenir trois ans plus tard sur la violence de cette éviction et sur son parcours dans *Point de côté*.

« Jean d'Ormesson ne comprend pas que j'ai pu être tant secouée. C'est la différence entre un écrivain et quelqu'un qui ne l'est pas. J'ai publié des livres mais je ne me vis pas comme écrivain. Mon métier consiste à écrire des articles, le sien des romans. Dans ce sens, *Le Figaro* a été pour lui une annexe agréable, mais délaissée en un instant », juge Josyane Savigneau, qui sévit toujours au *Monde*. Il n'empêche que Robert Hersant n'a guère goûté l'éditorial de Jean d'Ormesson dans *Le Figaro* du 6 juin 1977, expliquant dans un *À nos lecteurs* les raisons l'ayant conduit à abandonner son poste. « Pour dire les choses d'une seule phrase, les pouvoirs que je détenais seul risquaient de s'amenuiser jusqu'à ne devenir qu'une fiction. »

La réplique surgit le lendemain. Cinglante. Le propriétaire répond par le même canal. Sous le titre *Une explication*, il rappelle en introduction que, en arrivant aux commandes, il a trouvé « une situation financière profondément délabrée, l'exercice 1974 laissant apparaître un déficit de 3 milliards d'anciens francs, lesquels, en l'absence de toute réserve, étaient dus aux fournisseurs et aux banques ». Il le jure, la main sur le cœur : « Ce que j'ai fait, aucune bête de presse ne l'aurait fait. » Puis Hersant déroule son argumentaire : « Derrière la noble façade du rond-point des Champs-Élysées, une armée de quatre cents journalistes, dont la moitié travaillait, meublait ses loisirs en se livrant aux délices et aux poisons des régimes d'assemblée. Clans, factions, tendances, baronnies, se disputaient les parcelles d'un pouvoir qu'aucune autorité centrale n'exerçait plus depuis des années. Jean d'Ormesson, arrivé deux ans plus tôt, négociait au jour le jour, avec les uns et les autres, la survie de l'entreprise, avec pour seule force sa faiblesse. »

Il justifie également son intrusion, martelant : « Il me coûte de prendre part au ballet narcissique des gens de l'information qui ont un œil fixé sur leur nombril et l'autre sur leurs confrères, s'efforçant d'être les vedettes d'une information qui se fait sans eux. » Avant de conclure : « Je fis savoir que désormais j'écrirai dans *Le Figaro* quand je voudrai, ce que je voudrai, à la place que je choisirai. Et tout spécialement lors de la prochaine campagne électorale. N'imposant aucune censure, je ne pouvais accepter d'en supporter la moindre ».

« Où poursuivre le combat ? » s'interroge Jean d'Ormesson. « Partout où l'occasion m'en sera fournie. Peut-être ici – même, si les moyens m'en sont donnés, si la liberté d'expression m'est pleinement assurée. Puis-je lui dire que je n'avais pas d'autre ambition ? Mais la vie est ainsi faite que le souci de sa propre dignité fait parfois oublier celle des autres. »

Dans *Le Rapport Gabriel*, Jean d'Ormesson qualifie Robert Hersant de « fanfaron du discrédit ». Selon lui, *Le*

*Figaro* représentait pour le capitaine d'industrie « dont l'ombre menaçante s'étendait sur Paris, sinon le couronnement d'une carrière qu'il comptait poursuivre bien plus loin, du moins une étape décisive vers plus de pouvoir encore et la revanche sur toute une série d'humiliations ». Pourtant, quand paraît le 7 octobre 1978 le numéro un du *Figaro Magazine*, premier supplément magazine français d'actualités générales, dirigé par Louis Pauwels, il est de nouveau présent. Sous forme d'une « Chronique du temps qui passe », qu'il livrera scrupuleusement jusqu'en septembre 1993. Même s'il y possède toujours son casier, il ne passe plus guère au journal, établi au 37, rue du Louvre, avant d'emménager, en 2005, au 14, boulevard Haussmann, dans le 9$^{e}$ arrondissement. Mais dans ses productions, il peut continuer de diffuser ses idées et opinions, martelant sa foi en une droite modérée, davantage qu'en celle qui anime le journal.

Si *Le Figaro* appartient désormais au groupe Dassault, Jean d'Ormesson a profondément été marqué par Robert Hersant. « Il était le contraire d'un modèle. Il était l'inverse de mon père. Il a empoisonné mon existence. Nous nous sommes dit et écrit des choses qui n'étaient pas toujours aimables. Son cynisme m'indignait – et il m'amusait. Et il lui arrivait de m'épater par son courage brutal. Il avait compris que les médias, formidables instruments de pouvoir, étaient aussi capables de desservir que de servir ceux qui en abusaient. » Surtout,

Jean d'Ormesson se félicite, en vingt ans, de n'avoir jamais subi la moindre pression d'Hersant. Il se souvient seulement de deux appels postarticles.

L'un à propos d'une affaire financière où, par de multiples ricochets, le Crédit Lyonnais était concerné. Alors que Jean d'Ormesson lui demande pourquoi il semble si embêté, Hersant réplique : « Parce que le Crédit Lyonnais est la seule banque qui accepte encore de me prêter de l'argent. » Et, devant cette franchise, Jean d'Ormesson de s'esclaffer. La seconde remarque concerne une allusion à François Mitterrand, sa francisque et son serment prêté au maréchal Pétain. « Je ne crois pas, lui annonce Hersant, que vous puissiez descendre, dans un journal comme *Le Figaro*, à des arguments de cet ordre et une polémique aussi basse. » Jean d'Ormesson en reste d'abord coi, tant le propriétaire du quotidien honnit la gauche et son chef. Mais, à ses yeux, cette haine est en réalité une illusion.

Il estime que Robert Hersant et François Mitterrand étaient, au fond, très proches, par leurs passés, leurs ambitions et leurs méthodes. « Ils étaient peut-être des ennemis, mais ils étaient d'abord des frères. [...] Ils étaient, l'un et l'autre, des hommes de pouvoir, de charme, d'immoralité profonde. Ils avaient suivi, l'un et l'autre, un itinéraire sinueux, qui commençait par Vichy. [...] L'un était entré dans l'Histoire ; l'autre s'était contenté de faire fortune. L'argent les entourait et les nourrissait l'un et l'autre, l'un le dénonçant en public et le couvrant en privé, l'autre l'affichant avec provocation. Mitterrand était plus menteur, Hersant plus cynique. Ils se situaient l'un et l'autre à l'extrême opposé d'un général de Gaulle. »

Patrick Éveno ne partage pas ce parallèle esquissé. Selon le maître de conférences, spécialisé dans l'histoire de la presse et des médias au XIXe et au XXe siècle, « comparer François Mitterrand et Robert Hersant est une facilité. Le premier était maréchaliste, comme 90 % des Français à l'époque, l'autre un petit collabo. Évident aussi que, pour réussir dans les affaires comme en politique, de la personnalité et l'art de dissimuler les cartes est utile. Jean d'Ormesson a la plume et l'écriture faciles. Il écrit vite et bien, même si sa pensée n'est pas très élaborée. Ses textes reflètent l'air du temps, avec une petite dose de provocation, dans un milieu bien déterminé. Ce n'est pas Raymond Aron. D'ailleurs, si Aron a fait quelques vagues à l'arrivée d'Hersant, d'Ormesson s'en est arrangé. Disons qu'il n'a pas trop l'échine rigide. Il n'a pas démissionné tout de suite. Ce qui ne l'a pas empêché, très vite, de mesurer qu'il n'avait pas la capacité à diriger un journal. C'était trop ennuyeux pour lui : être directeur de journal, c'est aussi éplucher les comptes, s'occuper de la cantine, régler les rivalités dans la rédaction, etc. »

S'il a publié une foisonnante *Histoire du journal* Le Monde, Patrick Éveno n'en reste pas moins un observateur avisé du *Figaro*. Sur le règne éphémère de Jean d'Ormesson, il souligne qu'il a « incarné une certaine forme du *Figaro*, proche de l'esprit du fondateur (le chansonnier Maurice Alhoy en 1826, avec l'écrivain et homme politique Étienne Arago), qui voulait en faire un quotidien mondain, léger, brillant, pétri de bonnes manières. Comme on dit dans les églises romaines, il a été un pape de transition ! Il n'a pas eu le temps de marquer l'histoire du *Figaro*. Le navire est trop gros, il ne permet pas de virée de bord rapide. Jean d'Ormesson prétend que Robert Hersant s'immisçait peu dans le contenu. Patron d'un journal conservateur de droite, il avait rarement besoin d'intervenir au jour le jour mais des histoires mémorables circulent. Je comprends aussi qu'un vieil aristocrate fortuné et lettré comme d'Ormesson ait été fasciné par le destin d'un homme parti de rien et devenu le premier patron à détenir 30 % de la presse quotidienne nationale ».

Lorsqu'il a dirigé à son tour la rédaction du *Figaro*, de 1988 à 2000, Franz-Olivier Giesbert a reçu des lettres chroniques bucoliques de Jean d'Ormesson, qui commençaient par « Mon cher Giesbert » ou « Mon cher FOG ». Il lui racontait s'être échappé du pays afin de vivre temporairement dans deux îles méditerranéennes. « Je ne l'ai pas connu puisqu'il était parti du quotidien depuis quinze ans mais sa présence flottait toujours. Il n'a laissé que de bons souvenirs. Sa joie de vivre, son ouverture d'esprit, son humeur constamment égale. Fait très appréciable, il se plaçait au-dessus des intrigues. J'ai récupéré le grand divan qui était dans son bureau. À mes visiteurs, je m'empressais de préciser que c'était le divan de Jean d'Ormesson ! J'entretiens avec lui une sorte de camaraderie, de fraternité de journal. » P-DG de l'hebdomadaire *Le Point*, Giesbert a lui aussi horreur du conflit. Mais il sait pertinemment qu'un patron de journal doit sans cesse trancher dans le vif. « Je déteste ça, mais, si on ne dit pas tout le temps oui ou non, la machine s'arrête. Jean d'Ormesson a souvent répété qu'on ne pouvait pas être directeur et écrivain. Est-ce par rapport à moi ? Il n'a pas tort. Au prix d'un énorme effort, je continue d'écrire malgré tout. » FOG le fait en arrachant des heures à la nuit, ce qui se lit sous ses paupières. « Dans les périodes où j'ai besoin de dormir, je suis frustré car je n'écris plus. » Jean d'Ormesson, lui, réclame ses huit heures de sommeil. D'où son inaltérable teint de jeune fille.

Ami fidèle de Jean d'Ormesson, qu'il prend un plaisir infini à côtoyer à l'Académie française, Jean-Marie Rouart constate, lucide, dans son roman *Une jeunesse à l'ombre de la lumière* : « Je n'ai vu que deux hommes malheureux à la suite d'un événement *a priori* heureux. Tous les deux avaient les yeux bleus. Mon père quand il a été à la tête d'une assez grosse somme d'argent, et Jean d'Ormesson quand il a été propulsé à la direction du *Figaro*. » « Il était content et à la fois surpris d'occuper le prestigieux fauteuil du rond-point, insiste André Brincourt, feuilletoniste au *Figaro*, grand prix de l'Académie française pour l'ensemble de son œuvre. Être à ce poste était une espèce de victoire sur lui-même et son passé. Une revanche sur le sort. Un succès moral et physique, compte tenu du long conflit avec Pierre Brisson et Wladimir, outré par l'attitude de son neveu, qui avait filé avec sa cousine germaine. Brisson acceptait que je parle de Louis Aragon, inscrit au parti communiste, pas de Jean d'Ormesson ! Brisson était raide et fermé mais il a été un remarquable directeur, à une époque où, naïvement, nous étions persuadés que, à Paris, les monuments étaient la tour Eiffel, l'Arc de Triomphe et *Le Figaro.* »

André Brincourt est lui aussi convaincu que « sa vocation véritable n'était pas de diriger un journal mais d'écrire des livres. Lorsqu'il s'est emparé du *Figaro*, son œuvre était en gestation : seuls deux ouvrages l'avaient placé en haut de l'échelle, *La Gloire de l'empire* et *Au plaisir de Dieu.* Il a aussi accepté le poste car il ne sait pas dire non. Le premier réflexe de Jean d'Ormesson, lorsqu'on lui propose quelque chose, est systématiquement de dire oui. C'est sa nature profonde. Parfois, il me demandait de refuser à sa place… Et puis ce n'était pas simple de s'imposer au *Figaro.* Mais il est très charmeur et a su se rendre sympathique. D'autre part, lorsque Robert Hersant a fait le ménage, Jean a calmé le jeu. Il a trouvé en Raymond Aron un soutien très fort. Ils ont tous les deux été les mainteneurs de la qualité du journal. Que Jean d'Ormesson ne fasse aucune allusion à son passage par *Le Figaro* dans son dernier livre, assez autobiographique, me paraît révélateur. La littérature le concerne bien davantage. Tant mieux car, dans une vie littéraire qui souffre de dégringolade de ses valeurs, Jean d'Ormesson est l'un des meilleurs écrivains de notre temps. »

La cadence imposée par la direction d'un quotidien a étouffé Jean d'Ormesson. Il a souffert de ne pas pouvoir se consacrer entièrement à la littérature. Il est habité par la désagréable impression de perdre du temps, et ressasse les verdicts aiguisés de Charles Péguy (« Homère est nouveau ce matin et rien n'est peut-être aussi vieux que le journal d'aujourd'hui ») comme ceux d'André Gide (« J'appelle journalisme tout ce qui sera moins intéressant demain qu'aujourd'hui »). « Son passage au *Figaro* n'a pas été un échec, rappelle Jean-Marie Rouart. Il avait des tas d'idées intéressantes, a apporté beaucoup, par exemple en faisant entrer au journal le grand critique dramatique Pierre Marcabru, François Nourissier ou Michel Mohrt. À mon sens, Jean d'Ormesson et *Le Figaro*, c'est un grand rendez-vous manqué. Il lui aurait fallu un Philippe Tesson à ses côtés, même si les deux hommes sont peut-être trop semblables pour pouvoir travailler ensemble. En tout cas, un personnage dans la veine de Tesson, qui aurait su lui faire aimer le journalisme. Je crois que Jean aurait adoré ça. Il venait certes d'un monde différent – l'administration, l'Unesco –, mais il était fait pour le journalisme. Il a d'ailleurs continué, publiant énormément d'articles dans les journaux. Mais la position de directeur était sans doute trop pesante. Il ne connaissait pas bien la règle du jeu. Si on l'avait aidé, il garderait de cette parenthèse un meilleur souvenir. »

Et Philippe Tesson, justement, que pense-t-il du vœu utopique de Jean-Marie Rouart ? L'ancien fondateur, propriétaire et patron du *Quotidien de Paris*, toujours virevoltant et actif à 80 ans (critique dramatique au *Figaro Magazine*, directeur de la revue *L'Avant-Scène Théâtre*), se serait-il vu soutenir son camarade Jean d'Ormesson à la direction du *Figaro* ? « Rouart se trompe un peu mais il a ce type d'innocence. Jean d'Ormesson, je crois, détestait diriger les journaux, tandis que moi j'aimais cela, j'aimais animer, raconte Tesson, lunettes sur le front, entre deux volutes de cigarettes. Et puis au *Figaro*, Jean avait une machine trop lourde, pas adaptée pour lui. Il n'est pas l'homme des grosses machines. Moi j'avais un territoire plus agréable, sur lequel je pouvais exercer mon autorité. Le plaisir, le bonheur, c'est le petit journal, même si cela se révèle parfois frustrant, surtout dans la société d'aujourd'hui qui n'aime que les machines imposantes. »

Aux yeux de Philippe Tesson, qui a entamé sa carrière à *Combat*, dont il a été le rédacteur en chef,

« Jean d'Ormesson est un écrivain. Et un écrivain, qu'il le veuille ou non, s'intéresse d'abord à lui-même. Jean est à la frontière, sur le fil du rasoir, dans un curieux no man's land. Pas assez écrivain pour ne pas s'intéresser aux hommes. Et pas assez journaliste pour s'intéresser vraiment aux hommes. Elle est terrible, cette dualité entre écrivain et journaliste ! Moi, par exemple. Je sais écrire mais je publie peu de livres car le temps présent me passionne, l'action aussi. Or l'écrivain est essentiellement un introspectif. Jean est cela car il plonge en lui-même mais il écrit aussi des articles alors que le journalisme est de l'extériorisation. C'est l'une de ses contradictions, de ses paradoxes et de ses malaises. De toute façon, le journalisme s'est dévoyé en s'élargissant, attirant à lui des gens qui n'en possèdent pas la conception intègre et rigoureuse. Le journalisme s'est dilué et les journaux sont moins bons qu'autrefois dans notre pays. Un journaliste rigoureux, et qui a juré de consacrer sa vie à cette fonction, ne devrait pas écrire de livres. Ou alors il aurait jeté sa peau de journaliste aux orties pour devenir écrivain. »

Poussant l'analyse plus loin, Philippe Tesson pose que « Jean d'Ormesson n'a pas été un grand journaliste ni un grand directeur de journaux, mais un merveilleux écrivain. Et surtout un homme de qualité. Un homme de qualité, c'est tellement rare. Peu importe s'il a réussi telle ou telle chose. Il a assumé sa condition privilégiée d'homme de qualité. Il est l'alchimie superbe, la synthèse entre la culture, la morale, l'élégance, l'esprit de tolérance, la générosité, l'humilité, l'intelligence et l'orgueil maîtrisé. Être en même temps intelligent et orgueilleux, humble et modeste, tout en possédant une belle conscience de ce qu'on est : voilà ce que j'appelle avoir bien géré sa vie. »

Si ces quarante mois à la tête du *Figaro* l'ont profondément marqué, la folle expérience n'a donc jamais sérieusement chatouillé ce qu'il place plus haut que tout : la littérature. Travailler pour un journal, qu'il s'agisse de le diriger ou d'y collaborer sous forme d'articles, de chroniques ou d'éditoriaux, n'aurait décemment pas pu avoir pour lui le sel de l'unique ravissement qui compte à ses yeux bleu acier. « Quitter *Le Figaro* peu après l'arrivée de Robert Hersant a été une chance formidable. Lui confier la direction était une mauvaise idée. Il n'était pas fait pour ça », assène Bernard Pivot. Sa fille Héloïse, interrogée à 6 ans sur le métier de son père, a parfaitement résumé la situation d'un : « Quand papa écrit vite, au stylo Tempo, et qu'il a l'air très concentré, c'est qu'il écrit un article. S'il n'écrit pas, qu'il a l'air de ne penser à rien, et qu'il tient un crayon à papier, c'est qu'il écrit un roman. »

## Petit déjeuner élyséen

Il fut son tout dernier visiteur à l'Élysée, où il aura été reçu une douzaine de fois, pour un petit déjeuner qui fera polémique. Entre François Mitterrand et Jean d'Ormesson, respectivement vice-président et président de l'Association des amis de Berl, l'histoire est dense, intense, parsemée de haine, d'amour et de respect. Dans *L'Abeille et l'architecte*, paru en mai 1978, le candidat malheureux à l'élection présidentielle quatre ans plus tôt, alors Premier secrétaire du parti socialiste, écrit à son propos : « Bon lecteur de Jean d'Ormesson, je ne cacherai pas que je prête davantage attention à ses gammes littéraires qu'à ses exercices politiques, et qu'au bretteur à la fois rageur et lassé – il fait de la politique comme d'autres l'amour : plus de désir que de plaisir – je préfère le vagabond à l'ombrelle trouée, qui promène son vague à l'âme. On aimerait l'aimer, ce cœur unanimiste. Dommage qu'entré en politique, il coule son talent dans le ciment des postulats. Du coup, plus de surprise : il écrit maintenant ce qu'on attend de Michel Droit. Et cependant, j'espère encore... »

Implacable jugement de celui au sujet duquel il lâchera, au détour d'un discours en province : « Quel regret qu'un aussi brillant écrivain soit aussi piètre politique. » Jean d'Ormesson a énormément critiqué François Mitterrand, qui « a mordillé les chevilles du général de Gaulle, rien de plus ». Aux lendemains de son élection comme quatrième président de la Ve République, le 10 mai 1981, il publie un long texte assassin, où il explique, péremptoire, que le tribunal de l'histoire lui demandera des comptes. Un texte dont il regrettera plus tard la violence, voire le ridicule. Mais l'heure n'est pas à l'apaisement. En juillet 1981, dans *Le Figaro Magazine*, il lui adresse une lettre ouverte, où il réclame : « Résistez. Résistez aux séductions moutonnières de la médiocrité, à l'ignominie des retournements intéressés, aux murmures de la lâcheté qui ne recule devant l'effort que pour se trouver tout à coup, mais trop tard, acculée à la tragédie. Résistez. Résistez. Gardez par-dessus tout l'amour de la liberté et votre sens critique. Combattez par l'ironie des indignations trop légitimes. Combattez par l'espérance un pessimisme trop justifié. »

Le 8 mai 1988, François Mitterrand est facilement réélu, avec 54 % des voix. Jusqu'au bout, Jean d'Ormesson aura cru à la victoire de son Premier ministre, Jacques Chirac. Il ira même, la veille du second tour, jusqu'à organiser place de la Concorde, avec l'amiral Philippe de Gaulle, une manifestation pour « La défense de la Ve République ». Chantal Goya, Alain Prost, Paul-Loup Sulitzer, Philippe Bouvard, Jacques Martin et Jacques

Faizant chauffent la scène. Charles Pasqua, rare ministre présent, récolte un franc succès. Dans le public s'agitent des drapeaux bleu blanc rouge et des cris : « Chi-rac », « Chi-rac » ! Galvanisé, Jean d'Ormesson prend le micro des mains du monsieur Loyal de la réunion, le maire RPR de Neuilly, un certain Nicolas Sarkozy, 33 ans. Et il annonce : « Vous êtes maintenant plus de trois cent mille ! » La réalité est un peu moins glorieuse. Dans *Garçon de quoi écrire*, paru en 1989, il en remet une couche. « Franchement, je crois que François Mitterrand – sauf peut-être s'il réussit à faire l'Europe, mais y réussira-t-il ? – sera plus vite oublié qu'il ne le pense. Il n'est pas notre de Gaulle. Il suit l'histoire, quelquefois avec talent. Il ne la fait pas. »

L'Europe, justement, s'avère la scène d'une jolie passe d'armes télévisuelle entre les deux hommes. Le 4 septembre 1992, TF1 diffuse en direct de l'amphithéâtre de la Sorbonne une grande émission, à quelques jours du référendum sur le traité européen de Maastricht, censé tracer la voix vers l'union monétaire. Guillaume Durand est à la présentation. La confrontation attendue avec Philippe Séguin, fermement opposé à cette ratification, est prévue en toute fin. En attendant, après entre autres Serge July et Gérard Carreyrou, au tour de l'éditorialiste du *Figaro Magazine* d'entrer en scène. Il a habilement préparé son coup et entend lui demander si en cas de victoire du oui, une victoire pour Mitterrand, il envisage de démissionner. Sauf qu'il s'embrouille et, à l'antenne, commet un lapsus. « En cas de victoire du non, je veux dire du oui, se reprend-il. Décidément... » Les rires fusent dans l'assistance, où l'on reconnaît Roland Dumas et Pierre Bérégovoy. Opportun, le président de la République saisit la balle au bond. « J'ai parfaitement compris ce que vous vouliez me dire, ne vous excusez pas. En somme, vous me demandez de partir en cas de victoire du oui et du non ! » L'argument fait mouche. Après l'émission, ils se croisent au cocktail. François Mitterrand l'attrape par le bras et annonce, à voix haute, qu'il prendrait plaisir à le revoir.

« Le combat politique, donc d'idées, n'empêche pas les sentiments d'affection. Jean le trouvait charmant et intéressant comme homme », juge Jean-Marie Rouart. Philippe Tesson, lui, s'interroge : « Qui pouvait résister à Mitterrand, qui n'est pas lui-même un être pétri de certitudes absolues ? Jean est un joueur, un jongleur. Il adore la jonglerie, avec les sentiments, les passions, les mots. Mitterrand était le partenaire rêvé. Qui dit partenaire dit adversaire. Il n'empêche que, moralement, l'armature de principe de Jean est plus forte que celle de Mitterrand, qui reste d'abord un homme politique, même s'il a dû regretter de ne pas être un monarque absolu. » « Je peux témoigner que François Mitterrand l'aimait bien, qu'il attachait de l'importance à son regard d'éditorialiste et avait notamment apprécié en particulier l'article paru un an avant sa mort où il rendait hommage à son bilan », explique Georges-Marc Benamou, ancien fondateur du mensuel politico-culturel *Globe*, organe mitterrandien financé par Pierre Bergé, P-DG de Yves Saint-Laurent, qui lui a présenté le futur président de la République, dont il deviendra un intime.

Celui qui fut aussi conseiller pour la culture et l'audiovisuel auprès de Nicolas Sarkozy se souvient de ce jour de 1993, où François Mitterrand s'arrête boulevard Raspail, à la librairie Gallimard, afin de demander une édition originale d'un ouvrage de Jean d'Ormesson. « Il représente une droite libérale éclairée, orléaniste, très respectable. Entre les deux, c'était comme un jeu de chien et de chat. Jean d'Ormesson était flatté d'être choisi comme un opposant par le monarque, d'être désigné comme un adversaire. La connivence n'est pas un crime éditorial. Et puis c'était une connivence de qualité », rappelle Georges-Marc Benamou, qui voit en d'Ormesson « un personnage vivant, intelligent, ouvert au débat, un non-conformiste avec de l'allure, que j'ai souvent croisé au Flore entouré de très jolies jeunes filles ».

En 1997, Georges-Marc Benamou, essayiste et en quelque sorte mémorialiste de François Mitterrand, publie la chronique des ultimes mois de la vie du Président. Son *Dernier Mitterrand* fait scandale, notamment la description de son réveillon, à la résidence de Latche. Il y déguste avec des amis des ortolans alors que ces oiseaux du Sud-Ouest sont censés être une espèce protégée. Jean d'Ormesson provoquera également un énorme émoi en livrant un souvenir qui court le long de quelques pages des 434 que comporte *Le Rapport Gabriel*, mémoires à la sauce d'Ormesson où un écrivain s'adresse à l'ange Gabriel, « une nouvelle fois descendu sur la Terre », alors que Dieu est tenté « d'abandonner les hommes à eux-mêmes ». Dans ce « roman », paru en septembre 1999, il revient sur une conversation tenue quatre ans plus tôt, le 17 mai, jour de la passation de pouvoirs.

Deux jours avant, à la nuit tombée, le président de la République l'appelle chez lui. Jean d'Ormesson croit à une blague. « J'aimerais que vous veniez à l'Élysée pendant que j'y suis encore », lui glisse François Mitterrand, qui l'invite à partager le petit déjeuner, à 9 heures, deux heures seulement avant de passer le relais à Jacques Chirac. Deux heures de tête-à-tête, en totale liberté, entre thé, jus d'orange et œufs brouillés, « à l'époque où tout le monde le lâchait. Il était malade, il était courageux contre le sort adverse, les livres fleurissaient pour dénoncer le vieux lion. À tort ou à raison, il me semblait que le moment était venu de discerner l'homme, comme il m'y invitait, derrière l'homme politique. L'homme politique était un adversaire. L'homme était fascinant. J'avais passé mon temps, et je ne le regrettais pas vraiment, à dénoncer son ambiguïté. Son ambiguïté pouvait apparaître aussi comme une complexité. Est-ce à dire que j'étais devenu socialiste, que je me ralliais à Mitterrand, que je reniais de Gaulle ? Bien sûr que non. Je crois que ce qui amusait Mitterrand au milieu de ses souffrances, c'était de s'entretenir amicalement avec un adversaire », écrira-t-il dans un hommage, paru dans *Le Monde* quatre jours après sa mort.

Peu avant sa disparition, le 8 janvier 1996, vaincu par un cancer de la prostate, il écrivait encore à Jean d'Ormesson, assurant qu'il aurait plaisir à le revoir « si les circonstances le lui permettaient ». Ce ne fut pas possible. Le petit déjeuner du 17 mai constitue donc leur dernière rencontre. L'académicien arrive devant les grilles du palais à 8 h 55 précises. Un membre du cabinet le fait pénétrer dans les appartements privés. Le docteur Jean-Pierre Tarot, son médecin personnel, figure dans la pièce. François Mitterrand est là. « Il a le teint cireux. Il ressemble à sa statue au musée Grévin. » La discussion démarre. Elle porte sur « la maladie des hommes d'État ». Le ton est amical. « Je pense, sans rien lui en dire, à ce parallèle qui m'a hanté entre de Gaulle et lui : le général, légende entrée vivante dans l'histoire de son temps ; Mitterrand, héros de roman pour conversation d'après-dîner. » Le Président pour quelques heures encore parle de sa mère, des Charentes de son enfance, de ses débuts en politique. Ensuite, « nous passons à une sorte de revue en forme de jeu de massacre du personnel politique », raconte Jean d'Ormesson dans *Le Rapport Gabriel.*

François Mitterrand enchaîne en abordant le chapitre de la « mort avec une sorte de curiosité mêlée de courage et de lucidité ». Le docteur Tarot signe une apparition, prévient le Président qu'il devra se changer avant la remise des pouvoirs. Il est 10 h 40. Jean d'Ormesson évoque les romans qui font l'actualité, le questionne sur ses projets avant de soulever l'ambivalence de ses rapports avec René Bousquet, secrétaire général de la police du régime de Vichy. « François Mitterrand m'écoute sans irritation apparente. Et il me regarde. "Vous constatez là, me dit-il, l'influence puissante et nocive du lobby juif." Il y a un grand silence. L'ombre de mon arrière-grand-mère passe sur l'Élysée. » De retour chez lui, Jean d'Ormesson consigne précieusement ces paroles, de peur de les altérer. Il n'en dévoilera pas la teneur avant la parution du *Rapport Gabriel.* D'abord car « personne ne m'aurait cru. On m'aurait accusé de partialité ou d'agressivité. On m'aurait demandé des preuves. Je n'en avais aucune. » Ensuite pour honorer la liberté de ton de François Mitterrand, en totale confiance lors de cette confession.

Il brisera le tabou, persuadé « par des amis de gauche », au fond, que le Président souhaitait que ses paroles soient répétées. Ah, « l'influence puissante et nocive du lobby juif »... Le tollé est colossal. Jean d'Ormesson reçoit l'opprobre général. En vrac : « Jean d'Ormesson donne l'impression, comme disent les enfants, qu'il n'a pu se retenir de faire dans sa culotte » (Françoise Giroud), « Le degré d'humanité de l'académicien est bien moyen. Subirai-je encore longtemps la diffamation et la haine ? Passent encore les attaques dont mon père fut victime dans son honneur, la douleur devient intolérable lorsqu'il est question de sa dignité » (Mazarine Pingeot), « Le seuil de vulgarité et d'ignominie est passé. Monsieur d'Ormesson est un petit homme. Sur le plan de la mesquinerie et de la lâcheté, c'est un géant. Il dit qu'il n'en a pas parlé avant parce qu'on ne l'aurait pas cru. Maintenant que Mitterrand est mort, on va le croire ? Est-ce qu'il a des preuves ? Cela rapportera plus d'argent de parler de François Mitterrand de cette façon-là… » (Roger Hanin, beau-frère de l'ex-Président), « Pour se moquer d'Hersant, il a attendu sa mort, comme il a attendu la mort de Mitterrand. Proust dirait qu'il a su garder de son milieu une certaine grossièreté, et ce tact à l'occasion » (Bernard Frank, son meilleur ennemi). D'autres, au contraire, ne s'avouent guère étonnés, comme Jacques Attali, ancien conseiller de Mitterrand, ou le prix Nobel de la paix Elie Wiesel, pour qui « il n'y a aucune raison de douter de la parole de Jean d'Ormesson, la phrase qu'il rapporte correspond au personnage que nous connaissions. Dès qu'on mentionnait Vichy ou Bousquet, ce n'était plus le même homme. »

La plupart des observateurs de la vie politique connaissaient ce passé trouble de François Mitterrand.

Franz-Olivier Giesbert, par exemple, qui depuis 1977 et un *François Mitterrand ou la tentation de l'histoire* suivi dix ans plus tard d'un portrait de Jacques Chirac, a régulièrement publié des documents politiques. Dans son dernier essai, *La Tragédie du Président, scènes de la vie politique 1986-2006*, il prévient d'emblée : « On ne se méfie jamais assez des journalistes. » FOG place aussi en exergue la sentence de Julien Green : « Ressemblons-leur : c'est le moyen d'avoir la paix. » Voilà sans doute pourquoi la liberté de Jean d'Ormesson ne l'a pas ému. « C'est le travail du journaliste, même s'il est d'abord écrivain. S'il a partagé son dernier petit déjeuner à l'Élysée, j'ai déjeuné avec François Mitterrand la veille. J'ai pourtant eu des fâcheries terribles avec lui, parfois il passait devant moi sans me saluer. Mais, lors des derniers mois de son second mandat, il se sentait lâché par les siens et avait tendance à regarder en face. Et comme en plus il appréciait la bonne littérature et l'esprit de Jean d'Ormesson… »

En 2001, Georges-Marc Benamou publie *Jeune homme, vous ne savez pas de quoi vous parlez*, où flottent également les ombres comme les fantômes de François Mitterrand autour des juifs, de Vichy, de Bousquet et de Papon. « Mais je ne suis pas d'accord avec Jean d'Ormesson sur son interprétation de l'antisémitisme. En revanche, qu'il ait retranscrit leur conversation ne m'a pas choqué. C'est le métier d'écrivain. » Au final, Jean d'Ormesson reconnaît qu'il a fini par éprouver « à l'égard d'un homme que je n'ai cessé de combattre, qui a occupé une place énorme dans ma vie, et qui, lui aussi, n'avait pas manqué de changer ou peut-être, je ne sais pas, comme moi-même, de rester le même, mais plus profondément, quelque chose qui ressemblait, même de loin, à une espèce d'affection ». Celle-ci, finalement, n'est pas illogique : ils partagent le goût du secret, de la littérature et des femmes. Ce n'est sans doute pas anodin, non plus, que le réalisateur de la série *Empreintes* consacrée à Jean d'Ormesson, portrait intime d'une heure diffusé sur La Cinquième en mars 2008, soit Frédéric Mitterrand, le neveu de l'ancien président de la République. Un Frédéric Mitterrand qui, depuis le mois de juin 2008, est directeur de la villa Médicis. Une académie de France à Rome qui devait à l'origine échoir à... Georges-Marc Benamou.

## La bête à dédicaces

Le message vidéo, adressé à ses fans, a été mis en ligne le 14 octobre 2008. « Je voudrais vous dire, s'il vous plaît, ne m'adressez plus de courriers, à quelque adresse dont vous disposez. Je vous préviens avec paix et amour, j'ai trop à faire. Donc, plus de courriers de fan, merci, merci, et plus d'objet à dédicacer. Plus rien. » La supplique, réelle, émane de Ringo Starr, l'ancien batteur des Beatles. Elle n'avait strictement aucune chance d'être prononcée par Jean d'Ormesson. D'abord parce qu'il n'a jamais utilisé Internet de son existence – il est l'un des rares écrivains à bannir l'ordinateur et même la machine à écrire, produisant toutes ses œuvres au crayon noir sur du papier blanc. Ensuite parce que personne ne se souvient l'avoir vu refuser un autographe, une photo ou une dédicace.

Malgré la pile de lettres de fans qu'il reçoit – adressées à l'Académie, au *Figaro* ou à son domicile, puisqu'il figure tout simplement dans l'annuaire – Jean d'Ormesson se fait un devoir de répondre à quasiment toutes. Il réserve une attention délicate pour chacun ou presque. Son public est éclectique. Et parfois déconcertant. « Monsieur, ma fille est très jolie, mais elle a de mauvaises fréquentations. J'aimerais tellement qu'elle sorte avec un homme comme vous. Voulez-vous l'inviter à dîner ? », lui a un jour demandé une sémillante mère de famille, qui avait joint au courrier la photo de sa charmante progéniture. Un rapide détour par Facebook, le site Internet de réseau social, qui rassemble plus de 140 millions de membres, suffit à se convaincre de la variété du profil de ses groupies.

Deux fan-clubs lui sont entièrement dédiés. L'un regroupe plus de 1 600 aficionados. Au hasard des témoignages énamourés déposés sur la toile, beaucoup d'ailleurs par de jeunes femmes, on peut par exemple lire ceci : « Parce que le sourire d'un enfant nous désarme et parce que Jean d'O a celui d'un enfant », « Le Chateaubriand des XXe et XXIe siècles », « Je veux que Jean d'O devienne mon papi ! », « Parce que la douane de mer, parce que San Giorgio di Maggiore, parce que le Juif errant, parce que la isola San Michele… Parce que ce ne sont que de beaux souvenirs », « Quelle classe, quelle élégance, quel style : toutes ces choses en perdition dans notre petit monde de médiocrité », « esprit brillant, éclaboussant de talent tant d'autres, élégant, pétillant, il sait nous faire sentir l'amertume de la vie en la relevant d'humour et de légèreté », « Merci pour vos facéties, votre œil bleu lagon qui pétille à la moindre émotion, votre phrasé inégalable et pour votre plume qui illumine et embellit nos jours et nos nuits », « Ce qu'il y a d'extraordinaire chez Jean d'Ormesson, c'est ce que je qualifierai de "distance amicale" : elle a l'avantage de transfigurer l'ironie en entreprise d'élégance et d'humour. D'où la jubilation que procure la lecture d'*Au plaisir de Dieu*, admirable analyse marxiste portée par l'aristocratie d'un style transcendant ».

Sur Facebook, d'autres lecteurs sous le charme évoquent des anecdotes liées à Jean d'Ormesson. Petit florilège qui traduit la proximité avec ceux qui dévorent autant ses ouvrages qu'ils scrutent sa personnalité : « Vous avez eu la gentillesse de me téléphoner en novembre, j'en ai été toute retournée, enfin presque ! Je vous avais pris pour un "cuisiniste" et ris encore de la gaffe que j'ai failli commettre ce matin-là », « J'ai eu l'immense privilège de vous rencontrer lors de votre passage à La Griffe Noire à Saint-Maur. L'émotion m'a envahie et quelques larmes ont mouillé mes joues. Vous m'avez confié "un secret" qui malheureusement s'est égaré, et je regretterai toujours de ne pas avoir pu prendre le thé en votre compagnie, moi, petite élève de khâgne qui aurait tant à apprendre de vous. Je vous admire, pour votre talent, votre œuvre, votre culture mais surtout pour l'énergie, l'humour, l'éternelle jeunesse et la fraîcheur d'esprit qui vous caractérisent », « Ce matin, en ouvrant ma boîte aux lettres, j'avais une lettre manuscrite de Jean d'Ormesson en réponse à un témoignage de sympathie que je lui avais fait passer... Je vais garder précieusement cette lettre.

Jean est un des derniers écrivains sachant communiquer son amour immodéré de la littérature et de ces hommes et femmes qui ont su nous transmettre ce fil qui nous relie tous et toutes, l'amour de la vérité, l'amour de la justice et l'amour tout court. »

Le second fan-club de Jean d'Ormesson se compose de 445 membres. Une liste de déclarations s'étale, où l'on apprend par exemple qu'une demoiselle vient de « terminer le dernier livre de Monsieur et j'ai toujours envie d'aller voir le concert des Led Zeppelin avec lui, rien qu'avec lui ». Un autre, responsable du Club international des grands voyageurs, dont d'Ormesson fait partie, précise : « Le dernier livre que vous avez bien voulu m'envoyer en décembre, préfacé de Paris, a rejoint mes livres de chevet... que je dispute à mon épouse et à mes enfants, tous atteints d'un mal incurable : la d'Ormessonmania. Maître je vous aime ! » « Jamais je n'oublierai son appel sur mon portable après la lecture de mon recueil que je lui avais adressé à tout hasard. Qui aurait cru qu'un si grand homme, souvent sollicité, prendrait la peine, une douce journée de printemps, de décrocher son téléphone et de me dire tout le bien qu'il avait pensé de mes vers », s'enthousiasme une jeune femme, qui se définit comme une passeuse de mots. Cela vire au plébiscite. La délicate attention qu'il porte à chacun n'est pas feinte. Le contact avec le public l'électrise. Jean d'Ormesson aime ses lecteurs et, à celui ou celle qui prend la plume afin de lui dépeindre son admiration, il répond. Il peut aussi, régulièrement, s'emparer de son téléphone fixe (il n'a pas de portable, ni de fax, ni d'e-mail, ni d'agenda, ni d'ailleurs de montre) pour composer le numéro de l'émissaire.

Discussion cordiale ou audience, tout est possible. Désormais responsable éditorial des sites Internet des chaînes du groupe M6, Catherine Colombat n'a pas oublié. Elle étudiait à la Sorbonne et avait adoré ses romans de jeunesse, particulièrement le tout premier, *L'amour est un plaisir*, découvert à 15 ans. « Un jour, au culot, j'ai appelé *Le Figaro* et j'ai demandé à lui parler, relate-t-elle. J'ai laissé le message à sa secrétaire. Une heure après, elle rappelait pour me fixer un rendez-vous. Il m'a reçu dans son bureau de l'Unesco, où régnait un désordre inimaginable. Ce petit homme – je ne l'imaginais pas aussi petit – était noyé sous les livres. Assis sur une chaise, nous avons parlé littérature pendant une heure. Il m'a fait partager sa passion de Chateaubriand. L'un de ses conseils m'a marquée : “Continuez à lire car le temps pour le faire manque quand on entre dans la vie professionnelle.” Il avait raison. Je l'ai interrogé sur la façon de construire un livre. Il a été accessible, humain, pas du tout hautain. J'avais l'âge de sa fille Héloïse et il s'adressait à moi comme il l'aurait fait à l'une de ses copines de classe. » En raccompagnant Catherine Colombat jusqu'au seuil de la porte, Jean d'Ormesson lui glisse :

« Rappelez-moi si vous avez besoin d'un conseil. » Elle n'a jamais osé le faire.

Mais là où son sens de l'altruisme et du contact s'exprime le mieux, c'est lors de longues séances de dédicaces. On mesure alors que Jean d'Ormesson se transforme, même s'il n'en a pas le look, en rock star. Pas étonnant qu'il ait déjà deux fois été président de la Foire du livre de Brive-la-Gaillarde. Une première fois en 1982, à l'occasion de la renaissance de l'événement. Puis en novembre 2006, trônant pendant trois jours sur un festival qui verra défiler 135 000 visiteurs et 515 écrivains. La foule sentimentale, il a l'habitude de l'embrasser. « Lors d'une signature d'un livre, j'avais demandé à être le plus loin possible de lui. Non pas par hostilité mais parce que je n'étais pas un seigneur comme lui. Pendant qu'il dédicaçait dix livres, j'en signais péniblement un : cela en devenait humiliant », certifie le romancier et journaliste Georges Walter. « Son côté artisan me frappe, poursuit Franz-Olivier Giesbert. Face à son lectorat, il a une espèce d'abnégation que je trouve extraordinaire. Dans un salon, moi, je suis un cauchemar, un affreux. Lorsque j'ai signé cent livres, j'ai l'impression d'avoir rempli mon devoir, d'avoir payé mon dû. Alors je disparais, je bois des coups ou, hypocritement, je peux faire croire que je vais revenir. Jean d'Ormesson est tout l'inverse. »

Cette euphorie générée à chaque apparition, Mohammed Aïssaoui l'a, lui aussi, constatée. Et a notamment observé la capacité de Jean d'Ormesson à charmer instantanément son auditoire. « Lui d'ordinaire si ponctuel a débarqué, à cause de gigantesques bouchons générés par la grève dans les transports en commun, avec une heure de retard à la séance de signatures prévue porte de Versailles, témoigne le journaliste du *Figaro littéraire*. La queue au stand était interminable, la nervosité et l'agacement gagnaient tout le monde. Il est arrivé armé d'un grand sourire, s'est excusé. Et la lumière fut ! Le public, au lieu d'être remonté par cette longue attente, l'a applaudi. Il sait retourner l'assistance en une anecdote. » Témoin privilégié de l'émoi qu'il déclenche, Anne-Marie Charlot, durant dix-huit ans sa secrétaire au *Figaro*. Elle s'est toujours évertuée à l'accompagner au Salon du livre de Paris, vivant cela comme un honneur. L'an dernier encore, elle a recommencé. Pour l'aider, elle a sollicité l'une de ses amies. « Le lendemain, Jean d'Ormesson lui faisait envoyer une gerbe de fleurs à son domicile avec un mot de remerciement. » La veille, le rythme avait été soutenu. Comme chaque fois qu'il papote avec son public. Anne-Marie Charlot rappelle avec une pointe de nostalgie ces grands raouts littéraires à l'Opéra, avec les stands au bout des grands escaliers et la garde républicaine à l'affût. « On avait besoin d'espace, tellement il avait de succès. Je me souviens d'un écrivain parti au bout d'une heure : les gens se précipitaient vers Jean d'Ormesson et poussaient son stand sans s'en rendre compte. On terminait presque sur les murs de la mairie de Paris ! Les grands-mères arrivaient avec leur petite-fille, les jeunes femmes tendaient le livre afin de le faire dédicacer pour leur père. Les gens lui serrent la main, certains l'embrassent. Ils osent avec lui, sachant qu'ils seront bien accueillis. Rien ne le dérange, il prend tout avec le sourire. Il appartient au public, à tous les publics. »

En juin 2008, après trente-trois ans de bons et loyaux services – en 1975, elle avait reçu le même jour deux réponses positives pour un poste de secrétaire de rédaction : à *L'Humanité* et au *Figaro* –, Anne-Marie Charlot a été poussée vers la sortie. Incitée vivement à prendre le plan de départs volontaires, juste avant la fermeture des guichets. Pas très courtois. Le lendemain ou presque, elle rebondissait à Image Sept, influent cabinet de conseil en communication, grâce à sa présidente Anne Méaux, ancienne chargée de presse à l'Élysée de Valéry Giscard d'Estaing. Mais elle garde pour Jean d'Ormesson une profonde admiration. « Il fait partie de la famille. J'ai récemment dit à sa fille : "Votre père est si merveilleux qu'on le suivrait au bout du monde." C'est un cri du cœur, sans flagornerie », avoue-t-elle, des trémolos dans la voix, elle qui reste impressionnée par sa première visite chez l'académicien. « J'étais à son service depuis peu quand il m'a invitée à une remise de médaille à son domicile. Quand j'ai poussé la grille du joli parc de Neuilly, avec ses impatiences blanches merveilleuses, je me demandais d'abord comment ces feuilles poussaient aussi haut. Elles donnaient l'impression de flotter. Il m'avait prévenue que nous serions en petit comité. J'étais persuadée qu'il plaisantait. Mais non. Nous n'étions que dix : ses secrétaires ainsi que François Nourissier et sa femme, Félicien Marceau, Maurice Rheims. »

Le libraire Yves Grannonio n'a pas eu les honneurs du domicile de Jean d'Ormesson. Mais il a reçu sa visite, le 11 octobre 2008. Et quelle visite. Ancien directeur de la publicité dans le groupe Prisma Presse, ce quadragénaire a ouvert son établissement en 2002 à Brie-Comte-Robert, en Seine-et-Marne. La petite librairie du Château doit beaucoup à son entregent, qui lui a déjà permis d'attirer pour une signature Anna Gavalda, Marc Levy ou Claude Michelet. Quelques semaines avant la parution du nouveau roman de Jean d'Ormesson, Yves Grannonio a pris sa plume, sollicitant la présence de l'académicien *via* sa maison d'édition. « J'expliquais ma démarche, je lui disais combien j'aime ses livres et l'entendre. C'était comme une bouteille à la mer. J'espérais sa venue mais, pour être honnête, je n'imaginais pas qu'un homme de son standing se déplacerait jusqu'à ma petite boutique de 80 mètres carrés, hors du circuit traditionnel. » C'est dire sa fierté quand Jean d'Ormesson a accepté de venir à Brie tout un après-midi, pour son unique séance en

Ile-de-France. « Il m'a même suggéré de choisir une date. » Jean d'Ormesson n'a pas fait mieux que les 485 lecteurs qui ont fait la queue sur la place du Marché pour rencontrer Marc Levy. Mais, trois heures durant, il a remporté un triomphe. « D'habitude, chez moi, un auteur signe 30 ouvrages. Jean d'Ormesson en a dédicacé 350, jubile Yves Grannonio. Même le député-maire de la ville, qui n'avait jamais mis les pieds dans la librairie, s'est déplacé. Devant chaque personne qui lui tendait son livre, Jean d'Ormesson se levait, puis saluait lorsque le fan s'en allait. Quelle classe, quelle bonté chez celui qui fait partie de la famille, avec un côté grand-oncle qui sait tout. Il représente une certaine tradition de la France, il a une espèce d'aura qui fait que les gens sont flattés, honorés de le rencontrer. Il parvient à être loin tout en étant proche. »

Lors de la séance, une dame d'un certain âge, qui patiente dans la queue, se sent mal. Ses voisins l'allongent, le temps que les pompiers arrivent. Sur le brancard, la dame tient précieusement contre son cœur l'ouvrage de Jean d'Ormesson. Non dédicacé, évidemment. Yves Grannonio file donc prévenir le romancier, qui fend la foule pour se placer au chevet de la femme aux yeux révulsés. « Il lui a pris la main, lui a parlé de courage, du temps qui passe. C'était touchant. Puis il a pris son livre, lui a signé, avant de le lui remettre. Le public a applaudi. Quelle scène. On se serait cru dans une émission de téléréalité. » En regagnant la librairie, Jean d'Ormesson glisse au libraire : « Vous n'oublierez pas de me donner le numéro de la dame, que je prenne de ses nouvelles. » Il l'a appelée deux jours après. Autre moment d'émotion, quand une femme, les larmes aux yeux, lui présente un second ouvrage à signer, cette fois à l'attention de son frère, Stavros. « Il est grec ? demande Jean d'Ormesson. Si vous le permettez, je le dédicacerai en grec ancien. »

Sa fille Héloïse, devenue éditrice, a de tout temps pu mesurer le pouvoir de séduction qu'il dégage. Elle l'a encore constaté à la Foire du livre de Brive. Devant jouer des coudes pour assister à son discours d'ouverture, elle remarque à ses côtés une nuée de femmes de 45 à 60 ans s'escrimant à se hisser pour apercevoir l'icône. Selon elle, cela tient aussi à son look. « Il considère le vêtement comme une contingence. Il s'est trouvé un uniforme et l'a bien choisi, mais c'est d'un classicisme ! Le pantalon de flanelle grise, la cravate tricot, et la chemise bleue, pour mettre en valeur ses yeux. » Dans le livre d'Olivia Benhamou, *Le Premier Homme de ma vie*, où onze femmes racontent leur père, elle exprime « le sentiment, quand je marche dans la rue avec lui, à Paris, que ce ne serait pas différent si je marchais avec Daniel Auteuil ou David Bowie. Enfant, des gens le reconnaissaient mais pas dans ces proportions. Chaque semaine qui passe, il est encore plus connu. » Pour l'illustrer, Héloïse revient sur la présentation d'un ouvrage à venir devant une vingtaine de commerciaux. « Ils étaient face à lui comme des enfants devant un arbre de Noël. Les gens sont scotchés, complètement séduits. Je le comprends très bien, cela ne m'agace pas du tout car ils ont toutes les raisons de l'être : il raconte une foule d'anecdotes, il a une mémoire délirante donc il peut toujours réciter tel poème, telle histoire, il peut se référer à tel moment dans le passé, à telle date, c'est toujours malicieux, judicieux. Il a maintenant l'aura d'une star, c'est une vedette. D'autant plus qu'il est l'un des rares intellectuels qui passe encore dans les émissions de télé, même très grand public. Il va chez Fogiel, chez Bern, chez Ruquier et, chaque fois, il s'en sort ! Il sait divertir, amuser, faire rire et ce, même si en face de lui il n'y a pas de répondant, ou si le débat est très creux... »

Jean d'Ormesson répète souvent comme une antienne : « Le succès n'est pas une bonne chose en littérature. Si on me donnait le choix entre avoir 200 000 lecteurs aujourd'hui ou 2 000 dans cinquante ans, je n'hésiterais pas, je choisirais la seconde option. » Probablement est-il honnête. Mais on éprouve beaucoup de mal à l'imaginer en écrivain maudit. Tout comme il aime à papillonner parmi son nombreux public. Il goûte d'échanger avec ses lecteurs, se repaît de les entendre le flatter (« j'ai une grande capacité d'admiration. On m'a souvent reproché ma fausse modestie, c'est juste que j'ai du mal à me quitter moi-même », dit-il). Il aurait aussi du mal à se passer de ces conversations impromptues, tant il est à l'aise dans l'exercice. « Jean d'Ormesson incarne pour moi l'esprit de salon, dans le bon sens du terme, soit l'homme courtois et subtil du XVIIIe siècle, expose le journaliste politique et écrivain Éric Zemmour. Quand je le vois, je repense à ce mot de Françoise Giroud. "Quel conteur formidable", lui faisait-on remarquer. Et de répondre : "Normal, il fait cela depuis trois siècles !" Jean d'Ormesson est un aristocrate classique. »

Le terme d'aristocrate classique lui convient parfaitement, selon Gérard Mermet, directeur du cabinet d'études et de conseil Francoscopie, auteur d'une vingtaine d'ouvrages sur la société française et sur la consommation. « Jean d'Ormesson est l'un des derniers survivants d'une période disparue mais dont les Français sont nostalgiques, indique le sociologue. Il est d'abord aristocrate, à la fois par l'hérédité, la particule, l'intelligence. Mais il favorise la passerelle entre l'élite et le peuple en étant justement l'un des rares survivants de l'élite acceptable par le peuple. Quelque part, il serait un Valéry Giscard d'Estaing qui aurait réussi ! Il n'a pas besoin de jouer de l'accordéon pour se faire aimer du peuple. Il est à la fois sympathique et empathique : sympa quand on le rencontre et doté d'une vraie empathie pour les autres. Il parle par citations, ce qui m'amuse et m'étonne. C'est révélateur du personnage. Sa mémoire est hors du commun, il est capable de réciter des centaines de vers. Cette culture le valorise aux yeux des gens et de son propre regard. Il faudrait consulter un psychanalyste sur son art de la citation ! »

Inspiré par le personnage d'Ormesson, Gérard Mermet, qui l'a croisé lors de conférences et a échangé deux lettres avec lui, poursuit son analyse : « Il répète souvent dans ses interviews que, n'ayant pas réussi à être Chateaubriand, il n'est rien du tout. Cela témoigne d'une grande frustration. Il aime qu'on le rassure, sans doute conscient au fond de lui-même que ce besoin de reconnaissance l'a peut-être empêché d'être un plus grand écrivain. René Char, par exemple, n'est jamais apparu dans les médias. Jean d'Ormesson sait formidablement raconter les histoires, et notamment la sienne. En réalité, tous ses ouvrages ne constituent que des épisodes d'une grande autobiographie, un art entamé très tôt. Au fond, il fait du *Voici* intelligent ! Servi par un physique séduisant, il a une énorme facilité d'expression. Son ambiguïté est selon moi la clé de son personnage. Elle lui permet de maintenir les gens à distance par son discours tout en étant populaire voire populiste. Il en jouit, comme un hédoniste. Sa popularité est également liée à son érudition. Aucun journaliste ne parvient à le contrer, pas même Bernard Pivot. Jean d'Ormesson ne donne pas prise à la moindre aspérité sur laquelle on pourrait appuyer pour être désagréable. Est-ce que lui reprocher de sourire tout le temps et de vouloir être aimé est vraiment sérieux ? »

## Le jouisseur jet-set à l'amour triste

C'est une légende urbaine. Elle circule dans le milieu littéraire, aux bruissements si feutrés. Dans le rôle du personnage féminin, une éditrice ou une journaliste, c'est selon. Avenante, en tout cas. Dans le rôle du héros, Jean d'Ormesson, chaque fois. L'histoire raconte que, s'invitant chez elle, il réclame de l'eau. Quelques secondes plus tard, l'hôte revient. Et manque de laisser échapper son verre sur le sol : tranquillement assis, armé de son seul sourire, qu'il a sémillant, Jean d'Ormesson est nu comme un ver, le pantalon replié avec soin sur son coude. « Quand la légende dépasse la réalité, on imprime la légende », avance une réplique culte de *L'Homme qui tua Liberty Valance*, western de John Ford avec James Stewart et John Wayne. Difficile de déterminer avec certitude si l'épisode avec Jean d'Ormesson est véridique. Ceux qui se répandent en sont convaincus et jurent le cœur sur la main que c'est vrai, mais ne tiennent surtout pas à être cités, sous peine d'intenter un procès.

« Il fait partie d'une société aristocratique dont l'un des jeux, dans ces grandes maisons, était de pratiquer l'adultère, l'adultère comme un art. Cette espèce de tromperie faisait partie des mœurs de l'époque, n'était pas répréhensible », souligne toutefois Thierry Ardisson, qui n'a jamais fait mystère de son tropisme pour le sexe.

Jean d'Ormesson, qui prend ses bains de mer dans le plus simple appareil, est un séducteur. Un charmeur. Un jouisseur. Il aime les femmes avec passion. « Comme tous ceux qui ont du succès, il ne crache pas dessus, soutient Pierre Celeyron. Il ne peut pas s'empêcher de faire du charme à tout le monde. Aux vieilles comme aux jeunes, aux belles comme aux moins jolies. Et quand il sent que ça peut accrocher, il continue, pour s'amuser. Avec en plus ses merveilleux yeux bleus qui accrochent. Ses chemises de la même couleur palissent presque ! Ce n'est pas un dandy, il s'habille de façon classique et élégante, avec son costume de flanelle et sa cravate tricot noir. » « Il faut être à la hauteur de sa réputation. La réputation est un très bon moteur », garantissait Jean d'Ormesson dans *Madame Figaro*. Il y a des années, lors d'une réception, le maître de maison lui parle d'une femme merveilleuse en déflorant son prénom. « À la fin de la longue conversation, se souvient Pierre Celeyron, Jean demande où il serait possible de trouver cette personne. "Quelle mémoire, vous avez déjà retenu son nom", lui répond-on. "Il n'est pas tombé dans la braguette d'un sourd !", rétorque Jean en souriant. Quel sens de la formule et des mots. Mais, malgré les apparences, et même si tout le monde se l'arrache, ce n'est pas un mondain. Il n'aime pas sortir pour sortir. Quant à se déguiser... Souvent, il me demandait de m'en occuper. Il y a six ans, lors d'un bal à Venise, j'avais réussi à lui faire porter la tenue du doge, avec le masque et un tuba. Il sortait ainsi de l'eau et c'était divin. »

On prête à Jean d'Ormesson de nombreuses aventures. Complexe à vérifier, il se dit aussi sous le manteau, en vrac, que son bureau au-dessus des jardins du Palais-Royal faisait office de garçonnière, que sa femme Françoise n'est pas la première des sœurs Béghin sur laquelle il a jeté son dévolu, qu'il draguait à l'ancienne, un peu insistant, et emmenait ses conquêtes au Grand Véfour, qu'il lui arrivait de disparaître sous la table au cours d'un dîner pour rejoindre une tentatrice, que les orgies de milliardaires sur un magnifique trois-mâts contées dans *Les Illusions de la mer* (« une dolce-vita-gueule-de-bois aux chairs détrempées par l'ennui et l'argent » selon Philippe Dufay) ne sont pas que pure fiction, que c'est pour une femme qu'il a délaissé les éditions Gallimard pour Robert Laffont, qui le publie encore, ou d'autres choses encore. Comme le fait, dans sa Mercedes décapotable – fondu de voitures de sport, il a eu une Traction, des Peugeot, une Facel Vega, une Jaguar Type E jusqu'à ne plus quitter son coupé depuis plus de trente ans –, que le siège passager était constamment encombré de livres, façon de ne faire grimper personne, hormis une jeune et jolie créature.

« Je sentais contre ma poitrine ses seins mouillés et durs ; l'eau s'infiltrant entre nous, nous séparait en vain. Nous étions soûls de sel, de baisers et de soleil. » Ce n'est pas du Harlequin, mais un extrait de son premier livre, *L'amour est un plaisir*. Le courtisan ne sait pas résister à un numéro de charme. Il décline son savoir-vivre aussi bien pour passer à l'improviste au bureau de son attachée de presse, une gerbe de fleurs à la main, après avoir appris que c'était son anniversaire, qu'en distribuant les politesses et les clins d'œil aux jeunes filles de la maison d'éducation de la Légion d'honneur à Saint-Denis, auxquelles il a rendu visite pour présenter et dédicacer son livre, assistant à une distribution des prix en compagnie du grand Chancelier. « Il était charmant, prévenant, poli, accessible », se souvient Catherine, l'une d'elles. « Oui il aime les femmes, cela se savait au *Figaro*. Mais ce n'est pas le seul, que je sache, défend Franz-Olivier Giesbert. Il a souvent parlé d'elles dans ses livres. Et a toujours joué franc jeu. En plus, il écrit très bien sur les femmes. » Il écrit aussi sur le désir. Mais très rarement sur les choses du sexe. Il n'y croit guère, en littérature, considérant le genre comme « une espèce de fausse tête, une facilité, un appât pour gogos ». Jean d'Ormesson l'annonce dans *Qu'ai-je donc fait* : « Rien ne vieillit plus vite, rien ne tombe aussi aisément dans le ridicule et l'insignifiant que les descriptions qui tournent autour du sexe. »

Les yeux rieurs, le visage avenant, et même s'il n'est pas un Apollon – nez fort, petite taille qui le complexe un peu (lors d'une fête, pour prendre de la hauteur sur une grande et belle femme du monde, il avait dansé avec elle hissé sur les épaules de Pierre Celeyron !) –, son goût de la séduction est quasiment névrotique. C'est plus fort que lui, et à distinguer de l'amour physique. Charmer, troubler, enchanter, capter l'attention, quitte à se faire éconduire, ce dont il ne s'offusque pas, est aussi une façon de se rassurer. De reculer l'échelle du temps, de repousser la mort. La séduction s'apparente à un jeu chez Jean d'Ormesson. Un jeu, dit-il, qu'il a découvert tard. Dans *Garçon de quoi écrire*, il évoque, vers 15 ans, une jeune femme, professeur de mathématiques. « Nous prenions ensemble le tramway Royat-Clermont-Ferrand. Un soir, prétextant une fièvre, elle s'est appuyée à mon bras. C'est tout. Je n'étais pas le héros du *Diable au corps*. J'étais en réalité complètement innocent. » Plus loin : « J'étais un garçon vif, travailleur et absolument inconscient des choses de l'amour et de la chair. Cela ne m'intéressait pas du tout. » Le phénomène devient toutefois concret à Saint-Fargeau, avec un épisode relaté dans *Le Rapport Gabriel* : « Gaston, le chauffeur, reste des temps au volant de sa Hotchkiss, réquisitionnée plus tard, à l'époque de la guerre, et qui avait une fille si jolie et si blonde avec qui j'allais m'ébattre dans le grenier à foin. »

L'élégance à fleur de peau, il s'émancipe. Et sort beaucoup à partir de Normale sup. Jusqu'à son mariage, en 1962, à 37 ans (« des sentiments tendres pour la personne qui a accepté de vivre avec moi, et des sentiments réservés à l'égard de l'institution »), il est une sorte de Don Juan. Son chic séduit. Son vade-mecum amoureux, il l'a livré sans fard dans *Du côté de chez Jean*, sa première autobiographie, décapante, dès 1959. « Pour moi, qui admire si facilement les gens, un homme est perdu lorsqu'il est pédéraste. Les femmes apportent dans ma vie – et je suppose toujours, mais un peu naïvement, dans celle des autres – le ferment sans lequel, littéralement, je ne puis vivre. Dans la vie des grands hommes, que je lis souvent avec passion, le chapitre des femmes me semble toujours le plus fascinant. » N'est-ce pas Chateaubriand, son maître absolu. « Si j'aime les amours à leurs débuts, c'est pour cette même raison qui me fait nourrir un goût secret pour les amours irrégulières et abhorrer la satisfaction des amours faciles et des anciennes amours : je retrouve dans la banalité des premiers battements de cœur ces menaces que le fêtard comme le bourgeois ignorent de leur suffisance. Je déteste ces bonheurs paisibles où s'enlise le sel de la terre ; je déteste ces plaisirs faciles où se révèle la bassesse. J'ai l'amour triste comme d'autres ont le vin gai. Toute la grandeur de l'amour, c'est d'être malheureux. »

Rare profession de foi pour l'académicien, d'ordinaire si pudibond. Toujours dans l'étonnant *Du côté de chez Jean*, il affirme : « Il m'est rarement arrivé de faire l'amour sans rire. » Et d'expliquer, également, sans ambages, que les femmes l'ennuient assez vite. « Je méprise assez ceux qui leur parlent pendant des heures. Même celles que j'aime parviennent aisément à me lasser. Elles ne m'intéressent guère que pour coucher avec elles et pour savoir – en gros – ce qu'elles pensent de leur mari, de leur père, de l'existence de Dieu et des plaisirs interdits. Mais rien ne m'ennuie comme de leur faire la cour. Je n'ai jamais pu dire à une femme qu'elle avait de jolis yeux. Et il y en a peu que je me sois senti capable d'écouter plus de dix minutes. Quelques-uns des plus mauvais souvenirs de ma vie se situent dans ces endroits ignobles qu'on appelle boîtes de nuit et où je m'étais enfermé imprudemment avec une jeune personne que je maudissais au bout d'un quart d'heure. Ce sont les temples de l'ennui, du dégoût et de l'avachissement, à moins qu'on n'y aille pour se saouler, pour oublier, par amitié – mais surtout pas pour s'amuser. Lorsque j'en sortais au petit jour et que je me retrouvais dans la rue à l'heure des ouvriers, des fêtards et des condamnés à mort, je me maudissais d'avoir perdu un soir de plus à écouter des connasses. Et les moins bêtes étaient les pires : parce qu'elles croyaient avoir des choses à dire. » Savoureusement insolent.

L'année suivante, en 1960, Jean d'Ormesson publie *Un amour pour rien*. Ce mélodrame doux-amer retrace les déboires sentimentaux de Philippe, un romantique insouciant qui a l'esprit de conquête, après sa rencontre à Rome avec Béatrice. Le jeune homme, qui « aime beaucoup être aimé », se rend enfin compte qu'il s'est pris de passion pour cette femme dont il s'est joué. Et en devient jaloux, lui qui a d'abord fait souffrir. Ceux qui aiment décrypter son œuvre ont reconnu, sous les traits de la femme à qui est dédié le roman (« À Nine et à quelques autres »), la très belle duchesse de Montesquiou-Fézensac, Nina, dont il a été proche. Elle s'inscrit dans la lignée du comte Robert de Montesquiou, un dandy et poète aux belles moustaches, lui-même descendant de d'Artagnan. Son salon mondain, carrefour de la culture érigé dans son hôtel particulier parisien (puis dans ses pavillons de Neuilly, de Versailles et du Vésinet), était fréquenté aussi bien par Marcel Proust, Gustave Moreau, Sarah Bernhardt, Pierre Louÿs que Paul Valéry.

« On se retrouvait très souvent chez la duchesse de Montesquiou. Jean d'Ormesson nous amusait tous par son esprit et son intelligence », se souvient Maurice Herzog, qui l'a engagé en 1958 au secrétariat d'État à la Jeunesse et aux Sports. « Je garde de beaux souvenirs de cette époque, où nous rendions également visite à Paul-Louis Weiller, à la "Reine Jeanne", dans le Midi », raconte l'alpiniste, vainqueur de l'Annapurna. Soit se retrouver les pieds dans l'eau, à Bormes-les-Mimosas, chez cette étonnante figure, surnommée « le commandant », disparue en 1993, à 100 ans. Fils d'un banquier notoire, aviateur émérite durant la Première Guerre mondiale, ce qui lui vaudra d'être fait officier de la Légion d'honneur, Paul-Louis Weiller devient très jeune patron d'industrie, développant la plus importante entreprise de construction de moteurs d'avion d'Europe. Il sera aussi l'un des tout premiers administrateurs d'Air France, dont il refusera la présidence. Il se lance ensuite dans la finance internationale et, artiste dans l'âme, se change en généreux mécène, de la rénovation du château de Versailles à la création d'une compagnie de ballets.

Sa propriété d'une centaine d'hectares, « La Reine Jeanne », dans le Var, près du fort de Brégançon, verra défiler quarante ans durant une nuée de célébrités, de Greta Garbo à Charlie Chaplin, des souverains de Belgique à ceux d'Espagne, de Richard Nixon à Liz Taylor, de Douglas Fairbanks au maharadjah de Jaipur, jusqu'à Lady Diana et le prince Charles. Pour tous, dont Jean d'Ormesson, des moments impérissables. À leur manière, la duchesse de Montesquiou et Paul-Louis Weiller ont tenu les deux derniers salons parisiens dans la pure tradition. Le lieu idéal, pour un Jean d'Ormesson séduisant en chemise bleue comme ses yeux et chaussures éclatantes, de briller et de charmer. Malgré son aversion pour les boîtes de nuit, il arpente aussi les clubs privés pour s'amuser, notamment le Whisky à gogo, lancé à 23 ans par une jeune disquaire qui allait devenir chanteuse et hériter du surnom de « Reine de la nuit », Régine.

Avant le Régine's, le New Jimmy's, l'artiste à la crinière rousse ouvre cet établissement en 1951, popularisé par Françoise Sagan et son carré VIP. Dans son autobiographie, *Moi, mes histoires*, la noctambule amie du gotha revient sur cette période : « À moi seule je cumulais les emplois de barmaid, d'hôtesse, de dame pipi et de portière au "Whisky à gogo", rue du Beaujolais, derrière le Palais-Royal. J'avais décidé le patron de reprendre ce bar. [...] Je traînais derrière moi la "bande de Match" – un magazine de très haut niveau, réputé pour ses reportages de guerre – qui fréquentait avec assiduité ma cave à l'escalier le plus abrupt de Paris, tout comme d'ailleurs la troupe de la Comédie-Française menée par Jacques Charon et Robert Hirsch qui, s'étant pris d'affection pour moi, m'amenait souvent des personnalités de talent. En peu de temps, ce bar, prétendument sans avenir, tenait ses promesses et ne désemplissait pas. On y croisait Cocteau, Jean Marais, Jean d'Ormesson, quelques Rothschild, quelques princes, Sacha Distel et toutes ses conquêtes... Le patron du Grand Véfour, M. Oliver, m'aidait beaucoup en cela. Il m'amenait tous ses clients internationaux, très riches et très beaux. La beauté tenait déjà une grande place dans ma vie. Au Whisky à gogo on venait voir "la patronne" tourner comme une toupie avec un verre sur la tête, et ramasser un mouchoir par terre avec les dents ! » De Maurice Herzog, elle dit également : « Je n'avais pas 25 ans, il revenait de l'Annapurna, je n'ai pas pu lui résister... »

Jean d'Ormesson, lui, ne résiste pas à la femme de son cousin, une Espagnole plus jeune que lui de quatre ans, mère de deux enfants de 3 et 4 ans. Maria Rosario del Castillo, que tous appelaient « Charet », avait épousé en 1950 Antoine d'Ormesson, futur compositeur, metteur en scène et architecte de golfs. Ils s'étaient rencontrés au Chili. Antoine est le plus jeune des six enfants de Wladimir d'Ormesson, frère cadet d'André. Cet épisode peu glorieux a déclenché la fureur de toute la famille et lui a fermé longtemps les portes du *Figaro*, Pierre Brisson, son patron, étant proche de Wladimir, collaborateur prestigieux du quotidien. Peu après cette rupture, Pierre Celeyron n'hésitera pas à héberger Maria Rosario. « Une femme exquise, digne comme une Espagnole. Elle n'en voulait pas du tout à Jean de l'avoir abandonnée. Mes parents venaient de quitter Paris et je lui ai prêté deux pièces de l'appartement. Elle ne savait pas où aller après ce scandale mondain, ce drame épouvantable. » Antoine d'Ormesson divorcera en 1954, avant de se remarier, trois ans plus tard, avec Ysabelle Jacquin de Margerie. Son histoire d'amour avec Maria Rosario del Castillo, née à Saint-Fargeau, Jean d'Ormesson l'a romancée dans ses ouvrages.

Mais il ne s'en vantait pas, conscient qu'elle avait ébranlé son milieu et son univers. Son père, disparu en 1957, est ainsi parti « désespéré, pensant que j'étais un voyou ». Dans sa dernière production, *Qu'ai-je donc fait*, à très forte teneur autobiographique, il expie enfin ses fautes.

Il ne révèle pas le nom de sa cousine germaine, appelée simplement C. Aborder le sujet s'apparente à une souffrance. « Je le fais à contrecœur et avec difficulté », écrit-il. « C., dont j'ai encore du mal à prononcer ou à écrire le nom qui m'a tant tourmenté depuis plus d'un demi-siècle, était belle, intelligente, un peu sauvage, pleine de passion et de vie. Comment naquit entre nous cette passion cruelle qu'on appelle l'amour ? Je n'en sais plus rien. Une espèce de brouillard se lève dès que je tente de penser à elle. Elle était sombre et gaie. Elle était la séduction même. Je la regardais. Elle m'écoutait. Je faisais ce qu'il fallait pour qu'elle veuille bien m'écouter. […] C. n'était pas la première femme que j'aie aimée. Enfoui sous mes livres, j'avais déjà connu, rue d'Ulm, les bonheurs sans nom et les chagrins de l'amour. Ils m'étaient tombés sur le cœur avec une sorte de stupeur. J'avais compris assez vite que les plaisirs des livres, la curiosité, le spectacle de ce monde auquel j'étais si sensible n'étaient presque rien au regard des tempêtes d'une passion qui, réconciliant cette âme et ce corps dont la liaison l'avait tant intrigué chez Descartes ou chez

Spinoza, emportait tout sur son passage. » Dans le cadre de la promotion de *Qu'ai-je donc fait*, il développera en substance que cette trahison familiale était sa révolte à lui, une réaction à cette enfance bourgeoise hyperchoyée et protégée (« qu'est-ce que vous lui voulez encore ? » tonnait son père quand Jean recevait un coup de téléphone féminin). « N'ayant pas été fasciste, n'ayant pas été trotskiste, je me suis dit qu'il fallait se rebeller d'une façon ou d'une autre et je suis parti avec ma cousine ! C'était pour marquer mon indépendance. On ne peut pas faire l'économie de la révolte... », a-t-il clarifié à Frédéric Beigbeder, qui le questionnait pour le magazine GQ, ajoutant : « J'ai foutu le bordel dans la famille. Tout le monde était en larmes. On a dit aux enfants que j'étais mort. Parce qu'on n'allait pas leur expliquer ça... Et, vingt ans après, je vois des neveux qui me disent : "Oncle Jean, vous vivez !" »

La promotion du livre a essentiellement tourné autour de C. Un numéro bien rodé, un efficace marketing de la rupture, persiflent les mauvaises langues. Dans une interview accordée au gratuit *Métro*, dont il était le rédacteur en chef d'un jour, il a tout de même lâché avoir manqué de poser son crayon au début de la décennie 2000. « J'étais plus vieux que maintenant car je traversais une crise sentimentale et j'ai écrit *C'était bien* en pensant que c'était un testament. » À propos de Maria Rosario del Castillo il n'avait de toute façon, admet-il, aucune intention de faire sa vie avec elle. Il s'est pourtant éclipsé en sa douce compagnie, s'est installé dans un appartement à Paris puis a sillonné l'Europe. Enfin, affolé à l'idée de former un couple, il regagna, penaud, le domicile parental. « Le départ avait quelque chose de triomphant dans la transgression et dans la révolte. Le retour était de la honte sur la honte. » Et C. ? « Je crois qu'elle m'avait aimé. Je crois qu'elle m'a méprisé. » Il ne s'épargne pas quant à son attitude, dans *Qu'ai-je donc fait*. « C. a été une des trois ou quatre femmes que j'ai aimées dans ma vie. Je l'ai mal aimée. Je ne me le pardonne pas. Ce n'est pas très agréable à écrire : avec elle que j'aimais, j'ai été lâche et médiocre. Avant, et même après, j'ai souvent été gai, charmant, audacieux, plutôt distrayant j'espère, très libre. Malgré des défauts que je prenais plaisir à avouer : l'indifférence, le cynisme, une touche de muflerie qui ne fait de mal à personne. Avec elle, j'en ai trop fait, et trop peu. J'ai été consternant. » Encore aujourd'hui, il n'a pas oublié C., ni son pleutre comportement.

Antoine d'Ormesson, lui non plus, n'a évidemment pas oublié. « Je considérais Jean comme mon frère. Il travaillait à l'Unesco, s'ennuyait chez ses parents et a voulu s'installer chez moi, à Ormesson-sur-Marne. Il a trouvé mon domicile agréable et ma femme charmante... Pendant que je travaillais, Jean en a profité pour séduire ma femme. Ce fut un grand drame familial. Son père en est pratiquement mort. J'ai attendu ce moment pour pardonner à Jean, qui a mené sa vie en dehors de la famille, même s'il était présent aux grandes occasions. » Par une sorte d'intuition, Antoine d'Ormesson était convaincu qu'un jour son cousin passerait aux aveux. Au printemps dernier, il en a eu la confirmation lorsque Jean lui a glissé au cours d'une réception : « Antoine, il faut que je te voie, j'ai quelque chose dont je dois te parler. » Il ne l'a jamais appelé. Sur la dédicace de *Qu'ai-je donc fait*, Jean demande pardon à son cousin. « Je suis content qu'il ait écrit ces pages, pour remettre les choses en place. Il était habité par un énorme remords. »

À l'époque, la vie mondaine de Jean d'Ormesson doit beaucoup à Pierre et Hélène Lazareff, qui le reçoivent dans leur maison de campagne de Louveciennes, ville cossue des Yvelines. Le patron de presse (quand *France-Soir* tirait à un million d'exemplaires par jour) et sa femme, créatrice du magazine *Elle*, orchestrent le défilé, le temps d'un week-end, des personnalités qui comptent. Georges Pompidou, alors Premier ministre, s'y rend en 2 CV. Jean d'Ormesson, romancier balbutiant, chroniqueur occasionnel dans les gazettes et secrétaire général adjoint du Conseil international de la philosophie et des sciences humaines à l'Unesco, participe à la fête. Profite de la notoriété des convives, du style normand de la bâtisse, du parc aux arbres centenaires et du plan d'eau où s'ébattent cygnes et canards. « Les nuits chez Castel, l'hiver à Saint-Moritz ou Chamonix, l'été à Saint-Tropez, à Portofino ou à Rhodes, et le printemps à Venise ou en Toscane. La vie est assez belle et la littérature aussi, puisqu'il s'agit toujours de ne jamais les dissocier. La littérature, pour l'heure, est beaucoup plus dans les revues, les polémiques et les cocktails que dans les livres », explore Philippe Dufay dans la biographie qu'il consacra à Jean d'Ormesson.

Pierre Celeyron partage cette promiscuité avec les grands de ce monde. Un personnage lui aussi, diablement raffiné, qui tiendra le rôle du valet Pif en 1984 dans *Un amour de Swann*, de Volker Schlöndorff, avec Jeremy Irons, Ornella Muti et Alain Delon. « Le numéro un des fêtes de New York à l'Arabie saoudite », comme il est parfois qualifié, a partagé de joyeuses aventures avec Jean d'Ormesson, notamment dans les palais vénitiens. L'Italie, territoire propice à la séduction. À la fin des années soixante, la rencontre avec Gianni Agnelli, copropriétaire et dirigeant de Fiat à la suite d'une longue période d'insouciance, le fait encore changer de catégorie. Agnelli est un flambeur, un affable provocateur mais aussi un génie des affaires. Il a beau traiter Jean d'Ormesson d'« intellectuel de nursery », il l'invite, avec sa femme Françoise, à pénétrer le cœur de la jet-set fortunée. « Agnelli et Jean étaient deux élégants charmeurs, brillants et spirituels, qui adoraient bavarder ensemble. De toute façon, avec Jean, on ne s'ennuie jamais », raconte Celeyron.

Les scènes se déroulent le week-end dans la résidence d'été des Agnelli, à Villar Perosa, village proche de Turin où se trouve la demeure familiale du XVIII^e siècle. Ce décor idyllique, là même où son grand-père, officier de cavalerie féru de mécanique, a fondé avec une bande d'amis la Fabbrica Italiana Automobili Torino (Fiat), est peuplé de divines jouvencelles, de comédiens américains, d'aventuriers : Anita Ekberg (la scène du bain dans la fontaine de Trevi dans *La Dolce Vita* de Fellini), Rita Hayworth, Jacqueline Kennedy Onassis, etc. « L'Avvocato » et son épouse Marella, une princesse napolitaine, sont, pour Jean d'Ormesson, des personnages de Fitzgerald. Celui qui veillera tout particulièrement sur le club de football de la Juventus Turin est la figure majeure de l'économie italienne d'après-guerre. « Je mets Agnelli très haut parce que c'est un héros romanesque, donnant l'impression d'être au-dessus des conventions, des préjugés, des scrupules, des embarras ordinaires, un personnage de la Renaissance, dangereux, insaisissable. Il en a les moyens, certes, mais tous les héritiers ne sont pas comme lui. Il a, en plus, cette amoralité naturelle qui le rend très particulier », observe-t-il dans *Garçon de quoi écrire.* Agnelli viendra parfois accoster son yacht en Corse, tout près de son manoir. Jamais avare de rencontres improbables pourvu qu'elles soient douces, Jean d'Ormesson s'était déjà initié au monde hollywoodien, par l'entremise de la fille de Mervyn LeRoy, réalisateur

(*La Mauvaise Graine*, *Ville haute, ville basse*) et producteur (*Le Magicien d'Oz*, *Les Quatre Filles du docteur March*). À Beverly Hills, il s'empaillette ainsi dans des soirées chez Frank Sinatra. « Là, c'était plus chic et tout aussi exotique. Je ne boudais pas mon plaisir », jubile-t-il à François Sureau, lui précisant qu'il connaissait le côté des familles bien, des châteaux de la Loire, des généalogies, des cousins et des neveux, mais pas celui de la fortune cosmopolite et de la facilité. L'éparpillement comme fuite en avant. Jusqu'au succès de *La Gloire de l'empire*.

*Tous les hommes en sont fous*, a-t-il publié en 1986. De lui, ce sont les femmes qui sont folles. Cet ouvrage est le deuxième d'une trilogie triomphale (plus d'un million et demi d'exemplaires vendus), calée entre *Le Vent du soir* et *Le Bonheur à San Miniato*. Une saga historique, épique et cocasse, où les quatre sœurs O'Shaughnessy, Atlanta, Vanessa, Pandora et Jessica, croisent Staline, Joseph Kessel, Eva Braun, Pandora, Rudolf Hess, Churchill, le valet-espion Cicéron, les frères Romero et bien d'autres encore. En 1987, à l'occasion de l'ultime volet de ce roman-feuilleton, feu d'artifice de la séduction, *Le Figaro* s'est amusé à interroger des personnalités féminines afin de connaître leur sentiment sur l'auteur. Kriss Graffiti, productrice-animatrice de *France Inter*, vante son esprit ludique. « Je lui avais demandé de m'offrir en souvenir l'un de ses vêtements. En direct, il m'avait donné une de ses chaussettes. D'autres s'en seraient tirés par une pirouette. Cela en dit long sur son esprit ludique. » La romancière et chroniqueuse Françoise Xenakis s'enflamme : « Oui, absolument, je suis folle de Jean d'Ormesson, parce qu'il fait semblant d'écouter les dames. En plus, il a des yeux. Il agace tellement les autres hommes que je ne peux pas ne pas le défendre. Et puis il rit. Au demeurant, je n'irais pas en vacances avec lui, je le soupçonne d'être invivable. » Claude Sarraute, écrivain et collaboratrice du *Monde*, veuve de son grand ami Jean-François Revel, souligne que « c'est un homme charmant. Il raconte délicieusement les histoires dans les dîners. Comme tous les hommes qui ont réussi en tout, il est bien dans sa peau, ne dira jamais une vacherie, n'est pas agressif. » Cet encadré du *Figaro* parsème une interview-fleuve de Jean d'Ormesson accordée à Bruno de Cessole, où il dit ceci : « Écrire et faire l'amour, c'est penser à la mort tout en n'y pensant pas et en luttant contre elle. » L'entretien est titré avec panache par cette déclaration d'intention : « Écrire, c'est posséder le monde. » Et aussi les femmes.

## D'Ormissemon ou le gros lapin blanc

Le temps est la matière de l'écrivain. C'est le thème principal de l'œuvre de Jean d'Ormesson. Sa longévité force le respect. Mais la postérité, l'a-t-il obtenue ? Oui, puisque, en tant qu'académicien, il est immortel. Bien sûr, pour s'ancrer durablement dans la mémoire collective, les récompenses littéraires ont leur utilité. Jean d'Ormesson a rarement été distingué, compte tenu de la densité de son œuvre : grand prix du roman de l'Académie française en 1971 pour *La Gloire de l'empire*, prix de la Paulée de Meursault pour l'ensemble de son œuvre en 1980 (récompense : cent bouteilles de grands crus), prix Vallombrosa en 1985 pour la traduction italienne du *Vent du soir* (*Il vento della sera*), prix Jean Giono en 1999 pour *Le Rapport Gabriel* , distinction créée en 1990 par la femme et la fille de l'écrivain à l'occasion du vingtième anniversaire de sa mort, prix Combourg en 2001 pour *Voyez comme on danse*, récompense d'un écrivain dont l'œuvre et le style honorent la mémoire de Chateaubriand, grand prix littéraire de la ville d'Antibes Jacques-Audiberti en 2003 pour *C'était bien*. Et puis, pour marquer les esprits, même fugacement, Jean d'Ormesson s'enorgueillit d'autres armes. Par exemple, une participation active à toutes sortes de talk-shows, la compagnie des autres et le mélange des genres ne l'importunant aucunement.

Lors de la promotion de *Qu'ai-je donc fait*, à l'automne dernier, il s'est répandu absolument partout. Un marathon médiatique entamé aux *Grosses Têtes* de Philippe Bouvard, sur RTL, émission longtemps fréquentée avec Jean Dutourd, où il pouvait raconter cette blague aux sociétaires : « Est-ce que vous aimez les enfants ? demande une femme. Et l'homme répond : "Ce que j'aime surtout, c'est de faire semblant d'en faire." » Rires gras dans l'assistance. En octobre, invité d'honneur, il était entouré cette fois de Jean-Jacques Peroni, Éric Laugérias, Jacques Mailhot, Bernard Mabille et Pierre Bellemare. Bouvard l'a affectueusement titillé, le brocardant sur sa lenteur d'écrivain (vingt lignes produites par jour), sur le fait que, reçu par Paul Valéry alors qu'il préparait l'agrégation de philosophie, il ait surtout remarqué que le poète habitait près d'une maison de passe. Il a aussi diffusé l'extrait d'un portrait de Philippe Labro affirmant à son propos : « Jean a un goût de la vie extraordinaire. Quand je le regarde, je vois l'enfant, l'adolescent sur son visage. C'est aussi un coquin. Comme disait mon ami Jean Eskenazi, il fait du chiffre ! »

Philippe Bouvard confirme à l'antenne, soulignant que Jean d'Ormesson emmenait ses conquêtes à Venise.

Sourire poli quoique un peu gêné de l'académicien. Qui, une fois de plus, s'en sort par des pirouettes. Jamais avare d'un plateau, il a également rejoint la table de Laurent Ruquier dans *On n'est pas couché*, entre Patrick Poivre d'Arvor, Mareva Galanter, Bénabar et Mylène Demongeot. Répondu à l'invitation de Bernard Kouchner, auquel Michel Drucker a consacré un *Vivement dimanche*. Sur les fauteuils rouges, il voisine avec Ingrid Betancourt, Johnny Hallyday, Fadela Amara ou les frères Steeve et Christophe Guénot, champions olympiques de lutte gréco-romaine à Pékin. Rien ne l'effraie, pas même parader le vendredi 12 décembre à près de minuit dans *Comme un vendredi*, le magazine de politique et de société présenté par Samuel Étienne, où il a décrypté l'actualité aux côtés de Marielle de Sarnez, vice-présidente du Modem, Raphaël Enthoven, professeur de philosophie, et Nathalie Arthaud, porte-parole de Lutte ouvrière. Ne lui manque plus, pour compléter le tableau, que sa marionnette aux *Guignols de l'info*, sur Canal+ !

Des preuves supplémentaires que Jean d'Ormesson est une icône ? Des établissements scolaires portent son nom. Un grand prix littéraire aussi, dont il est président d'honneur et qui récompense une œuvre susceptible de promouvoir la langue française. Et, dans son quatrième one-woman-show, joué au Palace fin 2008, Valérie Lemercier le fait même intervenir dans un sketch. Dans le panel de génuflecteurs de l'écrivain, on dénombre aussi un footballeur. Une profession qui, manifestement, ne lit pas seulement Paulo Coelho et Marc Levy.

C'est le cas de Sylvain Kastendeuch, ancien défenseur et capitaine du FC Metz, avec lequel il a remporté la Coupe de France en 1988. À 45 ans, après avoir été maire adjoint de Metz en charge de la jeunesse et des sports, il est aujourd'hui coprésident de l'UNFP, le syndicat des joueurs professionnels. Un de ses collègues le taquine affectueusement en l'appelant l'ultragauchiste tendance d'Ormesson ! « J'ai commencé à lire très jeune. C'était une façon de repousser l'extinction des feux. Ma porte d'entrée vers Jean d'Ormesson a été *Histoire du Juif errant*, qui est resté mon livre de chevet, révèle Sylvain Kastendeuch. Ce récit d'aventures sur l'histoire de l'humanité est un plaisir à chaque page. Il allie profondeur et légèreté. C'est l'un des rares ouvrages que j'ai relus, tellement il est riche et bien écrit. En plus, il se passe à Venise, au pied de la Douane de mer. J'adore cette ville, que j'ai sillonnée en long et en large avec mes parents. Après *Histoire du Juif errant*, j'ai évidemment lu ses autres productions. »

Sylvain Kastendeuch n'a jamais croisé d'autres footballeurs lecteurs de Jean d'Ormesson. « Mais la lecture est un jardin secret. Peu lisent intensément mais ils ont de belles lectures. »

Chez Patrick Besson, l'amour est souvent vache. Le grand prix du roman de l'Académie française et prix Renaudot l'avaient déjà qualifié « d'écrivain de droite préféré de la gauche ». En juin 2007, dans une chronique pour *Le Point*, il se plaît à imaginer les titres de la rentrée littéraire 2012. Féroce mais drôle. Entre Bernard Kouchner (*Ce qu'il aurait fallu faire pour sauver le Darfour, la Tchétchénie, le Kosovo et le Timor-Oriental*), Luc Ferry (*Un président pas assez kantien*) et Dominique de Villepin (*La Rémanence du point-virgule dans les apostiches mallarméens*), il s'offre Jean d'Ormesson, de l'Académie française, pour son livre : *Dieu, Einstein, Mozart, Rembrandt, Michel-Ange, Homère, Sarkozy et moi* (Gallimard, 572 pages, 25 euros) !

Par son style immédiatement identifiable qui vire au refrain délicieusement entêtant (« C'est vrai que j'écris toujours la même chose, reconnaît-il. Être un écrivain, c'est écrire toujours la même chose. Je ne voudrais pas me vanter en prenant des exemples trop grands, mais Mauriac ne peut écrire que du Mauriac. Flaubert ne peut écrire que du Flaubert. Et moi, je ne peux écrire que du d'Ormesson. Je préfère me répéter que de me contredire »), Jean d'Ormesson prête le flanc aux pastiches. Prix Goncourt pour *La Bataille*, l'ancien nègre à barbe Patrick Rambaud s'est fait connaître en publiant avec Michel-Antoine Burnier des dizaines d'ouvrages étrillant, en adoptant leur ton, Simone de Beauvoir, Louis Aragon, Lucien Bodard, André Malraux, Françoise Sagan ou Marguerite Duras par deux fois. Jamais, pourtant, l'idée de décortiquer l'univers de Jean d'Ormesson ne lui a traversé l'esprit. « Franchement non. J'ai déjeuné trois ou quatre fois avec lui et on s'est dit des bêtises, raconte Rambaud. C'est un brillant causeur, un homme de salon, très bon à la télévision. En plus, il a voté pour mon livre *La Bataille* dans la quête du grand prix du roman de l'Académie française, qui a été distingué. »

Foin de pastiche de Patrick Rambaud, place à Pascal Fioretto, nègre littéraire et écrivain. Après *Gay Vinci Code* et *Le Pacte secret*, il a récidivé dans la parodie à travers un exercice très drôle, *Et si c'était niais ?*. Le pitch de ce polar comique est simple : au printemps 2007, alors que la rentrée littéraire approche, Christine Anxiot n'a toujours pas remis son manuscrit. Son éditeur est inquiet, d'autant qu'elle semble avoir disparu. Il déclenche une enquête tandis que, dans le même temps, d'autres écrivains sont mystérieusement kidnappés. Le prétexte pour Fioretto d'endosser, à chaque chapitre, le style d'un auteur connu. De Denis-Henry Lévy (*Barbès Vertigo*) à Anna Galvauda (*Quelqu'un m'attend, c'est tout*) en passant par Mélanie Notlong [*Hygiène du tube (et tout le tremblement)*], Bernard Werbeux (*Des fourmis et des anges*) ou Jean-Christophe Rangé (*Les Limbes pourpres du concile des loups*), personne n'échappe à la satire. Y compris Jean d'Ormesson, rebaptisé Jean d'Ormissemon (de la française académie) dans *C'était rudement bath'.*

Dans ce pastiche, il est sans doute le moins égratigné. D'ailleurs, une citation de Jean d'Ormesson, le vrai, figure en exergue du livre. « Nous n'avons plus de héros, nous n'avons plus de maîtres. Nous avons remplacé la surprise par la fatigue et l'admiration par le ricanement », tiré de *C'était bien.* Son personnage est le seul épargné par le tueur de *Et si c'était niais ?.* Pascal Fioretto saisit habilement les tics de langage de l'académicien. Extraits : « J'étais abîmé dans une profonde méditation sur le temps qui passe, l'après-midi devant Derrick, quand on sonna à ma porte. Habité d'un sombre pressentiment, je songeai à Gabrielle de Montalembert, parente éloignée de Maxime de la Rochefoucauld et de la Montespan qui, au moment de se faire trancher la tête sur ordre de Robespierre (dont elle avait refusé les avances), ouvrit son corsage d'un geste sublime. Frappé par la grâce devant tant de palpitante blancheur, son bourreau tomba à genoux et refit allégeance au ciel qu'il avait renié. Hélas ! je n'avais rien de tel à offrir sous ma chemise bleue Côté Sud. Je resserrai ma cravate et me hâtai lentement d'aller ouvrir. En passant, mon regard s'attarda sur un assez heureux portrait du comte de d'Ormissemon, l'arrière-bisaïeul sur lequel je prépare une dramatique pour l'ORTF. » On s'y croirait.

Pascal Fioretto considère que, avec Amélie Nothomb, Jean d'Ormesson s'est avéré le plus complexe du recueil à imiter. « Parce que j'aime son travail et que je devais passer outre cette admiration. Ensuite parce qu'il fallait éviter les clichés habituels sur le d'Ormesson mondain. »

Selon le journaliste de *Fluide Glacial*, il incarne « le dernier des grands salonards. C'est un authentique "honnête homme", qui passe de la futilité absolue à la gravité la plus sombre, qui élève l'art du *name dropping* et de la citation à un niveau jamais atteint. Je dis souvent que la conversation de Jean d'Or, c'est du champagne. Trop de champagne ça ballonne, mais qu'est-ce que c'est agréable. Et puis, évidemment, il ne faut pas être dupe de cette légèreté à tout prix qui cache les éternelles angoisses du temps et de la mort. Il vaut infiniment mieux que son apparence médiatique. J'insiste : il est le dernier d'une tradition d'hommes de salon, brillants, universels, français. C'est le seul à avoir une vraie modestie (quand on fréquente les génies, cela rend humble). Du coup, ça donne aussi un souffle humain, trop humain, à ses écrits. Certains textes sur la vanité des entreprises humaines, sur la nécessité de jouir des belles choses tant qu'elles sont là me touchent vraiment. Il est aussi, à sa manière, un manipulateur, un illusionniste. Mais il fait tout ça avec tellement de talent, de grâce… »

Si à ses yeux Christine Angot et Bernard-Henry Lévy n'ont strictement aucun talent littéraire, Pascal Fioretto ne cache pas sa flamme pour Jean d'Ormesson. « Oui, je l'admire. Son côté "droite éternelle", indulgente et humaniste (alors que je suis de gauche), son côté passéiste (je déteste la modernité vulgaire actuellement au pouvoir), son amour de l'Italie et notamment des Pouilles. Cette tendresse se traduit par ma lecture amusée de ses bouquins – il écrit toujours le même : il prend un(e) candide et il lui raconte tout ce qu'il sait sous forme de fiches et de listes. » Certains pastichés ont peu goûté le procédé. Jean d'Ormesson, lui, a félicité l'auteur. « Il m'a écrit un mot très sympa en me disant qu'il y avait peu d'espoir qu'il arrive à se corriger mais qu'il avait beaucoup ri. » Il ne se vexe pas d'être caricaturé. Et quand Philippe Sollers le qualifie de M. de Norpois, diplomate mondain à la limite du ridicule chez Marcel Proust, l'accusateur s'excuse. « Je m'étais moqué de lui avec méchanceté dans *Le Figaro* en le comparant ainsi bêtement. Je le retire absolument. C'est la seule fois où nous avons été fâchés. Je le regrette car Jean d'Ormesson est un écrivain classique atypique, qui écrit bien le français. Mieux que beaucoup d'autres livres prétentieux et qui se disent d'avant-garde », précise Sollers.

Ce classicisme formel est aussi ce qui a plu à la journaliste Sophie Fontanel. La chroniqueuse de *Elle* était en quête de personnages sexy et drôles pour alimenter sa page hebdomadaire, constituée de dialogues imaginaires entre la célibataire délurée Fonelle et ses copines, avec qui elle correspond par e-mails – courrier électronique préciserait d'Ormesson. Pour l'ancienne animatrice de Canal+, le choix de l'académicien en héros récurrent s'est imposé comme une évidence, surtout depuis qu'elle l'a croisé par hasard dans le bois de Boulogne, découvrant selon elle le plus bel homme du monde. Va donc pour Jeannot Lapin, qui déambule tout nu sous la Coupole ou file sur la Côte d'Azur en décapotable la braguette ouverte. « Ça n'aurait pas pu arriver à Philippe Sollers, pourtant brillant lui aussi. Il fallait un homme sublime. Faire les 400 coups avec un homme de 80 ans, ça, c'est être rebelle ! Fonelle a trouvé son maître. Quoi qu'elle imagine de lubrique, lui, Jeannot d'Ormesson, imagine toujours pire », s'enthousiasme-t-elle. Son personnage et sa bande (Bianca, Domino, Otto, Bertil ainsi qu'une cohorte d'amants torrides ou pitoyables) existent sur papier depuis novembre 1999 sans s'essouffler.

Des dialogues finement ciselés, où Jean d'Ormesson figure à son avantage. Car Sophie Fontanel l'admire. « Il réunit deux choses qui me fascinent : les yeux du bleu des hommes de ma famille et une intonation merveilleuse. Tous les hommes qui ont cela me troublent, Frank Sinatra, Herbert von Karajan, Jules Dassin. » Son œuvre, elle ne l'a découverte que plus tard. « Dans ma famille, comme il était de droite, on le regardait un peu de travers, confie-t-elle. Puis, il y a quatre ans, j'ai comme ça eu l'intuition de confronter Fonelle non plus à des personnages imaginaires, mais à de vraies personnes, des people comme on dit, pour que ce soit encore plus culotté. En France, il me fallait choisir des gens à la fois suffisamment extrêmes pour susciter le rire et suffisamment spirituels pour me laisser faire. Nathalie Rykiel, Inès de la Fressange, Arielle Dombasle, Sharon Stone, tous ces gens font partie de l'univers de Fonelle. Je leur fais faire des choses démentes. »

Sophie Fontanel n'avait encore jamais discuté non plus avec Jean d'Ormesson. Elle aspirait à réparer cet état. « J'ai tenté le coup. Il m'a fait savoir qu'il adorait. J'ai continué. Il a commencé à m'envoyer des petits mots qu'il signe toujours "Jeannot Lapin", le surnom que lui donne Fonelle dans les histoires que j'invente. » Directrice littéraire aux éditions Robert Laffont, Malcy Ozannat a publié chez Nil en 1995 le premier roman de Sophie Fontanel, *Sacré Paul !*. La fille d'Olivier Guichard, ancien chef de cabinet du général de Gaulle et ex-ministre de l'Éducation de Jacques Chaban-Delmas, est très proche de l'académicien. Elle joue les intermédiaires et favorise – enfin – la rencontre avec la maman de Fonelle. L'entente est immédiate. « On s'aime beaucoup et on rigole énormément ensemble, explique Sophie Fontanel. On peut aussi toucher à des sujets nettement plus profonds. Les lectrices adorent ce que je fais faire à Jeannot Lapin. Qu'est-ce qui est plus drôle au monde que les messieurs qui s'encanaillent ? Quant à savoir s'il serait capable, comme dans un Fonelle, de me faire venir nue à l'Académie française, je crois hélas ! que oui... Il serait rouge écarlate, mais si ça peut faire bisquer les vieux croûtons, il le ferait ! »

Se transformer en héros récurrent constitue une aubaine pour Jean d'Ormesson. Une façon, outre caresser son ego, de revigorer et d'élargir son cercle d'initiés. « J'étais habitué à un lectorat plus proche des 75 ans, les jeunes disaient que je plaisais à leur mère puis à leur grand-mère. Depuis que je vieillis, il y a un renversement », constate-t-il avec malice. Le cas est similaire avec le jeune crooner à barrette Julien Doré, vainqueur en 2007 de la cinquième édition de *La Nouvelle Star*, émission de télé-crochet diffusée sur M6. Ancien élève des Beaux-Arts de Nîmes, l'artiste a fondé à 22 ans son premier groupe, Dig Up Elvis. Deux ans plus tard, il lançait The Jean d'Ormesson Disco Suicide, poussant l'adulation ou le vice, c'est selon, à se tatouer le nom de l'académicien au sommet de son bras gauche. « Je suis tout à fait enchanté d'être "immortalisé" de la sorte ! », s'est-il amusé. La chaîne M6 n'a pas raté l'occasion de réunir les deux hommes après le succès de Julien Doré. Jean d'Ormesson semblait ému lui aussi. « Je suis fanatique, il ne regarde pas le monde actuel avec amertume. Je crois que Julien aime mon côté académique et ringard », a-t-il soufflé. Le rocker déjanté de 26 ans est davantage épaté par l'homme que par l'écrivain. « Ce qu'il écrit ne m'intéresse pas mais je suis fasciné par sa verve, son personnage télévisuel. Comme Fabrice Luchini, il a cette faculté de pouvoir parler de tout et d'être juste chaque fois. »

La postérité, Jean d'Ormesson l'atteint également par le biais des imitations de Laurent Gerra. « Cette voix si aiguë, qui ressemblait à celle de Jacques Chaban-Delmas, un peu moins maintenant, m'a fait connaître auprès des jeunes », analyse-t-il. L'humoriste apprécie l'œuvre de l'écrivain et, en s'emparant avec justesse de son organe vocal particulier, l'a fait rejoindre sa galerie d'imitations. Cela donne « Jean d'Ormesson du Figarooooooo », encore présent dans son tout nouveau spectacle, joué à l'Olympia jusqu'en décembre 2008.

Guillaume Durand y recevait l'académicien et Fabrice Luchini, qui lisait du Carla Bruni ! « Laurent est un peu mon frère de cœur », a-t-il souligné dans *Le Journal inattendu* de RTL, dont il était le rédacteur en chef exceptionnel. À l'autre extrémité du combiné, l'ancien pensionnaire de la bande à Laurent Ruquier puis Michel Drucker ne feint pas sa joie. « Je pars toujours en voyage avec un livre de Jean d'Ormesson. Il m'a influencé. Quand je l'imite, le public applaudit. C'est notre écrivain le plus populaire. Son *Histoire de la littérature* devrait circuler dans les écoles. Elle m'a personnellement donné le goût de découvrir de grands auteurs. Dans les salons, je me souviens de dédicaces à ses côtés où des jeunes filles étaient en pleurs. Jean est une rock star, comme les Beatles. »

À la parution en 2007 d'*Odeur du temps*, *Le Figaro Magazine* a sollicité Laurent Gerra afin qu'il chronique ce recueil de textes. L'hommage, vibrant, était intitulé « Cher gros lapin blanc… » Il écrivait notamment : « Il est des rencontres qui vous font trouver la vie beaucoup plus joyeuse, beaucoup plus intéressante, pétillante. Rencontres humaines et rencontres littéraires… Grâce à Jean d'Ormesson, j'ai eu la chance de connaître ces deux-là ! "Nous sommes dans l'inconcevable avec des repères éblouissants", écrivait René Char (cité en exergue à *La Douane de mer*). Il était, en effet, inconcevable qu'un perroquet rencontrât un académicien, et pourtant… Depuis que j'ai découvert les œuvres de Jean d'Ormesson, il fait partie de ces "repères éblouissants" qui guident votre vie. Ce fut tout d'abord en achetant (à bas prix !) chez un bouquiniste *Un amour pour rien*, que je lus d'une seule traite. Je voulais en savoir plus sur cet écrivain génial dont j'imitais la voix, mais dont je connaissais peu l'œuvre. » L'humoriste détaille également leur rencontre, un soir dans sa loge. « Dois-je vous appeler maître ? » s'enquiert Gerra. Et Jean d'Ormesson de répondre au débotté : « Vous avez deux solutions : vous pouvez m'appeler maître. Ou bien mon gros lapin blanc ! »

Pas sûr que Laurent Gerra ait osé. Il a plutôt rosi de bonheur en découvrant l'éloge qu'a dressée de lui Jean d'Ormesson dans *Paris-Match*, l'érigeant en « Daumier de notre temps ». Le prétexte également, pour l'académicien, de célébrer Fonelle, Julien Doré et l'imitateur pour la cure de rafraîchissement populaire offerte. « Je moisissais dans l'anonymat le plus abject quand vous m'avez tiré tous les trois de ce sombre purgatoire. Maintenant, grâce à toi, Laurent, quand je téléphone à un inconnu, j'ai à peine le temps de dire "Allô !" que j'entends un éclat de rire : "Ah ! C'est vous !" Je devrais, bien sûr, répondre : "Non ! Non ! Ce n'est pas moi ! C'est Laurent Gerra qui m'imite !" Mais tu me connais : vaniteux comme un pou, je murmure d'un ton dégagé : “Oui, c'est bien moi”. Mais, en vérité, c'est toi qu'on reconnaît en moi. Je me pare, pauvre geai, de tes mélodieuses plumes de paon. » Ses amis prétendent d'ailleurs qu'écouter Jean d'Ormesson imiter Laurent Gerra qui l'imite constitue un régal. Imparable art de l'autodérision. Ainsi est Jean d'Ormesson, cabotin en diable, se gondolant en racontant le bon mot adressé un jour par un critique : « Quand on se promène à Paris au printemps et que les fenêtres sont ouvertes, on entend des voix ergotantes qui disent : “Julie, des gouttes et un Jean d'Ormesson !” »

## L'argent comme source de liberté

À la question « Quel film feriez-vous si vous disposiez de 100 millions de francs ? », Louis Malle est assurément le seul à avoir pu répondre : « J'ai déjà les 100 millions. » C'était en 1959, lors d'un questionnaire de Proust concocté par *L'Express* auprès de jeunes réalisateurs. L'élégant cinéaste, palme d'or à Cannes et oscar du meilleur documentaire avec *Le Monde du silence* coréalisé avec le commandant Cousteau, venait de signer *Ascenseur pour l'échafaud* (Maurice Ronet, Jeanne Moreau et le jazz improvisé de Miles Davis) puis *Les Amants* et préparait *Zazie dans le métro*. Au cours de sa belle trajectoire, il obtiendra aussi le lion d'or à Venise pour *Atlantic City* et sept césars pour *Au revoir les enfants*. Par sa mère Françoise, Louis Malle appartient aux Béghin, grande famille bourgeoise catholique du nord de la France. Son père, ancien officier de marine, était directeur de l'usine de sucre de Thumeries, petite ville de 3 300 habitants. Pierre Malle était le beau-fils d'Henri Béghin, développeur de la marque sucrière avec son frère Joseph, par ailleurs maire de la ville entre 1919 et 1938.

L'artiste a grandi dans le château Malle, construit pour le mariage de ses parents, Françoise et Pierre. Ils souhaitaient qu'il entre à Polytechnique. Il a refusé ce destin tout tracé. A choisi l'Idhec après avoir découvert la caméra de son père. « Mon milieu d'origine, mon éducation religieuse me dérangeaient, me faisaient honte », avouera-t-il. Jean d'Ormesson, lui, ne s'embarrasse pas de tant de principes. En 1962, il épouse Françoise Béghin. L'une des trois filles, toutes exquises, de Ferdinand, figure tutélaire du clan et fils d'Henri. La fortune de cette famille lui permet d'être dégagé de tout souci financier. Non pas que Jean d'Ormesson, qui a grandi entouré de domestiques en Allemagne, en Roumanie puis au Brésil, se soit révélé en mal de liquidités. Mais le fils d'ambassadeur était devenu une sorte d'aristocrate désargenté, le crève-cœur constitué par la vente du château de Saint-Fargeau, qui appartenait depuis plusieurs générations à la famille de sa mère, en étant l'amère illustration.

Même si, depuis 1992, la société Béghin-Say a été vendue à plusieurs reprises – l'une des neuf usines, implantée à Nantes, est condamnée à la fermeture pour l'été 2009 alors qu'elle produit environ 130 000 tonnes de sucre par an –, la marque de sucre est une incontestable réussite. Elle résulte de la fusion en 1972, cinq ans après en avoir pris le contrôle, de Béghin, avec Say, fondée en 1831 par Louis

Auguste Say, frère de l'économiste Jean-Baptise Say, issu d'une famille travaillant dans le textile. Tout commence en réalité avec Joseph Coget. En 1824, il fonde dans sa ferme une sucrerie, modernisée par une machine à vapeur. En 1839, Antoine Béghin épouse la sœur de Coget, Henriette, avant de prendre sa succession à sa mort. Leur fils, Ferdinand, développe l'entreprise jusqu'à sa disparition, en 1895. Les deux fils de celui-ci, Henri et Joseph, le gestionnaire, lancent trois ans plus tard une raffinerie et une société en nom collectif Ferdinand Béghin, du nom de leur père. Elle s'étoffera avec Corbehem, toujours dans le Nord, première sucrerie européenne en 1919.

Ferdinand Béghin, deuxième du nom, naît le 21 janvier 1902. Éduqué par un précepteur, il est rappelé par son père, Henri, avant la fin de ses études agronomiques afin de l'épauler à la direction de l'usine. À Thumeries, où le nom des Béghin apparaît pratiquement à chaque coin de rue (cité Henri-Béghin, stade et salle de sports Ferdinand-Béghin, l'usine, bien sûr), Magalie Micquet, dans son mémoire de maîtrise d'histoire, rappelle que, malgré son statut de fils du patron, « il ne bénéficie d'aucun passe-droit et travaille à tous les postes comme un ouvrier ». La firme grandit, se déploie. « La petite unité qui travaillait 2 000 tonnes en 1821 passe à 60 000 en 1900 et 150 000 en 1939. » La Seconde Guerre mondiale ralentit la cadence : l'usine est bombardée puis occupée par les troupes allemandes. De retour du conflit, où il a été sous-lieutenant, Ferdinand Béghin entre dans la Résistance. À la Libération, décoré de la Légion d'honneur pour un acte d'héroïsme qui lui vaudra d'être touché aux poumons, il est désormais seul à la tête des sucreries et raffineries.

Son empire s'étend. Au fils des ans, et notamment avec l'absorption du groupe Say, il totalise neuf sucreries, deux distilleries et cinq raffineries. Il fabrique aussi des emballages de sucre et met sur pied une papeterie. Magalie Micquet raconte la suite : « Une compagnie de cartons et de papier voit le jour au Maroc ainsi que la Calaisienne des pâtes à papier et la papeterie de Kaysersberg en Alsace. Des tonnes de papier sortent chaque jour des usines. Or, le meilleur moyen de les écouler est de s'installer dans la presse, grosse consommatrice de papier. C'est chose faite lors de l'association avec la famille Prouvost, propriétaire de deux journaux : *Paris-Midi* et *Paris-Soir* auxquels s'ajoutent en 1930 *L'Intransigeant*, et, en 1950, *Le Figaro*. Viendront ensuite les produits d'hygiène (Vania, Lotus…). Du matin au soir dans son usine, Ferdinand aimait regarder la fabrication de “son sucre”. En cas d'incident, il se rendait sur place et aidait à la tâche. De caractère impatient et exigeant avec ses ouvriers, il demandait le maximum à ses collaborateurs. Sa connaissance parfaite du métier forçait l'admiration et le respect de tous. »

Ferdinand Béghin, qui a fait construire des logements ouvriers, a été premier édile de la ville durant six ans. Il est mort en Suisse en avril 1994, à 92 ans. Il a eu trois filles et aucun de ses gendres n'a repris le flambeau. Jean d'Ormesson, depuis qu'il a épousé Françoise à Neuilly, figure parmi eux. Jamais il n'a été tenté de se lancer dans les affaires. « Je n'ai pas reçu en héritage le culte du profit, mais bien plutôt le sens de l'État. La raison a fait de moi un libéral, mais un libéral modéré, presque modérément libéral, et pas en tout cas un libéral utopique », assure-t-il à François Sureau, dans *Garçon de quoi écrire*. Il admet aussi que, si l'ambition lui était indifférente, ce n'était pas vrai de l'argent. « C'était du solide, on pouvait faire des choses avec l'argent, se dispenser d'avoir un de ces métiers dévorants qui vous ligotent pour la vie, voyager, être libre, et même écrire, si on voulait. L'argent, différent du talent et de l'intelligence, assez proche de la beauté, avait à mes yeux le grand mérite d'être incontestable. Ce n'était pas idiot, mais ce n'était certainement pas très brillant de ma part. » L'argent comme sésame de la liberté. Et de convoquer une fois de plus Chateaubriand à la rescousse : « Oh ! argent, source de liberté, tu arranges mille choses dans notre existence où tout est difficile sans toi. Excepté la gloire, que ne peux-tu pas donner ? Quand on n'a point d'argent, on est dans la dépendance de toutes choses et de tout le monde. » Il aurait pu ajouter Oscar Wilde maintenant : « Quand j'étais plus jeune, je pensais que l'argent était la chose la plus importante au monde, maintenant que je suis vieux, j'en suis convaincu. »

Lorsque la veuve de Nivat, son professeur de seconde à Royat, a exhumé un devoir de Jean d'Ormesson, il portait ce titre : « Lettre à un riche oisif sur le bon usage de l'argent ». Cela ne vire pas à l'obsession mais presque. « Les passions de la vie, des plus hautes aux plus basses, comme l'argent par exemple, font partie de la vie », éclaire-t-il dans un entretien avec le magazine *Lire*. De cela, il ne parlait jamais, plus jeune, avec ses parents. Cela ne se pratiquait pas, dans son milieu. « Il ne fallait surtout pas en parler. Le silence avait la cote. » Son père, chrétien de gauche à défaut d'être socialiste, n'était pas obnubilé par ses finances (« j'ai connu peu de gens pour mépriser l'argent avec autant de conviction »), davantage préoccupé par celles de la France. Il était simple, droit et rigoureux. « Il était trop pur. Il n'était pas romanesque. Il détestait l'aventure. Il était respectueux d'un certain conformisme. Et à l'intérieur du conformisme, il se méfiait même des héros. » Jean d'Ormesson, lui, n'a pas détesté gagner beaucoup d'argent. Il est l'un des écrivains les mieux rémunérés du pays, tant chacun de ses ouvrages est synonyme de ventes éclatantes. Malgré un secteur sinistré, il perçoit les plus gros à-valoir du paysage avec Marc Levy, Michel Houellebecq, Bernard Werber, Guillaume Musso, Jean-Christophe Grangé, Christian Jacq, Fred Vargas, Anna Gavalda et Amélie Nothomb.

Avec ce qu'il a amassé, il s'est offert de jolis plaisirs. En voyages, en chemises (*made in London*), en chaussures (il en possède 80 paires et a été capable d'aller à Rome simplement pour une paire de souliers), en voitures rapides, « un instrument de fuite durant toutes les années où j'ai fui. Le plaisir n'était pas absent, bien sûr, de ces escapades motorisées, presque toujours vers le sud. » Il reconnaît encore, dans *Garçon de quoi écrire*, avoir longtemps eu « un comportement tout à fait primitif devant la richesse : il fallait dépenser dans une sorte de potlatch itinérant, vestimentaire et mécanique. Je conserve de cette période, qui est quand même terminée à présent, une collection de chaussures tout à fait incroyable. » Dès 1959, dans *Du côté de chez Jean*, son second livre, Jean d'Ormesson ne fait pas mystère de son attrait pour la monnaie. Il lui consacre un court chapitre, qui s'ouvre par une citation de Dostoïevski : « L'argent, c'est la liberté monnayée ». « Le seul problème philosophique sérieux, c'est l'argent. Le suicide ne vient qu'après. Il faut bien vivre jusqu'à ce qu'on se tue. Et quitte à vivre, j'aime mieux vivre libre. L'argent, pour tout dire, me semble la seule forme de liberté qui signifie quelque chose », écrit-il. Il affirme encore : « Je l'avoue tout de suite : j'aime l'argent comme un vice. Je ne dissimule pas cette affection derrière une prétendue morale de la propriété et de l'effort : cela me dégoûte. Je dis que j'aime l'argent pour ce qu'il donne et que c'est comme cela et qu'on n'y peut rien. Les belles phrases ne pèsent pas lourd contre de l'argent. »

Jamais à court d'arguments, il explique combien l'argent « force les portes, brise les résistances, fait tomber les villes, les femmes, les barrières sociales ». « Devant l'argent, qui suit dans son mouvement les règles les plus strictes de la science la plus rigoureuse mais la plus simple, la mathématique, s'évanouissent les scrupules, l'idéal et les songeries creuses de l'enfance. "Combien" ? C'est tant de dollars et il ne s'agit plus de rêvasser. » Dans ce domaine, il n'est pas dans la lune. Ce qui ne l'a pas empêché de se faire épingler par *L'Express* en octobre 2003. L'hebdomadaire pointe que l'académicien et son épouse étaient dans le collimateur du fisc, qui s'intéressait à 16 millions d'euros déposés sur deux comptes à Genève. Une enquête signée Jean-Marie Pontaut, responsable de la cellule investigation à *L'Express*.

Cette fois, il s'intéresse au patrimoine de Jean d'Ormesson. Et raconte qu'il est soupçonné d'avoir dissimulé 16 millions d'euros à l'administration française. « Comme dans un mauvais polar, cette somme considérable a été repérée sur des comptes suisses, *via* un paradis fiscal. C'est au détour d'une instruction judiciaire concernant un délit d'initié que les noms de Jean d'Ormesson, 78 ans, et de son épouse sont apparus. La Commission des opérations de Bourse (COB) avait dénoncé, en novembre 2000, des achats suspects d'actions liés à la fusion des banques Dexia France et Dexia Belgique. La juge Évelyne Picard s'est notamment intéressée, par le biais d'une commission rogatoire internationale, à des ordres provenant du gestionnaire des comptes du couple d'Ormesson, au Crédit suisse, à Genève. Une opération bénigne. Mais l'examen de leurs comptes allait réserver de grosses surprises. » Jean-Marie Pontaut affine son propos, expliquant que les actions Dexia avaient été achetées par deux sociétés domiciliées au Liechtenstein. « La justice découvre alors que, derrière ces discrètes fiduciaires, se cachent Jean et Françoise d'Ormesson. L'écrivain est l'ayant droit de l'une des deux, son épouse ayant procuration sur le compte, et *vice versa*. Françoise d'Ormesson, née Béghin, est l'une des héritières de la célèbre dynastie sucrière. Sa mère était suisse et possédait une maison de famille au bord du lac de Morat, où Jean d'Ormesson aime à écrire au calme. Lui-même est issu d'une prestigieuse lignée qui a donné plusieurs ambassadeurs à la France. »

Dans le cadre de cette découverte embarrassante, Jean d'Ormesson et sa femme ont été entendus à la brigade financière, à Paris, en septembre 2003. L'hebdomadaire assure qu'il aurait déclaré ne pas s'intéresser de près à la gestion de son patrimoine. « Son épouse, en revanche, aurait reconnu que cet argent n'a pas été déclaré à l'administration fiscale française. La justice a exempté le couple de tout délit d'initié, mais transmis le dossier au fisc. » « Aucune charge n'a été retenue contre moi dans le délit d'initié. Pour le reste, je démens formellement », confie Jean d'Ormesson à Jean-Marie Pontaut. L'affaire ne fait pas grand bruit. L'académicien doit être trop sympathique pour être un filou... Le site de *Marianne* se moque toutefois gentiment. « Jean d'Ormesson ne se contente pas de publier des livres et de donner des leçons de morale à la Terre entière : il aime aussi le charme secret des comptes en Suisse. Descendant d'une grande famille ayant donné plusieurs ambassadeurs à la France, Jean d'Ormesson est l'époux de Françoise Béghin, héritière de la dynastie sucrière. Le couple aurait-il découvert l'art de se sucrer en Suisse ? » Dans *Qu'ai-je donc fait*, il résume ainsi son rapport au sonnant et trébuchant : « Je n'aime pas l'argent mais je n'ai pas détesté en avoir. Je sais : on peut sourire. Je me moque aussi des honneurs. Et je ne les ai pas refusés. » Jean d'Ormesson manie décidément les paradoxes avec suavité.

## Héloïse a des lettres

Le plus beau présent dont un écrivain puisse se targuer consiste à offrir le livre dont il vient d'accoucher. C'est – partiellement – ce qu'a accompli Jean d'Ormesson dans *Odeur du temps, chroniques du temps qui passe*, confié en 2007 à sa fille Héloïse d'Ormesson, créatrice et patronne des éditions éponymes. Le legs n'est pas une création pure. Il s'agit, vingt-trois ans après *Jean qui grogne et Jean qui rit*, d'une nouvelle sélection, plus onirique que politique, parmi le millier de billets rédigés dans la presse depuis 1969. Dans l'avant-propos de ce recueil, « exercice d'admiration et de fidélité », dont le titre est emprunté à un poème de Guillaume Apollinaire, il lui rend ainsi hommage : « Ce que j'ai fait de mieux dans ma vie, c'est ma fille. Je suis plus fier d'elle que de moi. »

Il a abondamment parlé dans ses ouvrages de ses parents ou de son oncle Wladimir. De sa fille unique, pratiquement jamais. Héloïse, donc. Un prénom rare, germanique, dont la plus célèbre représentante est une savante et religieuse du Moyen Âge ; ses lettres au poète, philosophe et théologien scolastique Pierre Abélard appartiennent à l'histoire. Le tombeau des deux amoureux repose au cimetière du Père-Lachaise. Une allusion, également, au roman épistolaire de Jean-Jacques Rousseau en 1761, *Julie ou la nouvelle Héloïse*. Héloïse d'Ormesson naît le 10 octobre 1962, à Neuilly-sur-Seine. Françoise Béghin est déjà enceinte de quelques semaines lorsqu'elle se marie avec Jean d'Ormesson six mois plus tôt, ce qui n'est pas forcément la règle dans leur milieu. « J'adore ma fille. Mais s'il y avait un incendie, je crois que je penserais d'abord à sauver mon manuscrit. Et immédiatement après, ma fille. Vous voyez, mon métier est certainement ma première prison », confie Jean d'Ormesson en 2001 à l'hebdomadaire *VSD*. Entre Jean et Héloïse, la relation est quasi fusionnelle. Elle a d'ailleurs habité au-dessus de chez lui, dans l'hôtel particulier des d'Ormesson, à Neuilly, jusqu'à 40 ans.

Son nouveau sanctuaire se situe au 87, boulevard Saint-Michel, dans le Quartier latin, à Paris. C'est le siège de sa maison d'édition, fondée en octobre 2004 avec son compagnon, Gilles Cohen-Solal, 50 ans, ancien représentant chez Robert Laffont, aussi impétueux qu'elle est posée. Tatiana de Rosnay, une autre « fille de » (Joël de Rosnay, docteur ès sciences et pionnier du surf), auteur chez Héloïse d'Ormesson du succès *Elle s'appelait Sarah*, réédité en poche, traduit dans vingt pays et en cours d'adaptation pour le cinéma, les appelle affectueusement les « Richard Burton et Elizabeth Taylor du livre ! » À elle l'éditorial, à lui le reste. H20, son surnom et acronyme, publie de la littérature générale (romans, récits, essais, traductions). Une vingtaine d'ouvrages maximum par an, de Pierre Pelot à Lucía Etxebarria, de Ceridwen Dovey à Gérald Tenenbaum, des Mémoires de Benazir Bhutto à Wangari Muta Maathei, prix Nobel pour « sa contribution en faveur du développement durable, de la démocratie et de la paix ». Un catalogue hétéroclite qui, dit-elle, correspond « à nos goûts, à nos engagements, à nos exigences ».

Plus jeune, elle s'imaginait patineuse ou infirmière. Mais grandir entourée de bibliothèques accélère les vocations. Sur le site de sa maison d'édition, elle explique s'être lancée dans cette folle aventure « par envie de publier les livres auxquels je crois, en leur donnant les moyens de toucher leur lectorat ». Héloïse va même jusqu'à prêter à ses auteurs un appartement sur le seuil de ses bureaux, en cas de besoin ou d'inspiration. L'édition, elle en pratique l'exercice depuis plus de vingt ans. Hypokhâgne, khâgne, études de littérature comparée à Nanterre puis à la prestigieuse université américaine Yale, dans le Connecticut. Une première expérience aux États-Unis comme secrétaire éditoriale chez Viking Penguin puis elle devient l'assistante de Jeannette Seaver, une éditrice franco-américaine spécialisée dans la traduction de livres européens. L'endroit idoine pour s'initier aux métiers du livre, de la relecture à la promotion en passant par la gestion. En 1988, à son retour en France, elle se met au service de la collection Bouquins, mène le secteur littérature étrangère chez Flammarion avant, sur la suggestion d'Antoine Gallimard, de passer chez Denoël. En 2004, elle tente le pari de la création, à travers les éditions Héloïse d'Ormesson, hésitant pourtant à leur attribuer son propre patronyme. Alain Carrière, mari de l'éditrice Anne Carrière, elle-même fille de Robert Laffont, la convainc que ne pas se servir de cette identité serait pure bêtise. Un nom est aussi une marque.

Le premier ouvrage publié, *Méchamment dimanche* de Pierre Pelot, paraît en mars 2005. Dans la foulée, Héloïse accorde un entretien au magazine *Elle*. La journaliste venue l'interviewer, clin d'œil du destin, est Tatiana de Rosnay, qui n'a pas encore publié chez elle. « J'assume mon Œdipe : je ne suis pas éditeur par hasard, reconnaît-elle. J'aime mon père qui est un auteur, donc j'aime par essence et génétiquement l'auteur. Et j'ai envie de faire son bien. La richesse d'une maison d'édition, c'est l'auteur. Je ne peux pas concevoir que l'intérêt d'une maison d'édition aille contre l'auteur. Le rapport si particulier entre l'auteur et l'éditeur, c'est une part d'affection, une part d'estime, une part d'échange. [...] Avec mes parents, on se voit les dimanches soirs, chez eux, à Neuilly. Je suis fille unique et proche d'eux, j'ai eu une enfance bénie, privilégiée, avec de l'amour et de l'intelligence en plus. Petite, je faisais des escapades secrètes dans le bureau de papa afin de parcourir les livres qui n'étaient pas de mon âge : Marx, Gautier, Marcuse. Ces heures à lire à la sauvette des livres empruntés au hasard des rayonnages sont les souvenirs les plus riches de mon enfance. Pour reprendre le mot fétiche de mon père, une enfance pareille c'est "épatant". Extraordinaire générosité de ma mère, esprit spirituel et ludique de mon père. Ma mère, c'est "Tout est important" et mon père "Rien n'est grave". Je ressemble physiquement à ma mère et intellectuellement à mon père. Ma mère s'occupe de tout, mon père de ses livres, et moi je fais presque la même chose (avec les livres des autres). »

Fascinée par son métier, elle admet : « Découvrir un livre merveilleux, c'est un plaisir extraordinaire, c'est comme la naissance d'un enfant. C'est un moment fort, rare, celui où vous tombez sur un texte si puissant, si beau, que vous en oubliez tout. J'aime cet instant où un livre vous envoûte, comme lorsque j'ai lu *Possession* de A. S. Byatt (que j'ai publié en 1993 chez Flammarion et qui est devenu un film avec Gwyneth Paltrow en 2003). Mes parents sont très excités par mon projet – j'espère admiratifs –, et quand même assez impliqués. Mon nom, c'est à la fois génial et casse-gueule pour un éditeur. On va être exigeant avec moi. Je ne suis pas une débutante. Le nom de mon père, c'est comme un label de qualité et je me dois de respecter cette qualité. »

Héloïse a patienté trois ans avant d'éditer son père. Sa mère l'a encouragée à le faire, lui arguant avec affection : « Tu sais que ton père envisagerait de te donner un livre ». Elle a bien fait : avec 100 000 exemplaires, *Odeur du temps* constitue la meilleure vente de la maison. « Lui comme moi étions très circonspects, très méfiants à cette idée. Nous sommes tellement proches que nous savions que nous avions plus à perdre qu'à gagner. Nous étions conscients des risques de litige et cela nous a longtemps retenus. Finalement, j'ai choisi de publier un recueil de chroniques qui n'étaient pas inédites. Cela nous a évité les échanges traditionnels que peuvent avoir un éditeur et son auteur, les discussions sur le texte. C'était une façon d'y aller doucement. Cette expérience a été un délice et un rêve pour nous deux. Lui avait le sentiment – et c'était d'ailleurs une réalité – de me faire un cadeau. Mais on verra pour la suite... » Se sentant pousser des ailes, elle a donné pour slogan à sa création « la petite maison qui a tout d'une grande ». Les éditions Héloïse d'Ormesson, dont les actionnaires sont ses parents, trois amis d'enfance, Gilles Cohen-Solal et elle, se composent de sept salariés.

Le plus énergique est son compagnon, qu'elle a connu chez Robert Laffont, où ils ont collaboré pour la première fois. « Nous avons suivi notre chemin puis nous nous sommes retrouvés, en se disant que, puisqu'on vit ensemble, autant travailler ensemble. Éditeur n'est pas un métier mais un mode de vie, raconte Gilles Cohen-Solal dans une vidéo réalisée par la FNAC. Au final, on s'engueule 12 heures sur 24 mais on essaie de faire différent, de survivre dans cette jungle. Héloïse est une éditrice exceptionnelle, qui confine parfois au génie. » Mazette. Dans *Le Premier Homme de ma vie* d'Olivia Benhamou, le « génie » évoque longuement son géniteur, « qui ne demande pas de service aux autres et n'a pas tellement envie qu'on lui en demande », armée de la conscience qu'il n'est pas classique. « Il ne se pose pas en modèle mais plutôt en copain, en complice. Quand j'étais petite, il était disponible quand il était là, mais il était très souvent parti. Et lorsqu'il était à la maison, la plupart du temps, il s'enfermait dans son bureau pour écrire. J'étais la seule personne autorisée à y pénétrer et à pouvoir le regarder écrire. [...] Tous les week-ends, c'était le même rythme : il se levait, il écrivait, il s'interrompait pour les repas, il écrivait, éventuellement le soir, il regardait un peu la télé, et puis, soit il se couchait, soit il continuait à écrire. »

Absorbé par son travail, Jean d'Ormesson se détache des contingences, perpétuellement plongé dans la réflexion. « J'aurais pu être habillée en tee-shirt ou en minijupe par – 30 °C, il ne s'en serait même pas rendu compte. Il ne m'a d'ailleurs jamais fait la moindre réflexion sur mes tenues. » Évidemment, il ne la réprimande jamais, ou alors très rarement. Selon Héloïse, il est incapable d'autorité. « C'est pour ça que la direction du *Figaro* a été un cauchemar pour lui : il ne sait pas diriger des hommes, une équipe, une entreprise. Pour lui, c'était une horreur complète, ça ne lui correspondait pas. Comme il ne supporte ni qu'on lui impose des choses, ni d'être redevable lui-même, il ne peut pas le faire subir aux autres. Si j'ai une certaine forme de force ou d'équilibre, c'est à ma mère que je le dois. Je pense que c'est génial de l'avoir comme père mais heureusement que j'avais ma mère pour faire le contrepoids dans la réalité, le quotidien. Parce qu'un père écrivain est écrivain avant d'être père. En plus, il n'est pas très famille. Mais je ne lui en ai jamais voulu parce que maman palliait ses absences. Ma mère s'est énormément occupée de moi, c'est elle qui m'a élevée. C'est elle qui fixait les limites, et qui a pris les décisions me concernant, jusqu'au jour où j'ai pu les prendre moi-même. Mon père m'a transmis son univers culturel et intellectuel, c'est tout. Il s'intéressait de très loin à ma scolarité, si elle avait été déplorable, il l'aurait su, mais la seule chose qui l'intéressait, c'était de discuter d'un cours d'histoire ou de philo… quand le sujet l'intéressait. Il était un maître spirituel. »

Au cours de cette conversation, Héloïse d'Ormesson concède être encore béate devant son père, même s'il y a chez lui « des choses que je réprouve, ce n'est pas un homme sans défaut. En plus, par mon tempérament et ma manière d'être, je lui ressemble beaucoup. » Ce sont tous deux, elle l'admet, « des solitaires sociaux », dans le sens où « nous nous réjouissons de tout, nous prenons les choses plutôt du bon côté, nous sommes très positifs, nous nous intéressons à la vie, aux autres… mais fondamentalement en fait, nous ne nous intéressons à rien. En réalité, nous ne nous intéressons qu'à nous. Pas égoïstement, mais effectivement. » Une confession dans laquelle elle revient sur le rôle discret mais moteur de sa mère. « Elle a tout géré pour lui : il n'a jamais acheté une ampoule. Sa vie à lui, ce sont ses livres et sa pensée. Elle l'a pleinement accepté. »

Pierre Celeyron a connu Françoise alors qu'elle avait 16 ans. Il confirme combien, tout en s'effaçant derrière son mari, elle l'a pleinement secondé. « C'est une épouse merveilleuse, qui a toujours suivi Jean silencieusement, exulte l'organisateur des fêtes les plus chics. Elle a la réputation à Paris d'être une extraordinaire maîtresse de maison. Jean n'est pas gourmand mais gourmet. Françoise a toujours bien reçu, préparant les repas même lorsqu'elle n'y participait pas. Elle est très discrète mais mérite un peu de lumière. Elle s'occupe de tout dans la maison. Au niveau matériel, Jean, c'est zéro ! » Héloïse est consciente de la complémentarité de ce tandem. « Ma mère est d'une très grande bonté, elle s'est complètement dévouée à lui, sans jamais donner son point de vue. Aujourd'hui, elle intervient plus, d'ailleurs il l'interroge sur ses interventions télévisées, ils échangent mais jusque-là, elle n'intervenait pas, ce n'était pas sa sphère. Elle s'est assigné comme rôle d'être toujours là, toujours disponible pour lui et de lui simplifier l'existence. Mais elle n'osait même pas parler à son propre père, elle a été conditionnée à ce genre d'attitude. Elle ne se plaignait donc pas de ne pas voir beaucoup mon père. Pour lui, seule la semaine des vacances de février était sacrée : nous avions pour habitude de skier en famille. Ils formaient un couple assez à part, ma mère est vraiment très femme d'écrivain, elle s'est effacée, elle s'est sacrifiée. Moi je n'aurais pas pu. »

Fière que son père lui ait inculqué une philosophie de vie propice au bonheur immédiat, Héloïse d'Ormesson s'attarde également sur les hommes de sa vie. Intellectuellement vifs, comme son papa, mais différents sur le plan culturel. « Le mystère complet, c'est que toutes mes histoires d'amour significatives ont eu lieu avec des hommes juifs. J'ignore pour quelle raison. Certes, j'ai été élevée dans un environnement très philosémite. C'est d'ailleurs une tradition chez les d'Ormesson. Mon grand-père et mon père ont toujours été intéressés par des philosophes, des écrivains, des musiciens juifs, pas parce qu'ils étaient juifs, mais disons que cela n'était pas un frein. Mon grand-père était en poste à Munich de 1932 à 1938, il a tout de suite compris qu'Hitler était le diable : il l'a contesté en faisant des notes très virulentes au quai d'Orsay, en invitant à la plus grande méfiance, il a vu des amis juifs allemands autour de lui de plus en plus inquiétés et les a aidés à s'installer en France. »

Parmi ses idylles, Héloïse d'Ormesson a longtemps vécu avec Manuel Carcassonne, de deux ans et demi son cadet, directeur littéraire chez Grasset. Ils ne se sont pas mariés mais ont eu une petite fille, Marie-Sarah, née le 19 mai 1994, naturellement à Neuilly. « L'autorité, il (mon père) ne l'a pas plus avec elle qu'il ne l'avait avec moi. Il y avait aussi la question de la responsabilité, de l'attachement, il n'était pas particulièrement pour le mariage, il n'avait pas particulièrement envie d'avoir des enfants, raconte-t-elle à Olivia Benhamou. Donc, s'en occuper, c'était quand même compliqué. Avec sa petite-fille, il n'a pas cette dimension qui pèse sur les parents. Avec elle, il n'a aucune contrainte. Ce n'est pas parce qu'il s'en sera occupé un après-midi qu'elle risque de déménager et de venir habiter chez lui. Avec elle, son indépendance ne craint rien. » Jean d'Ormesson confirme dans une interview au magazine *Elle*. « Ce qu'elle adore faire avec moi, ce n'est pas d'aller acheter des "fringues", des livres ou des pâtisseries. Non, son truc, c'est de me voir passer à la télé. Si je ne la vois pas pendant huit jours, elle me manque. Je crois que je suis meilleur grand-père que père. J'ai toujours beaucoup tenu à mon indépendance. Il ne faut pas trop m'en demander. À part écrire, je ne sais rien faire. Je n'aime pas trop qu'on s'occupe de moi. Je trouve ma femme, Françoise, épatante mais je ne suis pas fan du mariage. Je n'aime pas les contrats. Alors, un enfant, c'était un lien de plus, une responsabilité de plus. Mais, attention, je suis très fier de ma fille ! J'ai essayé de lui transmettre le goût d'apprendre, le respect des autres. Et l'idée qu'il fallait essayer de faire quelque chose de sa vie. »

Blonde pimpante de 14 ans, Marie-Sarah est une petite-fille chouchoutée. Un jour que Jean d'Ormesson essaie de résoudre avec elle un problème de mathématiques, il l'interroge ainsi : « J'ai une pomme, je la coupe en deux. Je t'en donne une partie. Qu'est-ce que tu as ? » Et l'enfant de répondre « beaucoup de chance », lui qui attendait « la moitié ! » « Il m'a demandé comment je le trouvais dans ce rôle de grand-père, évoque Pierre Celeyron. "L'un des meilleurs de ta vie, avais-je répliqué, car avec Marie-Sarah tu ne joues absolument pas." Il avait paru surpris. Il n'est pas poseur mais aime bien jouer de son charme et du reste. » « Elle s'entend très bien avec son grand-père, dont elle ne se rend pas forcément compte de la notoriété. Il ne réalise pas avec elle des choses extravagantes, mais il a tissé un véritable rapport avec elle, même si j'aimerais qu'il s'intéresse un peu plus à ses devoirs et à ses notes ! En tout cas, ils s'aiment, savoure Manuel Carcassonne. Leur complicité est évidente. J'en suis d'autant plus heureux que ma fille n'a jamais connu mon père. » Lorsqu'il a rencontré Héloïse d'Ormesson, par le biais de l'une de ses condisciples à l'université Yale, Malgorzata Smorag, une Polonaise devenue normalienne, son père était souffrant. Manuel Carcassonne a 21 ans. Il achève une maîtrise de lettres, pige pour la radio et produit des chroniques pour l'hebdomadaire *Le Point*. Quelques dîners à Neuilly donnent le ton. Puis il la retrouve par hasard au ski, à Courchevel, station fétiche des d'Ormesson ; ils ont leurs habitudes à l'hôtel des Neiges, un quatre étoiles avec 40 chambres et 8 suites de luxe. Les sorties en ski, Manuel Carcassonne les multipliera avec Jean d'Ormesson. « Il est infatigable. Il faisait du hors-piste, refusait de s'arrêter à midi pour déjeuner et, à la nuit tombante, il fallait le forcer à rentrer : il voulait toujours effectuer une dernière descente. » Mais l'heure n'est pas encore aux vacances en tribu. Manuel Carcassonne traverse des heures difficiles. Son père meurt d'un cancer. « Ma famille dépendait beaucoup de lui, à tous les sens du terme. Ce fut un choc. »

Par extension, il trouve chez les d'Ormesson une seconde famille. Il y est immédiatement adopté tandis que son aventure avec Héloïse s'épanouit. Manuel Carcassonne habite un petit appartement dans le 7e arrondissement. Mais passe l'essentiel de son temps entre le Trocadéro chez sa maman et le premier étage de l'hôtel des d'Ormesson, à Neuilly. « J'avais une vie un peu difficile et ils ont été très accueillants. » Un peu trop, parfois. « J'étais, c'est vrai, comme un coq en pâte, un peu absurdement installé dans un rôle que je ne souhaitais pas. À la réflexion, j'aurais préféré un petit appartement dans le 18e arrondissement. Là, tout se mélangeait. Je prenais mon bain, Jean rentrait, s'asseyait sur le rebord de la baignoire, discutait, puis repartait. » Manuel Carcassonne découvre « une grande famille catholique chrétienne, traditionnelle, comme on en voyait dans les films. Un terreau très français, une aristocratie d'esprit, où l'on était soucieux du rayonnement extérieur du pays. » Cette incursion chez les d'Ormesson se traduit également par quelques noëls à Thumeries, le fief des Béghin.

Au château de Bellincamps, qui était un fief vicomtier très ancien, Manuel Carcassonne est impressionné par la stature de ce grand homme, très sec, l'allure austère, extrêmement riche et possédant des chevaux. « Il avait le visage d'un grand d'Espagne. Tout était ritualisé, le thé par exemple servi d'une certaine manière. J'ai vu un jour Ferdinand Béghin, parce que le breuvage n'avait pas été servi à l'heure, renverser la théière par terre. J'étais dans ce décor, moi le fils de la bourgeoisie juive parisienne, du 16e arrondissement, dans ce milieu avec ses codes. Je ne partageais évidemment pas la chambre d'Héloïse... » Jean d'Ormesson, lui, est à l'aise dans cet univers, même si, en quelque sorte, il est un aristocrate déclassé. À la fois dedans et dehors. L'humeur est constamment égale et joyeuse. Sur le golf de neuf trous de la propriété, Manuel Carcassonne croise la famille Malle, cousine germaine des Béghin. Le membre le plus illustre est Louis Malle, petit-fils d'Henri Béghin, industriel sucrier, dont la mère, Françoise, est la sœur de Ferdinand Béghin. Si Manuel Carcassonne n'a jamais rencontré le réalisateur de *Lacombe Lucien* ou *Le Souffle au cœur*, il est en revanche resté proche de son neveu, Frédéric Malle, créateur et éditeur de parfums réputés, basé à New York.

L'ambiance à Thumeries est stricte, guindée, surannée. L'atmosphère est proche des *Vestiges du jour*, le roman du Japonais Kazuo Ishiguro. Thumeries est le refuge des vacances d'hiver, quand l'été s'écoule entre Saint-Florent et la Suisse, les Béghin possédant une maison du XVIIIe siècle entre Fribourg et Berne. En villégiature, Manuel Carcassonne approfondit ses relations avec Jean d'Ormesson. « Il est très agréable à vivre. Sauf quand il perd le crayon à papier avec lequel il écrit un livre, sur des feuilles volantes A4. Là, cela vire au drame. Ce fut l'une des rares occasions de l'entendre pousser des hurlements. Au fond, je ne l'ai vu s'énerver que pour des choses insignifiantes, des détails, comme donc la disparition d'un crayon, qui pouvait avoir glissé dans l'herbe, ou celle des journaux. Si quelqu'un s'échappait à la sieste avec la presse et qu'il ne l'avait pas encore lue, cela n'allait plus du tout. Que l'on s'empare du téléphone alors que sa secrétaire au *Figaro* lui relisait l'édito envoyé par fax l'agaçait également. Lors de conversations de salon, il peut aussi être animé d'une colère sèche et froide. En somme, rien de dramatique, ni de crucial, ce qui atteste de son flegme et de son détachement. »

Manuel Carcassonne constate également sa santé de fer, son inextinguible goût pour l'exaltation, sa tentation permanente de l'ailleurs, sa hantise des conflits (« il n'aime pas trancher exagérément, ni intervenir sur le cours des choses, préférant que les situations se décantent d'elles-mêmes »), son immense popularité et son rapport au temps. « En cela, il ressemble à Paul Morand, en plus sympathique ! Jean entend maîtriser son temps, ne pas être esclave de celui des autres. Si une chose l'ennuie, il ne la fait pas. Le temps ne doit pas lui être imposé. Jean est un homme pressé. Il ne vit pas dans le passé, sans doute pour ne pas vieillir. » Le directeur littéraire de Grasset est aussi bluffé par son extraordinaire mémoire. « Il est capable de réciter des vers de n'importe quel poète *ad libitum*. Il possède aussi des côtés très prof, quand, plus jeune, il faisait réviser sa fille et s'énervait lorsqu'elle commettait des fautes d'orthographe. Pendant les vacances, il adorait interroger les uns et les autres, ouvrant des débats philosophiques, incitant à développer des idées. »

L'échappée belle. C'est le titre que Manuel Carcassonne verrait bien coller à Jean d'Ormesson, compte tenu de son art de vivre iconoclaste au regard de l'ordre traditionnel qui régnait dans sa famille. « Il s'est affranchi de tout ça. Il existe chez lui le sens de l'intégration sociale. Il joue un peu le comte tout en étant un peu en rupture avec les siens. » Sûr que, chez les d'Ormesson, ils étaient peu avant Jean à pouvoir déambuler sur les plages corses dans le plus simple appareil. « Pour moi qui vient d'une famille hyperpudique, l'observer se baigner nu était étonnant. Le plus drôle, c'était la tête des gens dans la garrigue, quand ils le reconnaissaient. "Bonjour madame, bonjour monsieur." Surréaliste. Mais ce n'est pas pour autant un rêveur. Jean sait ce qu'il fait et ce qu'il veut : être désengagé du monde, tout en étant amusé par le spectacle permanent du monde. »

Aujourd'hui encore, malgré la séparation d'avec Héloïse après quinze ans de vie commune, Manuel Carcassonne continue d'entretenir le lien filial, de déjeuner chez Françoise et Jean d'Ormesson à Neuilly. « Il ne s'est jamais immiscé dans notre vie privée, n'a rien dit. Peut-être aurait-il dû. Mais c'est complexe, comme dans toute séparation. » Outre Héloïse et Marie-Sarah, ils ont en commun un livre, *Tant que vous penserez à moi*, recueil de conversations entre Jean d'Ormesson et Emmanuel Berl, paru en 1992 aux Cahiers Rouges de Grasset. Soit la synthèse des dix entretiens distillés sur les ondes de France Culture au printemps 1968, entre l'intellectuel juif laïc, âgé de 75 ans, et son cadet, qui a alors publié *Au revoir et merci* et planche sur *La Gloire de l'empire*. Essayiste, moraliste, historien de l'Europe, journaliste et écrivain, intime de Drieu La Rochelle, Paul Morand, André Malraux et Albert Camus, mari de la chanteuse

Mireille, auteur en 1940 des formules célèbres « Je hais les mensonges qui vous ont fait tant de mal » et « La terre, elle, ne ment pas » pour le maréchal Pétain, Berl a beaucoup compté pour Jean d'Ormesson. Cet ouvrage est le second édité par Manuel Carcassonne, après une biographie de référence d'Yves Saint-Laurent, signée Laurence Benaïm. Introduit par François Nourissier, il venait de rejoindre Grasset, la vénérable maison ayant été séduite par l'entregent et la curiosité du jeune homme, chroniqueur littéraire au *Figaro* et au *Point*, auteur d'une biographie de l'écrivain polonais Witold Gombrowicz.

La genèse de cet ouvrage remonte aux discussions entre Manuel Carcassonne et Jean d'Ormesson à propos du grand esprit. À force de l'entendre faire référence à *Interrogatoire*, dialogues avec Patrick Modiano, paru en 1976, l'année de sa mort, l'académicien, un peu vexé de s'être fait chiper par Modiano la reconnaissance de Berl par le grand public, avait fini par lui glisser : « As-tu déjà entendu mes entretiens radiophoniques avec Emmanuel Berl ? » Manuel Carcassonne répond par la négative. Répare l'oubli en s'enfermant à l'Institut national de l'audiovisuel (INA) afin d'éplucher l'intégralité de leurs échanges, « où Jean joue un peu les aiguilleurs du ciel, plus complice que disciple ». Séduit par le décryptage, il les édite. « Jean ne voulait pas perdre de temps alors je me suis débrouillé tout seul. Je lui ai apporté les épreuves à l'Unesco, il y a jeté un œil avant de me proposer de rédiger une préface. Grasset était étonné que j'aie pu obtenir un livre de Jean d'Ormesson. Mais, pour être honnête, c'est surtout de Berl dont il s'agit. L'ouvrage est entré dans le classement des meilleures ventes. Il n'y est resté que deux semaines, le temps que les lecteurs s'aperçoivent que c'était davantage un livre de Berl que de d'Ormesson ! »

Dans sa préface, Jean d'Ormesson évoque la première lettre d'Emmanuel Berl. Un courrier d'une bonne dizaine de pages. Il était question de Proust, de la littérature en général et de la communication entre les êtres. « Je l'ai gardée dans ma poche pendant deux ou trois semaines. Je réponds assez vite aux jeunes filles et aux fous. J'ai du mal à répondre aux autres. Je me rappelle une lettre de Malraux qui m'avait fait plaisir. Je l'avais rangée avec tant de soin que je l'avais égarée. Et Malraux est mort sans que je l'aie remercié. Pour des motifs obscurs, il m'était impossible d'écrire le moindre mot à Emmanuel Berl. J'ai pris mon courage à deux mains et je lui ai téléphoné. Il m'a dit de venir le voir dans son appartement de la rue Montpensier, sur les jardins du Palais-Royal. C'était le début d'une amitié. Et de visites sans fin. » Au cours desquelles Mireille lui parle de son Petit Conservatoire et d'une débutante prometteuse nommée Françoise Hardy.

Emmanuel Berl, lui, l'accueille en pyjama dans sa chambre, fumant de petits cigares et lançant le dialogue.

« Il parlait. Et je me taisais. Je jouais à peu près le rôle de l'interlocuteur dans les dialogues de Platon. Je disais : "Oui" ou "Bien sûr" ou "Comment en serait-il autrement ?" Il parlait. Il parlait inlassablement. Et tout ce qu'il disait était éblouissant. » Souvent, les deux hommes marchent quelques pas et dînent au Grand Véfour, couvés par Raymond Olivier. Leurs discussions sont inépuisables. « Il me semble que l'amitié de Berl m'a permis d'attendre, sans trop de souffrances, le moment où j'essaierai de sortir enfin de ma torpeur et de mes épouvantements. Il m'a un peu soulevé au-dessus de moi-même. C'est le plus beau et le plus grand service qu'un maître puisse rendre à un disciple. »

# Allons cueillir la Marguerite…

Ce fut, probablement, l'un des discours les plus empreints d'émotion qu'il a eu à prononcer. Le 10 mars 2003, quatre jours après la disparition de son grand ami Maurice Rheims, il lui rend hommage depuis la cour d'honneur de l'hôtel des Invalides. Avec Michel Mohrt, (« marin loyal »), Marc Fumaroli (« un "conversationniste" d'exception qui, loin de rien inventer, se contente de tout savoir »), Michel Déon (« insulaire et rebelle »), Jean-François Revel (« avec Raymond Aron, de façon très différente, un des grands intellectuels de notre temps »), Jean-François Deniau (« nos courses en Méditerranée où nous étions seuls tous les deux et où il dirigeait son bateau en me racontant des histoires irlandaises de fantômes et d'amour ») et François Nourissier (« qui s'aime moins qu'on ne l'aime »), Maurice Rheims était son plus fidèle complice. Au début des années cinquante, Jean d'Ormesson et lui pouvaient s'extirper le vendredi soir d'un cocktail parisien donné par une maison d'édition pour rallier à toute vitesse, en voiture de sport, la Côte d'Azur ou Rome en une nuit. Pour le plaisir simple et éphémère de contempler le soleil se lever, de petit-déjeuner sur place et de rentrer aussitôt. « N'importe quoi, n'importe qui, n'importe quand, n'importe comment », constituait leur devise. Ils l'ont appliquée à la lettre.

La complicité a été sans faille avec Maurice Rheims, né en 1910, cofondateur du premier commando de parachutistes de la France libre, devenu commissaire-priseur de renom, historien d'art, collectionneur et romancier. De quoi l'amener tout droit à l'Académie française, en 1976. Désigné pour faire l'expertise des œuvres de Pablo Picasso présentes dans l'atelier du peintre à sa mort, il a été accueilli à une réception au palais de l'Élysée par le général de Gaulle d'un ironique : « Alors Rheims, toujours votre coupable industrie ? » Ses deux filles perpétuent la tradition : Bettina, auteur en 1995 du portrait officiel de Jacques Chirac président de la République, est photographe, Nathalie comédienne et écrivain. Son fils, Louis, avocat, est mort d'un cancer à 33 ans, en 1988. La gorge nouée, Jean d'Ormesson rappelle que, « conteur merveilleux », « né heureux », Maurice Rheims était « attaché plus que personne aux choses de ce monde dont il était toujours prêt à se détacher avec une espèce de grandeur, il était le seigneur, souriant et railleur, de toutes les contradictions ».

Puis, plus intime, Jean d'Ormesson confie : « Je nous revois autour de lui, à quelques-uns qui lui étions proches, du côté de Saint-Florent où il était si heureux et si fier de ses oliviers, à bord de navires méridionaux parmi quelques îles grecques ou le long des côtes turques, à l'ombre de la Douane de mer ou de San Zanipolo, sur la neige qu'il découvrait et qu'il s'acharnait à conquérir avec le même élan un peu rêveur, fait de ce mélange surprenant d'audace et de générosité, d'enthousiasme et de naïveté, qu'il mettait à tous ses projets. Comme la Corse est vide, tout à coup, comme la neige perd son éclat, comme la mer devient grise ! Mais où irons-nous donc le dimanche soir pour rire de tout, et de nous, et pour refaire ce monde qui en a tant besoin ? » Lors de ces promenades entre amis, la bande était suspendue aux réflexions pénétrantes de Jean d'Ormesson. Maurice Rheims était souvent en embuscade, prêt à recueillir le bon mot. Sans se retourner, et pour les faire rire, Jean lançait, malicieux : « Maurice Rheims, notez ! »

La Corse, le port de Saint-Florent, charmant petit village proche de Bastia, au nord de l'île. Le désert des Agriates n'est pas loin de cette annexe de Saint-Germain-des-Prés mâtinée de Saint-Tropez. Une côte vierge, à peine ébranlée par le tournage en 1961 d'une partie du film *Le Jour le plus long*, en présence de Robert Mitchum, Henry Fonda et John Wayne. Il y a quelques années, chez Maurice Rheims, il n'était pas rare de croiser, outre Jean d'Ormesson, Jean-François Deniau, Michel Déon, Pierre Combescot, François Nourissier, Bertrand Poirot-Delpech ou Jean-Edern Hallier. Il avait acheté son terrain sur la recommandation de Paule de Rivaud de La

Raffinière, devenue comtesse Paule de Beaumont. Un personnage coloré, capable de naviguer nue en gants blancs, calée dans sa barque, dans le golfe de Saint-Florent. Mais aussi une férue de littérature, traductrice en français de Tennessee Williams et d'Ernest Hemingway. Une femme d'influence, originale, qui a reçu à sa table tout le gotha politique, de Georges Pompidou à Alain Juppé.

La maison appartient désormais à Nathalie Rheims et à son compagnon, l'éditeur Léo Scheer. À quelques centaines de mètres, au bout d'un chemin de terre, le manoir de Jean d'Ormesson, qui aime à y recevoir Marc Fumaroli et Jean-Marie Rouart, ses amis de l'Académie française. « Paule de Beaumont, qui avait édité *La Gloire de l'empire*, était devenue vite une "grande électrice" de l'Académie, raconte un habitué du lieu. C'est à Saint-Florent qu'ont souvent commencé les campagnes pour le quai Conti. Dans la douceur des soirées de Balagne, comment ne pas évoquer la succession au fauteuil du cardinal Jean-Marie Lustiger ou le prochain Goncourt ? », interroge *Le Monde* en 2007, à l'heure d'aborder la rentrée littéraire.

On ignore si c'est en Corse que Jean d'Ormesson a envisagé la candidature de Marguerite Yourcenar. Mais cette élection au forceps, en 1980, demeure son fait saillant à l'Académie. Son chef-d'œuvre. Avant d'être son plus ardent prosélyte auprès des autres immortels, il ne l'avait jamais rencontrée. Il ne considérait pas, contrairement à elle, que l'on entre en littérature comme en religion. Ne partageait pas son austérité, ni son « refus du bonheur ». Mais la lecture des *Mémoires d'Hadrien* et de *L'Œuvre au noir* l'a profondément marqué. Estimant absurde de refuser la Coupole à un écrivain majeur sous prétexte qu'il s'agissait d'une femme, alors que rien dans les statuts de l'institution, hormis une tradition tenace, ne l'interdisait, Jean d'Ormesson s'est démené pour Yourcenar. « C'est moi seul qui l'ai fait rentrer, portes fermées à double tour, cadenassées », se plaît-il à répéter. Il aurait sans doute fait de même pour madame de La Fayette, la comtesse de Noailles, Marceline Desbordes-Valmore, George Sand, Colette ou M^me^ de Sévigné.

La bataille a toutefois été ardue. Le débat interne a été vif, musclé, émaillé d'insultes. Le moindre prétexte utilisé par ses détracteurs, comme une nationalité belge, alors que Yourcenar, née à Bruxelles, était devenue américaine : elle vivait dans le Maine depuis 1950. Il a fallu qu'elle redevienne française ! Cinq femmes siègent aujourd'hui à l'Académie : Jacqueline de Romilly, Florence Delay, Assia Djebar, Simone Veil et Hélène Carrère d'Encausse, qui en est même secrétaire perpétuel depuis octobre 1999. Une vision proscrite, inimaginable à la fin des années soixante-dix. Lorsque Jean d'Ormesson écrit à Marguerite Yourcenar pour encourager sa candidature, André Chamson assène en pleine séance : « Notre jeune confrère, qui a tant de talents, fait cela parce qu'il aime tellement la télévision. » Vexé, il se lève et quitte prématurément la séance, suivi notamment par Félicien Marceau et Maurice Rheims.

À l'automne 1979, Jacques Chancel consacre un *Radioscopie* de plus à Jean d'Ormesson. L'émission d'entretiens de *France Inter*, dont le journaliste a enregistré 6 800 numéros, est un must. La séquence se tourne à l'île du Mont-Désert, chez Marguerite Yourcenar. L'académicien, qui n'est pas à un coup médiatique près, tient à formuler sa proposition inédite en présence d'une équipe de la radio. Mais la fille de Michel de Crayencour et de Fernande de Cartier de Marchienne (morte dix jours après sa naissance) ne se laisse pas bousculer. Il rêve de la voir occuper le fauteuil de son ancien maître à l'Unesco, Roger Caillois, récemment décédé. Elle ne repousse pas l'idée, annonce qu'elle ne découragera pas ce louable effort, ni ne refusera cet honneur. Mais elle promet aussi qu'elle n'écrira aucune lettre de candidature, sans parler de rendre la traditionnelle visite aux académiciens.

Lorsque Jean d'Ormesson, Maurice Rheims, Félicien Marceau et Jean-Jacques Gautier quittent la salle après que Jean Mistler, le secrétaire perpétuel, a émis un doute sur la nationalité de Yourcenar, André Chamson aura ce mot fameux : « Par caprice, des enfants gâtés de la République mondaine veulent nous faire prendre pour de vieux schnoques ! » Jean d'Ormesson est traité de « petit voyou », de « galopin » et même, c'est cocasse, de « gauchiste ». L'Académie est coupée en deux. Certains imaginent Jean d'Ormesson agir sur injonction du président de la République, Valéry Giscard d'Estaing, qui désirerait finir son mandat par ce coup d'éclat. « C'est absolument faux », vitupère-t-il. Un hebdomadaire prétend que des coups sont échangés. Un autre certifie que Jean d'Ormesson a reçu une gifle. Même démenti.

Eugène Ionesco, Michel Déon et Alain Peyrefitte confortent d'Ormesson dans sa volonté de changement, fût-il révolutionnaire. Jean Guitton (« le plus grand honneur que l'on puisse faire à une femme est de l'admirer sans l'élire »), Jean Mistler, Maurice Druon, Jean Dutourd (« elle a trop lu pour bien écrire ») et André Chamson sont contre. George Dumézil et Claude Lévi-Strauss, hésitants, se placent au-dessus des partis. Marguerite Yourcenar observe cette agitation avec circonspection. Elle rajoute de l'électricité au débat en précisant que, si elle est élue, elle ne portera ni l'épée, ni l'uniforme. Nouveau bruissement. Pourtant, le 6 mars 1980, Marguerite Yourcenar, 76 ans, est élue au troisième fauteuil. Dès le premier tour, par 20 voix contre 12 à Jean Dorst et 4 bulletins blancs dont 3 marqués d'une croix. « C'est un vote historique », savoure Jean d'Ormesson.

Pour la première fois en trois cent cinquante ans, une femme va être autorisée à s'asseoir au milieu des

Quarante. Une autre élection, moins clinquante, est célébrée le même jour : celle de Michel Droit au siège de Joseph Kessel. Dès le premier tour également, avec 19 voix contre 13 à Robert Mallet et 4 bulletins blancs. Mais tout le monde, évidemment, ne parle que de Marguerite Yourcenar. Au moment de son triomphe, elle est en Floride, embarquant à Miami sur le paquebot *Mermoz* pour une croisière de dix jours dans les Caraïbes ! Verrons-nous en l'an 2080 trente-neuf académiciennes se disputer à propos de l'entrée d'un homme dans la verte compagnie ? fait mine de s'interroger un être à bicorne. « Cette agitation, au fond, était amusante », glissera plus tard Jean d'Ormesson.

« Son échec aurait fait un vacarme », jure-t-il le lendemain dans *Le Figaro*, lors d'un édito titré « Vive la littérature ». Reçue sous la Coupole le jeudi 22 janvier 1981 par son plus vibrant ambassadeur, elle assure, vêtue de noir avec un foulard de soie blanche autour du cou, devant les caméras de télévision qui retransmettent la scène : « Vous m'avez accueillie. Ce moi incertain, flottant, cette entité dont j'ai contesté moi-même l'existence, et que je ne sens vraiment délimité que par les quelques ouvrages qu'il m'est arrivé d'écrire, le voici, tel qu'il est, entouré, accompagné d'une troupe invisible de femmes qui auraient dû, peut-être, recevoir beaucoup plus tôt cet honneur, au point que je suis tentée de m'effacer pour laisser passer leurs ombres. […] On ne peut donc prétendre que, dans cette société française si imprégnée d'influences féminines, l'Académie ait été particulièrement misogyne ; elle s'est simplement conformée aux usages qui volontiers plaçaient la femme sur un piédestal, mais ne permettaient pas encore de lui avancer un fauteuil. Je n'ai donc pas lieu de m'enorgueillir de l'honneur si grand certes, mais quasi fortuit et de ma part quasi involontaire qui m'est fait ; je n'en ai d'ailleurs que plus de raisons de remercier ceux qui m'ont tendu la main pour franchir un seuil. »

Au cours de sa réponse, Jean d'Ormesson ne fait même pas semblant de retenir sa jubilation : « L'avenir sans le passé est aveugle ; le passé sans l'avenir est stérile. Il n'y a pas de grand projet qui ne soit d'abord fidélité et il n'y a pas de grand souvenir qui ne soit en même temps une promesse. Un mot de Michel-Ange m'a toujours paru admirable : "Dieu a donné une sœur au souvenir, et il l'a appelée l'espérance." Il y a pourtant quelque chose de plus fort que la tradition : c'est la vie et son mouvement. Pourquoi les héros de roman passent-ils leur temps à se révolter ? Pour la même raison qui oblige les grands hommes à faire bouger l'Histoire. À la splendeur du souvenir et de la fidélité répond l'ardeur de l'annonce, de l'attente, de la promesse. L'Histoire est une continuité ; elle est aussi une impatience. Elle regarde vers demain comme elle regarde vers hier. Tournées vers l'avenir autant que vers le passé, les traditions – comme les femmes – sont faites pour être à la fois respectées et bousculées. […] Ce sont, j'imagine, des réflexions de cet ordre qui vous ont incités, messieurs, à me permettre de prononcer devant vous – sans que le ciel me tombe sur la tête, sans que s'écroule cette Coupole, sans que viennent m'arracher de mon fauteuil les ombres indignées de ceux qui nous ont précédés dans cette lignée conservatrice d'un patrimoine culturel où, fidèles à l'étymologie, nos pères semblent s'être livrés depuis toujours et tout seuls à une espèce d'équivalent masculin et paradoxal de la parthénogenèse – un mot inouï et prodigieusement singulier : Madame. »

Il poursuit, sur le même ton enlevé : « C'est une grande joie pour moi de vous souhaiter la bienvenue dans cette vieille et illustre maison où vous êtes, non pas certes le premier venu, mais enfin la première venue, une espèce d'*apax* du vocabulaire académique, une révolution pacifique et vivante, et où vous constituez peut-être, à vous toute seule, un des événements les plus considérables d'une longue et glorieuse histoire. Je ne vous cacherai pas, Madame, que ce n'est pas parce que vous êtes une femme que vous êtes ici aujourd'hui : c'est parce que vous êtes un grand écrivain. Être une femme ne suffit toujours pas pour s'asseoir sous la Coupole. Mais être une femme ne suffit plus pour être empêchée de s'y asseoir. Nous vous aurions élue aussi – et peut-être, je l'avoue, plus aisément et plus vite – si vous étiez un homme. [...] Votre discours, dans notre jargon, porte le nom de *remerciement*. C'est plutôt à nous de vous remercier, non pas de l'accident de votre sexe, mais de la fermeté de votre écriture et de la hauteur de votre pensée. Vous êtes un écrivain et, comme quelques autres substantifs ou adjectifs de la langue française – *ministre, mannequin, sage-femme* qui hier encore n'avaient pas de masculin, *cocu* qui, en dépit de trop d'abus, n'a pas de féminin, ou *grognon* –, le mot *écrivain* ne connaît pas de distinction de genre : il ne connaît, hélas ! ou peut-être heureusement, que des différences de force, de talent et de style. »

Brillante introduction. Jean d'Ormesson peut ensuite décrypter, en longueur, la spécificité de l'œuvre de Marguerite Yourcenar. Il a réussi, comme il le concède, « à réveiller la Belle au bois dormant ». L'élection de la première femme à l'Académie connaît un intense retentissement. De portée internationale. Il exulte. S'adonne à un nouveau bon mot. Alors qu'on lui demande ce qui change désormais dans la Compagnie, il répond : « Maintenant, il y a deux W-C. Sur l'un il est écrit Messieurs, sur l'autre Marguerite Yourcenar. » Qu'importe si, au final, elle n'a guère arpenté les bancs de la Coupole, préférant reprendre ses voyages, du Kenya à la Chine, avec Jerry Wilson, son jeune et nouveau compagnon. Jean d'Ormesson a relevé le défi. « Parvenir à l'imposer a été un combat terrible. Lévi-Strauss, plus tard, votera pour l'élection de Florence Delay. Mais, pour Yourcenar, il n'entendait pas bouleverser les règles de la tribu », rappelle Josyane Savigneau, auteur de *L'Invention d'une vie*, monumentale biographie consacrée à celle à qui la Pléiade a dédié un volume de son vivant.

Pour la journaliste du *Monde*, Jean d'Ormesson « a brisé un tabou, ouvert la voie aux autres femmes à l'Académie. Il s'est battu car il reconnaissait le talent de Yourcenar, même s'il était un peu perplexe devant son œuvre, trouvant son style un peu daté, ce en quoi je ne suis pas d'accord. Ils viennent de deux mondes différents mais Jean d'Ormesson ne voyait pas qui d'autre, alors, était susceptible de rentrer à l'Académie. Marguerite Yourcenar de son côté était consciente de ses efforts, bien qu'elle a paru agacée en subodorant que son élection avait fait l'objet d'un troc avec Michel Droit, désigné de façon plutôt étrange académicien ce même jour. Jean d'Ormesson a toujours nié un quelconque échange, stratégie ou manœuvre. » Il le répète avec force dans la biographie de Savigneau. Mais il observe aussi ceci : « Nous avons mis les académiciens dans l'obligation de voter pour elle sous peine d'être ridiculement passéistes et notoirement agressifs envers les femmes. Je crois que jusqu'à la mort de Marguerite Yourcenar, ils ne me l'ont pas pardonné. Ils ont toujours eu l'impression que je leur avais forcé la main. Ils n'avaient pas envie d'elle dans la Compagnie. C'est très clair. On les a amadoués en leur disant qu'elle ne serait jamais là. Et puis ils ont osé dire qu'elle avait "snobé" l'Académie. D'abord, elle a bien fait. Il faut voir comment ils l'avaient reçue. Et puis de quel droit se plaignaient-ils qu'elle ne vienne pas alors qu'ils n'avaient aucun désir de la voir ? »

En militant aussi ostensiblement et farouchement pour Yourcenar, il a, selon son ami Jean-Marie Rouart, « voulu montrer que son désir était constamment d'être du côté de la réforme, à défaut d'être un révolutionnaire. Comme l'écrivait le comte de Lampedusa dans *Le Guépard* : "Il faut que tout change afin que rien ne change." Ce fut un combat pour Jean d'Ormesson, même si les combats de l'Académie ne sont pas très violents. » L'abnégation déployée a encouragé les velléités féminines d'Héloïse d'Ormesson. « Mon père n'est pas du tout misogyne, assure-t-elle. D'ailleurs, sa vie a été ponctuée de rencontres avec des femmes qui l'ont marqué, comme Marguerite Yourcenar. Les arguments qu'on lui a opposés pour contester sa présence à l'Académie étaient d'une médiocrité et d'une bassesse stupéfiantes. Je ne me suis jamais sentie inférieure parce que j'étais une femme. Et puis, comme nous parlions beaucoup à la maison, cela me paraissait assez naturel de prendre la parole. Je n'ai donc pas la pudeur ou la retenue qu'ont beaucoup de femmes, en public. Je n'ai jamais eu le sentiment de l'avoir déçu parce que j'étais une fille. »

Marguerite Yourcenar est décédée des suites d'un accident cérébral, le 17 décembre 1987, à Mount Desert

Island. Le châle qu'elle portait lors de sa réception à l'Académie enveloppe ses cendres au cimetière Brookside de Somesville, dans le Maine. Le 16 janvier suivant, un service funèbre est célébré à sa mémoire, en l'église de l'Union Church, à Northeast Harbor. Aucun membre de l'Académie française n'effectue le déplacement. Quelques jours plus tôt, sous la Coupole, Jean d'Ormesson a tout de même prononcé un discours-hommage, saluant une ultime fois celle qu'il a tant contribué à faire élire. « À notre époque où la recherche éperdue du bonheur individuel est devenue, pour tous, la seule règle de vie, Marguerite Yourcenar fait exception. C'est ce qui donne à ses livres cette hauteur, cette altitude, cette élévation d'autant plus frappantes qu'elles se combinent, le plus souvent, avec le non-conformisme des mœurs et le dédain des institutions – y compris, peut-être, l'Académie française. […] Il me semble – est-ce que je me trompe ? – que, par beaucoup de traits, Marguerite Yourcenar, qui n'était pas croyante, se rapproche beaucoup des saints. Elle était grande comme eux, insupportable comme eux, digne comme eux de toutes les admirations. » Une Marguerite Yourcenar qui a un jour résumé ainsi l'atmosphère régnant au sein de la plus ancienne institution du pays avec le Collège de France : « Une bande de vieux galopins se réunissant tous les jeudis pour plaisanter ensemble. » Jean d'Ormesson n'est pas le dernier. Sur le plateau de *La Grande Librairie*, magazine littéraire de

France 5 animé par François Busnel, à Bernard Pivot reprochant à Jean d'Ormesson que l'Académie n'ait pas retenu dans son dictionnaire la connotation sexuelle des « bagatelles de la porte », figurant dans son livre *Les 100 expressions à sauver*, l'accusé avait répliqué : « Sur le fronton de l'Académie française il n'y a pas écrit sexe, sexe, sexe mais prostate, prostate, prostate. »

# « Je t'embrasse, mon grand »

« Il ne faut jamais dire du mal de soi, on finit toujours par être cru. » « Il se croit brillant, il n'est qu'astiqué. » Pas certain que Jean d'Ormesson connaisse ces deux bons mots, entendus dans les salles de rédaction, le premier professé par Marcel Hansenne, médaillé de bronze du 800 mètres aux JO de Londres en 1948 devenu rédacteur en chef à *L'Équipe*, le second adressé par une plume du même quotidien à son directeur, avec qui il avait rédigé la *Fabuleuse histoire des jeux Olympiques*. Le sport n'est pas son élixir favori – il a seulement pratiqué le ski, assidûment, éperdument, et la planche à voile. Lui aurait sans doute cité Talleyrand, qui disait de Chateaubriand, son modèle absolu : « Il croit qu'il devient sourd lorsqu'il n'entend plus parler de lui. »

La critique, Jean d'Ormesson, en dépit d'une vie littéraire au long cours, y a, finalement, été peu confronté. Et comme en plus, face aux reproches, il en rajoute une couche, se fustigeant encore davantage (« longtemps, je me suis demandé ce que j'allais faire de ma vie », qui ouvre *C'était bien*, « mon père est mort persuadé que je serai un hooligan », « j'ai d'abord été un jeune con, j'ai changé : je suis devenu un vieux con. J'en ai l'autorité, l'expérience, les vertus », « diriger *Le Figaro* n'est pas mon meilleur souvenir. Et encore moins celui des autres »)… Il n'a toutefois pas été complètement épargné. Tant mieux. « Notre métier n'est pas de faire plaisir, non plus de faire du tort, il est de porter la plume dans la plaie », proclamait Albert Londres, maître étalon des grands reporters. Pour Jean d'Ormesson, les plaies sont légères. C'est de famille. Son oncle Wladimir, éditorialiste au *Figaro*, romancier, académicien, ambassadeur de France en Argentine, au Chili et enfin au Vatican, était par exemple la cible fétiche des monarchistes de l'Action française.

Léon Daudet, député de Paris, écrivain et frère d'Alphonse Daudet, compte parmi les fondateurs du quotidien nationaliste, dont il a été rédacteur en chef puis codirecteur avec Charles Maurras. L'acerbe royaliste à la verve truculente, ami de Proust et qui a tenté en vain de faire attribuer le Goncourt à Céline pour *Voyage au bout de la nuit*, rate rarement une occasion d'étriller dans les colonnes Wladimir d'Ormesson. Chaque matin, il commente la température du jour d'un : « Aujourd'hui il fait dix degrés au-dessus, ou trois degrés en dessous de Wladimir d'Ormesson. » Il l'estime si soporifique qu'il le surnomme « Wladimir d'Endormesson ». Une trouvaille dont s'inspirera *Le Canard enchaîné* pour taquiner, quelques années plus tard, son neveu,

Jean. Une pique légère, on en convient. Dénicher une personnalité disant du mal de l'académicien relève de l'exploit. Didier Daeninckx paraissait l'homme idoine. Natif de Saint-Denis, polémiste redouté, auteur de polars à la critique sociale et politique acérée, couronné d'un grand prix de littérature policière, ancien ouvrier imprimeur et animateur culturel, tignasse de jais et lunettes cerclées : difficile de faire plus éloigné de Jean d'Ormesson et de son univers. Et pourtant, Daeninckx ne l'asticote même pas. « Je ne l'ai jamais croisé, nos univers étant d'une étanchéité absolue, ni sur un plateau, ni dans un salon, ni dans les rues d'Aubervilliers. Très peu lu également. Un ou deux livres. Vu à la télé surtout où je l'ai toujours écouté avec attention et amusement tant son art de la conversation est agréable. D'autant que la nature l'a doté d'un regard clair et moqueur. Je partage son attention pour l'œuvre de Louis Aragon, aussi contradictoire que le personnage. »

Jérôme Garcin, directeur adjoint de la rédaction du *Nouvel Observateur* dont il est chargé des pages culturelles, producteur et animateur du *Masque et la plume* sur *France Inter*, l'évoque avec moins de mansuétude. C'était en 1996, dans *L'Express*, où ce journaliste, dont les romans ont été couverts de prix littéraires, n'a opéré qu'un bref passage. Prenant prétexte de la sortie de *Presque rien sur presque tout*, il écrit notamment : « Le philosophe entra donc en littérature avec des yeux bleu Morgan ainsi que des petits romans sentimentaux et vains – du Sagan, moins le charme – qui plurent à Passy et firent oublier qu'il avait fréquenté Leibniz, Hegel et Kant ; d'aucuns même en doutèrent. Pour cacher qu'il travaillait à l'Unesco et présidait aux destinées de l'austère revue *Diogène*, il s'improvisa animateur de télévision, collabora à de nombreux magazines populaires, où il parla des plaisirs, rarement du Dasein, et vint chaque année sur le plateau de Bernard Pivot, son indispensable gîte d'étape, présenter un nouveau roman, afficher un bronzage de moniteur de ski et entretenir le brillant de sa conversation. [...] Fort de son singulier succès, Jean d'Ormesson abandonne désormais les personnages, l'histoire et la psychologie pour leur préférer les concepts, l'histoire et l'astrophysique. *Presque rien sur presque tout* est au roman ce que le *Quid* est à "La Comédie humaine", le *Reader's Digest* au Mahabharata. L'auteur a mis le "tout" en fiches, placé l'univers sur écoutes téléphoniques, fait la synthèse de quinze milliards d'années et passé l'être humain au scanner. Cela tient, au mieux de l'éclatante dissertation sur la soupe primitive, l'âme du monde et l'ombre de Dieu, et l'on se sent ragaillardi ; au pis, de la causerie dominicale sur le chien, le chat, la liberté, le rire, et l'on a l'impression d'être une vieille paroissienne sommée d'écouter le conférencier. »

Cinglant. Jérôme Garcin insiste en couchant, à peine plus indulgent, que, « si Jean d'Ormesson malmène les lois du roman traditionnel, il ne révolutionne guère la pensée postheideggérienne. Restent l'alacrité du ton, la fièvre encyclopédique et l'émouvante curiosité de l'auteur, qui illustrent ici à la perfection la définition qu'il donne, page 153, du penseur selon son goût : "De quelqu'un de doué et de vif dont les idées défilent à toute vitesse et avec cette facilité qui n'exclut pas la rigueur, on dit volontiers qu'il pétille." Comme l'eau gazeuse, le champagne des abstèmes. Sur le même thème, la condition humaine, vingt pages suffisent à Jean Giono pour faire, dans une prose veinée, le portrait d'un paysan qui plantait des chênes et des hêtres en haute Provence, et ne voulut jamais être récompensé pour son "œuvre digne de Dieu". Un petit bijou. Presque tout sur presque rien. » Ce même Jérôme Garcin, en février 1991, pour *L'Événement du jeudi*, où il a longtemps collaboré, avait organisé une rencontre du troisième type, entre Jean d'Ormesson et Philippe Sollers, entre « l'aristocrate conservateur » et le « jacobin franc-tireur. » Il croyait alors « ressusciter la querelle mythique des Anciens et des Modernes ». Avant de constater que les deux bretteurs, « même s'ils n'ont pas la même idée du roman, jouent à fleuret moucheté ». Six pages de conversations érudites, où Sollers décèle en Jean d'Ormesson « un écrivain classique atypique » et d'admettre : « Vous devez être un très bon conférencier, monsieur. »

Jamais en veine de flatteries, le récipiendaire du compliment jure au fondateur de la revue d'avant-garde *Tel Quel* que celui-ci a toujours été plus intelligent que lui. « Parce que j'ai été en dehors du mouvement des idées. Je travaillais à faire des petites choses très amusantes dans mon coin. Pourquoi le nier ? » Surpris, Sollers dégaine : « Vous avez dirigé la revue *Diogène*, tout de même ! » Et d'Ormesson, faussement modeste : « Oui, mais à l'ombre de Roger Caillois ! » Ce dialogue permet aussi d'apprendre que les deux hommes se sont rencontrés à Jérusalem. « Philippe m'a prêté vingt dollars, que j'ai mis six ans à lui rendre », souriait Jean d'Ormesson. « En réalité, il me les doit toujours, il ne m'a jamais remboursé, corrige aujourd'hui Philippe Sollers. Nous étions en Israël pour la remise de l'épée de Joseph Kessel à l'université de Jérusalem. Jean était en pleine forme, l'allure sportive et nous étions allés nous baigner dans la mer Morte. » Selon le maoïste le plus célèbre du pays, directeur de la collection *L'Infini*, l'ouvrage le mieux réussi par Jean d'Ormesson est sa biographie sentimentale de Chateaubriand. « Là, il est dans le coup. »

Sur le reste de son œuvre, son jugement est davantage tempéré. « Il est probable que Jean doive regretter que les grandes machines produites, agréables à lire, ne l'aient pas vraiment constitué. Il s'est ainsi replié sur son identité biographique. Avec raison, c'est probablement ce qu'il y a de plus fort chez lui. Et puis il est suffisamment habile pour faire comme si tout ça n'avait pas beaucoup d'importance. Je me souviens, dans un documentaire sur lui tourné à Venise, qu'il prétendait que son œuvre n'était pas grand-chose, alors que, au fond, on sentait qu'il pensait l'inverse. Dans mes livres, je critique radicalement la société dans laquelle nous sommes, en insistant sur certains points. Je suis dans le spectacle en critiquant sa mécanique. Si vous voulez me pousser jusqu'à dire que Jean d'Ormesson est institutionnel et, comme on aurait dit autrefois, de droite, alors oui, on peut le dire. Je regrette aussi qu'il ne parle jamais crûment de son érotisme. Je suis un séducteur plus pernicieux que lui ! Certes, dans *Qu'ai-je donc fait*, il raconte qu'il a couché avec sa cousine germaine. Mais ce sont des amours adolescentes. Ce qui nous manque, ce sont les carnets du séducteur que Jean a été à Venise et ailleurs. Nous ne savons rien de ça. Il se l'interdit, sans doute par pudeur. Les vrais sujets, pourtant, si on souhaite aller au fond des choses, ce sont le sexe, la politique, l'histoire et la poésie. Après, pour ce qui est des rapports démocratiques, sociaux et les civilités, aucun problème, circulez d'Ormesson… »

Des reproches pertinents, amusés et polis à l'égard de l'académicien. C'est la norme. Critique et éditeur redouté, également romancier, Jacques Brenner est décédé en 2001. Cela n'a pas empêché les éditions *Pauvert*, sept ans plus tard, de publier son *Journal*. Une plongée acérée, en plusieurs tomes, dans le milieu littéraire, ses prix et ses combines pour les obtenir. Certains auteurs sont passés à la moulinette, tels Alain Robbe-Grillet, Jacques Chardonne ou Henry de Montherlant. Jean d'Ormesson ? Une fois de plus, il s'en sort. Mais écope de quelques griffes au passage. Selon le membre du jury du prix Renaudot, il ne serait qu'« un bourgeois qui n'a pas d'œuvre derrière lui ». Le Maigret des lettres, ainsi que le surnommait Angelo Rinaldi, s'étonne également du refus de Grasset de publier *La Gloire de l'empire*, quelques mois avant que Jean d'Ormesson ne soit académicien et directeur du *Figaro*. « Je suis surpris que l'on n'ait pas été mieux renseigné sur la situation mondaine de cet auteur. » Mêmes piques doucereux chez François Dufay. Le journaliste dresse du vénérable un portrait dans *Le Point*, où il observe avec justesse que « Jean d'O, désormais, n'est plus un écrivain : c'est une icône, une marque "vintage", synonyme de cravate en maille sur une chemise pervenche et d'esprit français comme on n'en fera plus. Rien de truqué là-dessous : anachronique de naissance, il n'a eu qu'à laisser le temps le ringardiser un peu plus, jusqu'à en devenir "culte". Au siècle d'Internet, cet aristo agrégé vit toujours comme en 1975 : il écrit ses livres au crayon, habite un hôtel particulier néo-Louis XVI dans une voie privée de Neuilly, et se fait servir à table par un majordome ».

Le seul, en fait, qui l'ait régulièrement asticoté, et avec un malin plaisir à tendance perverse en plus, est Bernard Frank. Son meilleur ennemi. Un adversaire à sa taille, caustique, lumineux. « Un écrivain qui faisait rêver les jeunes gens. Il avait un immense talent. Accessoirement, il se moquait volontiers de moi, il me prenait pour une tête de Turc. Je ne répondais guère. Et puis, une fois pour toutes, je lui ai rendu la monnaie de sa pièce. Il est mort. Il ouvre ses pages parce que je l'aimais », précise Jean d'Ormesson dans *Odeur du temps*. Ami de Françoise Sagan, chroniqueur au *Nouvel Observateur*, auteur d'une poignée de romans de jeunesse récompensés et source d'inspiration, le précieux faux dilettante est décédé le 3 novembre 2006, à 77 ans, d'une crise cardiaque foudroyante, dans un restaurant, alors qu'il devisait politique. Provocateur dans l'âme, l'inventeur du surnom des Hussards pour la bande de Roger Nimier était un fondu absolu de littérature, pour qui « le style, c'est ce qui arrache une idée au ciel où elle se mourait d'ennui ». De Jean d'Ormesson, il écrivait qu'il était « un Sacha Guitry qui serait passé par Normale sup ». Dans la préface de l'un des recueils de ses *Chroniques du monde*, son ami Éric Neuhoff souligne que « tout était permis. Chahuter Jean d'Ormesson est le seul sport qu'il ait jamais pratiqué ». Un exemple avec cette saillie puisée dans *Solde*, son ultime ouvrage, paru en 1980. « De loin, caché dans mon coin, j'ai donc suivi la prodigieuse carrière de Jean, ces carrières qui sont souvent le deuil éclatant de ceux qui n'ont pas de génie. J'ai tout vu, tout supporté : le grand prix du roman de l'Académie française, les articles favorables dans les hebdomadaires. »

À force de se faire houspiller, Jean d'Ormesson prend une première fois la plume, en 1982, dans *Le Figaro Magazine*, afin de réagir. « J'entre assez peu volontiers dans le jeu de massacre parisien et dans les querelles minuscules qui opposent, à des fins souvent publicitaires, les vedettes passagères et frileuses de Saint-Germain-des-Prés. Pendant des semaines, des mois, des années, le cher Bernard Frank m'a cherché, comme on dit avec un bel éclectisme, dans les colonnes successives du *Quotidien de Paris*, puis du *Matin de Paris*, avant de reprendre le tour, pour que rien ne se perde, dans les pages de ses ouvrages. Il ne m'a pas beaucoup trouvé. J'avais fini par devenir, avec la fierté qu'on devine, un des héros principaux de la saga paroissiale. Mais un héros muet. Peut-être avais-je moins besoin de Bernard Frank que Bernard Frank n'avait besoin de moi ? [...] J'espère que son amitié, toujours proche de la traîtrise, et son talent malheureux à force de perfidie trouveront encore souvent à s'occuper de moi. Il ne m'en voudra pas trop si je ne lui réponds guère. Et puis, comme au tennis, il y a toujours avantage à se mesurer avec un peu plus fort que soi. Le silence est une règle d'or. »

Le 30 décembre 1993, seconde salve, dans *Le Nouvel Observateur*. Une longue lettre, intitulée « Mon bourreau, mon amour ». « Non, le mégalomane, le paranoïaque, ce n'est pas moi. C'est lui. Moi, personne ne m'appelle jamais, personne ne m'écrit jamais. Ou alors des dames de province avec des chapeaux verts ou des colonels à la retraite. Moi, je cache mes téléphones de Saint-Chély-d'Apcher ou de Loguivy-Plougras et les lettres que je reçois, d'une écriture maladroite, sur du papier quadrillé, pour me confirmer que je suis idiot et la honte de la famille. Lui, c'est Sartre à tout bout de champ. C'est Nadeau deux fois par semaine. Dans les jours les plus sans, dans les heures les plus pâles, c'est Fontaine ou Fauvet, il ne sait plus, il les confond, il plane très loin au-dessus d'eux. [...] Moi, pour la modestie, je ne crains personne. Et je me demande pourtant ce que Bernard Frank aurait pu faire sans moi ? »

Jean d'Ormesson rappelle alors que Robert Hersant a sollicité à deux reprises Frank pour être feuilletoniste en titre du *Figaro*, dont il était le directeur. « Ah ! ce n'est pas à moi, refrain, que Robert Hersant aurait écrit des lettres charmantes. Je crois bien qu'il ne répond même pas aux livres que je lui envoie avec des dédicaces aimables. Mais Bernard, plus malin que moi, préfère *Le Monde* et *L'Observateur*. Où en étais-je ? Ah ! oui... je venais d'arriver au *Figaro* quand je reçois une lettre – charmante, pour parler comme Bernard Frank – de Philippe Tesson qui dirigeait (et dirige toujours) un autre journal réactionnaire : *Le Quotidien de Paris*. Bernard Frank lui avait envoyé un article, excellent, où il me traînait dans la boue. Parfait. L'article paraît. Huit jours après, même scénario : lettre de Tesson, deuxième article de Bernard Frank sur ma pauvre personne dont il ne restait presque rien, publication et succès. Dix jours plus tard : même histoire, troisième article, tout Paris lance à Bernard les oreilles et la queue, malheureusement ce sont les miennes, je me fais de plus en plus minuscule dans mon superbe bureau. Enfin, quinze jours plus tard, Tesson m'annonce qu'il a reçu un quatrième article de Bernard Frank. Il parle de Marlene Dietrich. Et il est si mauvais qu'il est impubliable. Voilà un homme, évidemment, qui ne peut pas se passer de moi. Ce sont de ces choses qui créent des liens. »

Philippe Tesson se remémore sans difficulté cette polémique lettrée à distance. « Bernard Frank a beaucoup écrit sur Jean d'Ormesson, des papiers féroces, vraiment féroces. Il feignait de le détester. Je ne saurai dire si c'était vrai car, chez Bernard Frank, on ne distinguait jamais la feinte de la sincérité. Or je déteste ça, sauf quand il s'agit de feinte élégante, ce qui n'était en l'occurrence pas le cas. Un jour, il m'envoie un article sur Jean d'une extrême sévérité, au bord de l'insulte. J'étais très embêté car je suis très ouvert d'esprit, mais là… D'un côté, mon éthique de journaliste, favorable à la liberté d'expression. Je savais aussi que, même si sa parution ne m'aliénerait pas l'amitié de Jean, le papier lui ferait de la peine. Finalement, je me suis résolu à faire une chose assez lâche, seul moyen trouvé de me libérer de ma mauvaise conscience : faire paraître l'article certes, mais, auparavant, appeler Jean pour le lui lire. J'ai publié sa réponse. » En 2001, dans *Le Figaro*, Jean d'Ormesson, sous couvert de se venger, renvoie à Bernard Frank l'admiration qu'il lui porte, de sorte aussi, sans doute, de mieux amadouer le dandy au vitriol. « Et toi, mon cher Bernard, comme tu m'as fait souffrir ! Autant et peut-être plus que les plus cruelles de ces jeunes filles que j'aimais d'amour tendre et qui me tournaient le dos. […] Les larmes me venaient aux yeux. J'étouffais de chagrin. Ce n'est pas que je me prenne très au sérieux moi-même. Mais je préfère que les autres ne me rappellent pas ma misère. Je reniflais. Peut-être n'ai-je jamais écrit que pour plaire à quelques dames et pour te plaire à toi, mon cher Bernard. Et tu me repoussais du pied. Tu me traînais dans la boue. J'allumais les bougies de tes gâteaux d'anniversaire et tu me dédaignais. » Cet été-là, Jean d'Ormesson et Bernard Frank tiennent chacun une chronique hebdomadaire, dans *Le Figaro* et *Le Nouvel Observateur*. L'occasion de joutes enlevées, égotistes et surannées entre ces nouveaux Bouvard et Pécuchet. « Et la presse française en serait magnifiée, jubile l'académicien, puisque nous la représenterions tous les deux avec éclat aux yeux du monde ébloui. Je t'embrasse, mon grand. » Jean d'Ormesson n'a désormais plus personne avec qui échanger ses banderilles.

# Un esprit français

Une exquise attention. Arrière-petit-fils des peintres Henri Rouart et Henry Lerolle, Jean-Marie Rouart est un homme bien élevé. Avant de bavarder dans le salon de son appartement cossu, près des Invalides, pour évoquer l'amitié fidèle entretenue avec Jean d'Ormesson, le prix Renaudot et Interallié dévoile deux photos, accrochées dans l'entrée et dans le bureau, où figure son cher partenaire de l'Académie française. Ici en vacances en Corse, là accompagné de la crinière rousse de Paul Guilbert, ex-secrétaire de Joseph Kessel et fameux éditorialiste politique, lors de la remise de l'épée qui précède la réception sous la Coupole. Le romancier, essayiste et chroniqueur peut maintenant se caler dans son canapé. Et revenir avec verve sur sa première rencontre avec celui qu'il qualifie de « héros de roman ». Un modèle « à l'influence colossale sur le plan de la personnalité, de la façon d'être, de la pensée, à la fois drôle et grave, quand Michel Déon, auquel j'ai rendu visite très jeune dans les îles grecques, a été davantage un modèle sur le plan littéraire ».

Auteur de *Ils ont choisi la nuit*, consacré à des écrivains suicidés, prix de l'essai de l'Académie française, le collaborateur de *Paris-Match* a pourtant vu son premier roman refusé par treize éditeurs. Il avait 20 ans. L'âge, à peu près, où il aperçoit le mythe d'Ormesson, dans des conditions particulières. « J'étais amoureux d'une jeune femme de la grande bourgeoisie, très snob et adorable. Jean, qui n'était pas encore marié, éprouvait un faible pour la sœur aînée, très belle. Dans cette famille, il était l'idéal du gendre, aristocrate, agrégé de philo. Moi ? Le pire, avec mon bac raté. Je craignais, à cette période, de ne jamais pouvoir me consacrer à la littérature. » Le destin se rappelle à eux six ans plus tard. Dans la foulée de mai 1968, devenu journaliste au *Figaro*, Rouart consacre, à la une, un article à Gabrielle Russier, professeur agrégée de lettres séparée de son mari et inculpée de détournement de mineur après une liaison amoureuse avec l'un de ses élèves, Christian Rossi, 16 ans. Par sa prose, il essaie d'attendrir les juges sur cette Antigone des Temps modernes.

Peine perdue. Emprisonnée aux Baumettes, elle se suicidera au gaz le 1er septembre 1969. Dans son article, il compare Russier à Lycénion, l'initiatrice de Daphnis, petit ami de Chloé, dans une pièce de Jules Renard. Séduit par son style, Jean d'Ormesson l'appelle et lui propose de déjeuner. Malgré leurs dix-huit ans d'écart et leur différence de statut, le courant passe admirablement. « Je m'étais habitué à vivre avec son fantôme. Si j'ai appris quelque chose dans l'existence, c'est à lui que je le dois, écrit Rouart dans *Une jeunesse à l'ombre de la lumière*. Pourtant, personne n'est moins donneur de leçons, ni même soucieux d'être un maître en quoi que ce soit. Cet homme de liberté et de plaisir est trop libéral et trop sceptique pour s'immiscer dans les consciences ou vouloir les guider. L'enseignement que j'ai tiré de lui, c'est en le regardant vivre. » Sous le charme, il admire encore, dans ce roman autobiographique : « Il émane toujours de lui la même lumière, lumière de l'intelligence, lumière d'une jeunesse inépuisable ; un appétit de vivre qui est le même dans les vagues de la Méditerranée, devant un roman à lire ou à écrire, dans une descente à ski, devant un texte de Hegel. Doué d'un art de vivre digne du prince de Ligne, il acclimate au siècle de l'atome et de Sartre une politesse disparue depuis le XVIIIe siècle. Il était gai, il était brillant, il pétillait. Jean d'Ormesson a de l'esprit pour dix, de l'intelligence pour vingt, et en plus assez d'ironie sur lui-même pour ne pas jouer les pontifes ; je l'ai vu feindre l'ignorance pour ne pas gêner un interlocuteur au savoir de savantasse, laisser dire des bourdes pour ne pas humilier un raseur. » L'hommage s'étale sur neuf pages.

« J'étais si terrorisé par Jean. Il représentait tellement à mes yeux, reprend aujourd'hui Rouart. Il avait résolu selon moi le problème de l'écrivain dans la société. Il a été un maître littéraire doublé d'un professeur de vie, qu'il m'a aidé à rendre plus légère, moi qui suis mélancolique, romantique, désespéré. J'aime aussi qu'il soit en position de séduction et non de pouvoir. La culture n'est jamais l'instrument d'un pouvoir, toujours d'une séduction. » L'aristocrate et le bourgeois artiste ne sont toutefois pas d'accord sur tout. « Jean croit à la raison et à la mystique de l'intelligence, pas moi. Vous allez me dire que ça m'arrange car je suis moins intelligent que lui. Je crois à l'irrationnel, convaincu que rien n'est décidé, que tout se passe dans l'inconscient. Sa religion est l'intelligence, moi l'art. Notre éducation, également, est différente. Chez lui, on ne se plaignait pas, on ne gémissait pas, on ne manifestait pas ses émotions ; on était là pour servir. Je suis un homme du XIX$^{e}$ siècle, versant dans le pathétique, le mélodrame, le romantisme. Jean est davantage modelé par Voltaire, Diderot et Chateaubriand. Je raconte mes malheurs, théâtralise mes chagrins, lui jamais. »

Il garde également en mémoire son premier déjeuner chez Jean d'Ormesson, à Neuilly, qui l'invite à partager un repas « avec quelques amis ». Il est terrorisé, tétanisé à l'idée de prononcer des inepties devant l'assistance de haut vol. « Je craignais de passer pour un crétin, de paraître ridicule, tout juste si je ne préparais pas des fiches. » Il rejoint finalement l'impasse de Neuilly, frayant avec une vingtaine de personnes. Il participe le moins possible à la conversation, se contente d'écouter. La suite, il la raconte dans *Une jeunesse à l'ombre de la lumière* : « Le sourire le plus intelligent, le plus béat, ne remplace pas, du moins le croyais-je, une phrase bien à propos. Je décidai de parler coûte que coûte. Je me donnai cinq minutes de sursis. En attendant, je surveillai les occasions de mettre mon grain de sel dans le brillant potage de la discussion. » Cinq minutes plus tard, à Jean-François Revel, « le genre d'intellectuel capable de vous mettre K-O au premier round », qui défend la politique des bombardements américains au Vietnam, il exprime poliment son désaccord. L'échange démarre. Rouart s'enhardit. « Le cou de mon interlocuteur se gonflait et prenait une teinte rouge vif ; le martèlement de ses arguments s'accélérait ; je me contentais de lui planter quelques banderilles. Soudain dans un silence sépulcral retentirent des imprécations suivies d'une volée de bois vert : “Ma parole, je n'ai jamais vu un crétin pareil… Je ne peux pas croire que quelqu'un d'aussi idiot que vous puisse être journaliste. Vous n'êtes qu'un imbécile, un ignare, un indécrottable sot…” Je balbutiai. Les convives me regardaient d'un air consterné à l'exception de mon hôte dont les yeux bleus pétillaient et qui semblait s'amuser du piquant de la scène. » Tout d'Ormesson est là.

Jean-Marie Rouart est alors persuadé de ne jamais revoir Jean d'Ormesson. Il le fréquentera tous les jeudis à l'Académie française, de même que Jean-François Revel ! Le destin, de toute façon, devait les unir. C'était écrit. Il en a pris conscience le jour où il a été contacté par une personne désireuse de faire reconstruire à la Queue-en-Brie, dans le Val-de-Marne, la propriété qu'occupait son arrière-grand-père, Henri Rouart, polytechnicien, savant, inventeur, peintre impressionniste et collectionneur. L'ami de Degas, qui y a séjourné, a aussi été le maire de la commune. « L'érudit local me suggère de demander des renseignements sur cet endroit auprès de Jean d'Ormesson. » Et de lui apprendre que la demeure faisait partie des panages – droit qui se paye au seigneur d'une forêt, pour avoir la liberté d'y faire paître les porcs – de la famille d'Ormesson. « Les ancêtres de Jean étaient donc seigneurs de la Queue-en-Brie. La ville d'Ormesson est limitrophe. Bien avant notre rencontre, Jean et moi avions donc, par cette propriété, des liens de vassal à suzerain… »

Cette anecdote a probablement follement amusé Jean d'Ormesson, fidèle, lui, à son hôtel particulier de Neuilly, maison de style dans une rue calme, où les portraits d'ancêtres, justement, fourmillent. De ce point d'ancrage, entre deux gorgées d'eau plate ou une pincée de sucre glace, il écrit ses ouvrages, depuis qu'il a abandonné son bureau des jardins du Palais-Royal. Il n'est plus, depuis longtemps, un écrivain du dimanche, tel qu'il se qualifiait lorsqu'il sévissait à l'Unesco. L'angoisse de la page blanche ne l'effraie jamais, mais il peut réécrire dix fois un même chapitre, ne reposant le crayon qu'une fois absolument satisfait. Jean d'Ormesson est aimé et respecté. Politiquement, il n'effarouche personne. Il incarnait pourtant, surtout quand il dirigeait *Le Figaro*, une droite virile. Sur ce plan, les jugements se sont affinés. Un peu comme ceux qui ont catalogué hâtivement Clint Eastwood fascisant et fou de la gâchette après cinq interprétations de l'inspecteur Harry Callahan, justicier et antihéros cynique. Aujourd'hui, le cinéaste comme l'écrivain sont unanimement loués. Même Frédéric Beigbeder, auteur déluré et débridé, l'encense. L'ex-publicitaire, auteur de *99 francs*, fait référence à lui en exergue d'un chapitre de son deuxième livre, *Vacances dans le coma*, récit halluciné d'une soirée orgiaque dans un night-club branché baptisé les Chiottes. Il cite un extrait d'*Histoire du Juif errant* : « Je bois envie de vomir je joue envie de partir I fuck envie d'autre chose et fucking in the blue je marche et ne meurs jamais. »

Eh oui, c'est du Jean d'Ormesson. Celui-là même qui fait dire à son personnage, dans *Une fête en larmes* : « J'ai toujours écrit à contre-courant. Et je n'ai pas l'intention de changer. » Dans le numéro de décembre 2008 du mensuel *QG*, Frédéric Beigbeder confesse en longueur l'académicien, au cours d'un entretien titré « Il n'y a pas de grands écrivains sans légèreté ». L'occasion, en introduction, de brosser une esquisse élogieuse : « Il me semble qu'il a incarné depuis quarante ans ce que doit être un écrivain français : quelqu'un de brillant, aristocratique et élégant, qui dit du mal de lui-même et publie toujours le même livre. C'est un faux paresseux, un faux dandy, allez savoir, peut-être même un vrai écrivain. » Au détour d'une question, Frédéric Beigbeder raconte le soir où, avec Bernard-Henri Lévy et Jean-Paul Enthoven, alors qu'ils avaient un peu trop bu pour célébrer la sortie de son troisième roman, *L'amour dure trois ans*, ils sont allés chanter l'Internationale sous ses fenêtres…

Un hommage à la statue du Commandeur. À un homme capable, lorsqu'il croise Marguerite Duras chez Gallimard et qu'elle lui dit : « voilà le seul homme de droite que j'aime bien ! », de retourner aussi sec : « Madame, j'admire encore plus votre jugement que votre œuvre ». Cette vivacité d'esprit, cette façon de glisser qu'il est l'écrivain du bonheur car le créneau était libre, de s'autodénigrer avec classe, de cultiver la légèreté tout en faisant des choses sérieuses n'étonnent pas Josyane Savigneau. « Jean d'Ormesson est un écrivain très intéressant. À mon avis, il devrait davantage croire à ce qu'il fait. Je le lui ai dit sur un plateau de télévision. Nous avons évoqué Jean-Marie Gustave Le Clézio, que j'ai défendu, arguant que le concept de grand écrivain, au sens où on l'entendait, n'existe plus. La postérité se juge avec le temps, pas en ayant le nez sur l'actualité. D'autre part, il assure ne pas aimer le mot aristocratique, qu'on lui accole. Je ne suis pas d'accord, je préfère aristocratique à bourgeois. » « Ce n'est pas un saint, mais il est très courtois dans son comportement. Il fait attention aux personnes, par habitude, comme il respire. C'est une question d'éducation », répond Joseph Macé-Scaron, directeur adjoint de l'hebdomadaire *Marianne*.

Depuis son bureau particulièrement encombré, Franz-Olivier Giesbert salue à son tour celui qu'il tient pour le tenant de l'esprit français. « Il a réussi à l'incarner au mieux. Je suis moitié américain, j'ai du sang mêlé – je suis aussi écossais, anglais et allemand – et j'adore la France comme un nouveau converti. Je garde une culture très américaine, imprégné des romans de Norman Mailer, de William Styron ou de Saul Bellow. Pas vraiment le style de Jean d'Ormesson. Mais il a écrit des livres magnifiques, comme *La Douane de mer* ou le dernier, *Qu'ai-je donc fait*. J'ai récemment relu *Du côté de chez Jean*, où affleure déjà cette façon très légère de parler de choses graves. C'est une grande force. Il donne toujours l'impression d'écrire avec un verre de champagne à la main, même quand il évoque la guerre ou la mort. Au risque de verser dans l'hagiographie, j'ai également été frappé par la qualité de ses conférences. Elles sont brillantes, drôles, pertinentes, tout ça sans note. » Le patron de presse et écrivain remarque encore son « incroyable curiosité, curiosité pour tout, pour les idées, pour les gens, les lieux. Il a une espèce de gourmandise de la vie, très appréciable. Enfin, il est constamment de bonne humeur. Chacun ses difficultés, évidemment, mais les autres n'ont pas à supporter les baisses de caractère. Lui est toujours joyeux. Dès qu'il arrive quelque part, avec son grand sourire et son humour, il met de la vie. »

Autre homme de presse à porter un regard attendri sur lui : Philippe Tesson. En compulsant le recueil des *100 expressions à sauver* recensées par Bernard Pivot – qui prétend avoir sélectionné pour faire plaisir à Jean d'Ormesson « jouer du manicordion », vieil instrument à cordes se maniant avec des marteaux et qui se dit d'une femme ayant une aventure extraconjugale – le fondateur du *Quotidien de Paris* certifie avoir promptement pensé à lui en découvrant la définition des « bagatelles de la porte ». Une expression argotique née au Moyen Âge, lorsque les boniments accrocheurs des forains, depuis la porte de leur baraque, incitaient par cette parade le public à entrer à l'intérieur. Ils allèchaient ainsi le chaland par quelques tours, jongleries et exhibitions afin de les inciter à voir le spectacle. Ces bagatelles de la porte, en dérivant, ont mué, plus galamment si l'on peut dire, vers le moment consacré aux préliminaires de l'amour, des caresses aux baisers. « Jean est un orfèvre des bagatelles ! Il y a chez lui une forme de séduction à la française, que le XVIII^e siècle a portée haut dans la littérature, avec celle amoureuse de Marivaux par exemple. Chez Jean aussi, il existe cette élégance, ce goût des préliminaires. Il fait partie des écrivains du désir. Le fameux et joli mot de Goethe, "ainsi, je passe avec transport du désir à la jouissance, et dans la jouissance, je regrette le désir", lui convient. Je ne sais pas quel est son rapport à la jouissance, mais je sens très fort son rapport au désir. Il gère très bien ses désirs, qui sont certainement chez lui une forme de jouissance. Cela se sent dans son écriture, dans sa façon de vivre et d'être. »

Au-delà des préliminaires, un parallèle avec l'immortel du quai Conti peut aussi être esquissé avec *La Règle du jeu*, film majeur de l'histoire du cinéma réalisé en 1939 par Jean Renoir, à la fois selon son auteur « fantaisie dramatique » et « drame gai ». Une peinture pertinente, drôle et attachante des mœurs de l'aristocratie et de la grande bourgeoisie, épinglant en outre les domestiques qui les servent. L'essentiel se concentre sur les scènes de vie autour d'un château en Sologne, le temps d'un week-end où se nouent intrigues amoureuses, rapports de séduction et marivaudage, sur fond de partie de chasse et de crime. Meurtre excepté, Jean d'Ormesson, à la lueur de son parcours, se retrouve dans les traits de plusieurs personnages de *La Règle du jeu*, de Roland Toutain à Marcel Dalio. Pour expier ses péchés, celui que Claude Imbert, fondateur du *Point* dont il reste éditorialiste, considère comme un « appariteur de Dieu dans un monde sans Dieu » peut toujours se tourner vers le Très Haut. Mais là encore, s'il a très régulièrement abordé le sujet dans son œuvre, ses convictions alternent. Elles oscillent en fait entre la première et la dernière phrase de *La Création du monde* : « Je suis un homme de Dieu » et « Allez savoir ». Jean d'Ormesson, pour se définir sur le plan de la religion, a souvent fait référence à la formule d'un rabbin (« Ce qu'il y a de plus important, c'est Dieu, qu'il existe ou qu'il n'existe pas ») et à celle d'un père de l'Église : « Ma foi est la forme de mon espérance ».

« J'ai trouvé la vie très belle et assez longue à mon goût. J'ai eu de la chance. Merci. J'ai commis des fautes et des erreurs. Pardon. Pensez à moi de temps en temps. Saluez le monde pour moi quand je ne serai plus là. » Sur la dernière page de *Qu'ai-je donc fait*, il dresse ainsi le bilan d'une vie d'un homme parmi les autres. Il prépare sa sortie. Par le très haut, naturellement. Chroniqueur littéraire au *Figaro* durant trente ans, Renaud Matignon, mort en 1998, était une plume redoutée. D'un coup de trait assassin, il étrillait et polémiquait, toujours avec brio : « Bernard Tapie de la chose imprimée, il se fait éditeur, critique, chef des ventes et agent publicitaire », à propos de Philippe Sollers, « M^me^ Marguerite Duras, qui n'a rien à dire, vient de le dire longuement à la télévision. Elle mettait dimanche soir un bouquet final à ce silence bavard et sentencieux », ou « Des grandiloquences d'opéra racontent des miettes d'insignifiance. C'est Wagner chez les pucerons » au sujet de Marc-Édouard Nabe. En mai 1987, dans *Le Figaro*, il consacre un portrait attachant à Jean d'Ormesson, intitulé « Un romancier cosmopolite et païen. » Le style et la clairvoyance sont intacts : « On le loue – et on le critique – de consacrer des pages hebdomadaires à un bloc-notes généralement relatif à la politique étrangère. Comme on le loue – et on le critique – de vouer son talent de créateur à des romans-fleuves, évocations d'univers disparus qui sont affligés de la tare essentielle que représente aujourd'hui le succès. Peu lui chaut : les compliments lui plaisent et s'évanouissent, les critiques l'agacent et s'envolent. Je suis prêt à parier que si on lui annonçait pour demain la solitude et le dénuement matériel, il assurerait qu'il s'y fera – et qu'il s'y ferait. C'est un ermite dans un salon – plus conscient que d'autres de la dérision de toute chose, et que cette dérision a du bon. C'est sa manière à lui de surmonter les vertiges de notre siècle, et la complaisance avec laquelle notre siècle les entretient. C'est le miracle de la littérature : elle vient bousculer toutes nos philosophies. Rien ne compte, et un chapitre de roman pas plus que le reste. Mais ce chapitre, au diable les arguments, nous y tenons. Jean d'Ormesson, du moins, y tient. Il prétend n'être pas philosophe. Allons, tant mieux. Il reste un écrivain. »

C'est également ce dont est persuadé son ami Bertrand Poirot-Delpech. Jean d'Ormesson et lui étaient les parrains, à l'Académie française, de Jean-François Deniau, avec qui ils ont partagé tant d'aventures. Poirot-Delpech et Deniau ont disparu, le premier en 2006, le second l'année suivante. « Jean d'Ormesson met dans les mots et les livres le même espoir que ses ancêtres dans les pierres et les châteaux : arrêter le temps en feignant de l'organiser, comme Cocteau les mystères, et en rivalisant de fantaisie avec l'histoire », couchait en 1974 dans *Le Monde*, où il est rentré à 22 ans, Bertrand Poirot-Delpech à l'occasion de son feuilleton dévolu à *Au plaisir de Dieu*. Il assurait encore avec à-propos, quand Jean d'Ormesson a publié sa biographie sentimentale de Chateaubriand : « Depuis ses débuts de fils de grande famille impardonnablement brillant, Jean d'Ormesson cherche à mériter son état, tôt conquis, d'écrivain respectable, tout en lorgnant vers le bout de table où il fait si bon pouffer de rire avec les jeunes filles en fleurs. C'est devenu sa marque, d'aligner des livres de plus en plus respectables, au prix d'un travail gigantesque, mais en continuant à narguer les éruditions sorbonnardes et à cultiver, contre les dangers de l'âge et de la considération, les charmes du manque de sérieux. » Sans doute la meilleure définition de ce personnage aux mille vies. Au revoir. Et merci pour cette fête en larmes. Mon dernier rêve sera pour vous. C'était bien.

# Postface
*par René de Obaldia*

## « Zeus, quelle combustion ! »

« Oui ! Dieu, dans sa bonté infinie, nous a légué Jean, notre Jean national : d'Ormesson. Pour notre bonheur. » En effet, Jean d'Ormesson, à longueur de lustres, n'a cessé de nous réjouir. Tout d'abord par le contentement qu'il éprouve pour sa propre personne (il ne s'en cache point), obéissant en cela au fameux commandement : aime ton prochain comme toi-même. Le prochain, c'est-à-dire nous autres, ses compagnons de voyage. Compagnons de voyage et heureux de l'être, de lire ses romans, de l'entendre à la radio, de le voir se multiplier à la télévision.

Zeus, quel élan ! Quelle ardeur ! Quelle combustion ! Quelle culture ! – Aussi bien peut-il nous entretenir d'Einstein comme de Landru, des Romains comme des Ouolofs, nous relater avec minutie le fameux pugilat entre le Comte Boris de Castellane et le Prince de Sagan, citer Saint Denys l'Aréopagite, nous inviter dans les salons de Madame Dudeffant, ou nous relater sa dernière réception à l'Élysée. Tout cela avec une aisance, une familiarité, une gourmandise qui nous touchent sur-le-champ.

Nous nous rencontrons, bien sûr, aux séances du jeudi de l'Académie. Il se trouve que j'ai eu le bonheur d'avoir à mon côté la chère et grande Jacqueline de Romilly. Jean occupe le siège voisin, ainsi m'apparaît-t-il de profil, à une trentaine de coudées de mon poste d'observation. Ramassé sur lui-même, aux aguets, attentif à l'extrême aux discours de ses confrères, prêt à bondir sur le micro pour intervenir à son tour, je le perçois, un instant (est-ce aussi à cause de son nez busqué ?), comme un petit oiseau de proie – disons, un aiglon. Image fugace. La séance terminée, je retrouve l'homme chaleureux, les yeux décidément bleus, et la main qu'il vous tend, fraternelle.

*Unum est necessarium*, affirmait Pascal – une seule chose est nécessaire. Certains soirs, le cher Jean n'éprouve-t-il point, avec ce regard lucide qu'il porte aussi sur le monde et sa vanité, une sorte de lassitude due à un trop plein de savoir ? Ce qui me fait songer à ces mystiques, à Eusèbe de Césarée, ou encore à Saint Auxence de Mospuète, lesquels, de toute leur énergie, tentaient de parvenir à la Sainte Ignorance. »

René de Obaldia de l'Académie française

Né à Hong Kong d'un consul panaméen et d'une mère d'origine picarde, le comte René de Obaldia porte beau. À 90 ans, l'humour toujours à fleur de peau, il publie de nouveaux impromptus après être monté deux mois sur scène afin de déclamer ses textes et raconter sa vie. Une existence dense et exaltante ainsi résumée par Jérôme Garcin dans un portrait paru dans Le Nouvel Observateur : « Il est vraiment un poète singulier et un être à part. Ni l'un ni l'autre ne veulent vieillir. Le dramaturge résiste aux modes et l'homme, au temps. Dans les années 1960, l'auteur de *Genousie*, admiré par Vialatte, Bory et Nadeau, était déjà un classique ; en 2008, son théâtre est d'une étourdissante modernité. [...] Élevé par une nourrice chinoise, prisonnier en Silésie pendant la guerre, cousin de Michèle Morgan, parolier de Luis Mariano, partenaire au cinéma de Louis Jouvet, commandeur de l'Ordre de Balboa, et marié à une belle Américaine, on dirait qu'il a toujours vécu dans un univers parallèle, régi par d'autres lois que celles, affligeantes et déprimantes, du monde réel. Lequel, à l'en croire, est "immonde" et "pue". En somme, Obaldia est le plus enjoué des neurasthéniques. »

Sa pièce la plus célèbre, « Du vent dans les branches de sassafras », dans laquelle Michel Simon fit une rentrée fracassante, a été rééditée. De nombreux prix ont couronné sa carrière : prix de la Critique dramatique pour *Genousie* (1960), Grand prix du disque de l'Académie Charles Cros, Éditions Ades – Textes dits par Madeleine Renaud et Michel Bouquet (1978), Grand prix du théâtre de l'Académie française (1985), Grand prix de la poésie de la Sacem pour *Les Innocentines* (1988), Grand prix de la Société des auteurs dramatiques (1989), Grand prix de la littérature décerné par la Ville de Paris (1991), prix du Pen Club français (1992), Molière d'honneur et Molière du meilleur auteur (1993), prix Marcel Proust et prix Novembre pour son livre de mémoires : *Exobiographie* (1993), prix de la langue de France (1996). Toute son œuvre théâtrale (huit tomes), romanesque et poétique est publiée aux éditions Grasset. Il a été élu à l'Académie française le 24 juin 1999, au fauteuil de Julien Green. L'occasion d'échanges réguliers avec son ami Jean d'Ormesson, auquel il rend ainsi hommage dans un texte inédit.

## Bibliographie de Jean d'Ormesson

1956 : *L'amour est un plaisir* (Julliard).
1959 : *Du côté de chez Jean* (Julliard).
1959 : *Mazarin*, en collaboration (Hachette).
1960 : *Un amour pour rien* (Julliard).
1966 : *Au revoir et merci* (Julliard).
1968 : *Les Illusions de la mer* (Julliard).
1971 : *La Gloire de l'empire* (grand prix du roman de l'Académie française) (Gallimard).
1972 : *Dans l'esprit des hommes*, 25e anniversaire de l'Unesco, en collaboration (PUF).
1974 : *Au plaisir de Dieu* (Gallimard).
1978 : *Le Vagabond qui passe sous une ombrelle trouée* (Gallimard).
1979 : *L'Enfant qui attendait un train* – Illustrations de Jacqueline Duhème, conte pour enfants (Éditions GP).
1981 : *Dieu, sa vie, son œuvre* (Gallimard).
1982 : *Mon dernier rêve sera pour vous* – Une biographie sentimentale de Chateaubriand (Jean-Claude Lattès).
1984 : *Jean qui grogne et Jean qui rit* (Jean-Claude Lattès).
1985 : *Le Vent du soir* (prix Vallombrosa pour la traduction italienne : *Il vento della sera*) (Jean-Claude Lattès).
1986 : *Tous les hommes en sont fous* (Jean-Claude Lattès).
1987 : *Le Bonheur à San Miniato* (Jean-Claude Lattès).

1988 : *L'Album Chateaubriand* (Gallimard – Bibliothèque de la Pléiade).
1989 : *Garçon de quoi écrire* – Entretiens avec François Sureau (Gallimard).
1990 : *Histoire du Juif errant* (Gallimard).
1992 : *Tant que vous penserez à moi* – Entretiens avec Emmanuel Berl (Grasset).
1994 : *La Douane de mer* (Gallimard).
1996 : *Presque rien sur presque tout* (Gallimard).
1997 : *Casimir mène la grande vie* (Gallimard).
1998 : *Une autre histoire de la littérature française* – Deux volumes (Nil).
1999 : *Le Rapport Gabriel* (Gallimard).
2001 : *Voyez comme on danse* (Robert Laffont).
2002 : *C'était bien* (Gallimard).
2003 : *Et toi mon cœur, pourquoi bats-tu* (Robert Laffont).
2005 : *Une fête en larmes* (Robert Laffont).
2006 : *La Création du monde* (Robert Laffont).
2007 : *Odeur du temps* (Héloïse d'Ormesson).
2007 : *La vie ne suffit pas* – Œuvres choisies dans la collection « Bouquins » (Robert Laffont).
2008 : *Qu'ai-je donc fait* (Robert Laffont).
2009 : *L'enfant qui attendait un train*, Éditions Héloïse d'Ormesson
2009 : *Saveur du temps*, Éditions Héloïse d'Ormesson
2010 : *C'est une chose étrange à la fin que le monde*, Robert Laffont
2011 : *La Conversation*, Éditions Héloïse d'Ormesson
2012 : *C'est l'amour que nous aimons*, Robert Laffont
2013 : *Un jour je m'en irai sans en avoir tout dit*, Robert Laffont
2014 : *Comme un chant d'espérance*, Éditions Héloïse d'Ormesson

2015 : *Dieu, les affaires et nous*, avec Jacques Julliard (Robert Laffont)
2015 : *Œuvres (Tome 1)*, La Pléiade (Gallimard)
2016 : *Ces moments de bonheur, ces midis d'incendie* (Bouquins)
2016 : *Je dirai malgré tout que cette vie fut belle* (Gallimard)
2016 : *Guide des égarés* (Gallimard)

## Ouvrages et journaux consultés

*Le Figaro*, *Le Monde*, *Le Point*, *L'Express*, contacttv.net, *Paris-Match*, *Madame Figaro*, *Le Quotidien de Paris*, *Le Nouvel Observateur*, *Le Figaro Magazine*, *Le Parisien*, *Libération*, *Elle*, *Lire*, *Valeurs Actuelles*, *GQ*, *VSD*, *L'Humanité*, *Métro*, *La Croix*.

« Jean d'Ormesson » (Bartillat) de Philippe Dufay.

*Une jeunesse à l'ombre de la lumière* (Gallimard) de Jean-Marie Rouart.

*Marguerite Yourcenar : L'Invention d'une vie* (Gallimard) de Josyane Savigneau.

*Et si c'était niais ?* (Chifflet & C^ie^) de Pascal Fioretto.

*Le Premier Homme de ma vie, onze femmes racontent leur père* (Robert Laffont) d'Olivia Benhamou.

*Les Ormesson, au plaisir de l'État* (Fayard) de Jean-François Solnon.

*Journal, 1953-1973 et 1974-1986* (Grasset) de Matthieu Galey.

*Moi, mes histoires* (Éditions du Rocher) de Régine.

*L'Abeille et l'architecte* (Poche) de François Mitterrand.

*La Tragédie du président, scènes de la vie politique 1986-2006* (Flammarion) de Franz-Olivier Giesbert.

*La Tribu des Hommes verts* (Perrin) d'Élisabeth du Closel.

*Bernard Pivot et Alexandre Soljenitsyne*, Gallimard-Ina, coffret de 5 DVD.

# Remerciements

Philippe Tesson, Mohammed Aïssaoui, Manuel Carcassonne, Josyane Savigneau, Jean-Marie Rouart, Anne-Marie Charlot, Pierre Celeyron, le documentaliste de l'Académie française, Maurice Herzog, Antoine d'Ormesson, Papou, Mamou, Mamie Laurence, Tonton Greg.

## Table

Cet ouvrage a été composé
par NORD COMPO (Villeneuve-d'Ascq)
et achevé d'imprimer par Corlet
à Condé-sur-Noireau
en décembre 2017

DÉPÔT LÉGAL : JANVIER 2009. N° D'IMPRESSION 194268
*Imprimé en France*